本书受中南财经政法大学出版基金资助

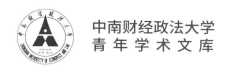

中南财经政法大学
青年学术文库

田毕飞 ○ 著

Chinese Enterprises' Strategy of International
Entrepreneurship:
In View of Entrepreneurial Cognition

中国企业国际
创业策略研究
——创业者认知视角

中国社会科学出版社

图书在版编目（CIP）数据

中国企业国际创业策略研究：创业者认知视角／田毕飞著.
—北京：中国社会科学出版社，2019.4
（中南财经政法大学青年学术文库）
ISBN 978 - 7 - 5203 - 4090 - 8

Ⅰ.①中…　Ⅱ.①田…　Ⅲ.①企业管理—创业—研究—中国
Ⅳ.①F279.23

中国版本图书馆 CIP 数据核字（2019）第 036515 号

出 版 人	赵剑英
责任编辑	徐沐熙
特约编辑	李文凤
责任校对	费晓明
责任印制	戴 宽

出　　版	中国社会科学出版社
社　　址	北京鼓楼西大街甲 158 号
邮　　编	100720
网　　址	http://www.csspw.cn
发 行 部	010 - 84083685
门 市 部	010 - 84029450
经　　销	新华书店及其他书店

印刷装订	北京君升印刷有限公司
版　　次	2019 年 4 月第 1 版
印　　次	2019 年 4 月第 1 次印刷

开　　本	710×1000　1/16
印　　张	20.25
插　　页	2
字　　数	302 千字
定　　价	68.00 元

目　　录

绪　　论

一　研究背景

企业国际化一直是贯穿于国际商务领域的核心课题。Moen 和 Servais (2002)[①] 指出，有关企业国际化发展过程的文献越来越多地聚焦于"天生全球化企业（born globals）"或"国际新创企业（international new ventures）"。他们在一项对挪威、法国和丹麦三国的 677 家中小企业的调查研究中发现，三分之一的样本企业成立之后两年内开始出口，调查样本中一半以上的挪威和法国的中小出口企业可以称得上是"天生全球化企业"。Brush（1992）[②] 对美国的中小制造企业的出口行为进行研究后发现，13% 的企业在成立的第一年就开始国际化活动。Rennie（1993）[③] 对澳大利亚企业进行案例研究时发现，一些企业的创业者从公司设立之初就把全世界看成是他们的市场，而不考虑市场的心理距离。大量事实表明，天生全球化企业已经是一种非常普通和快速发展的现象，特别是在高科技领域。

在中国，几年前，就在人们对广州、温州、嵊州等地的中小服装企业欲收购皮尔·卡丹（Pierre Cardin）炒得热火朝天的时候，中国的罗蒙、博洋、爱尔妮、合和杰斯卡等企业的负责人却奔赴意大利马尔凯地

---

① O. Moen and P. Servais, "Born global or gradual global? Examining the export behavior of small and medium-size enterprises", *Journal of International Marketing*, 2002, 10 (3), pp. 49 – 72.

② C. G. Brush, "Research on women business owners: Past trends, a new perspective and future directions", *Entrepreneurship: Theory and Practice*, 1992, 16 (4), pp. 5 – 30.

③ M. W. Rennie, "Global competitiveness: Born global", *Mckinsey Quarterly*, 1993 (4), pp. 45 – 52.

区，与当地 50 多家有着高品质产品制作经验的纺织、服装和鞋类等中小企业进行洽谈。中国企业希望利用意大利同行的生产工艺，委托他们定制衬衫、T 恤、西服等高档成衣。马尔凯地区是意大利主要服装生产基地，许多企业都参与 Armani、D&G、MaxMara 等世界知名品牌服装的生产。受 2008 年以来的全球金融危机影响，马尔凯地区的奢侈品及高级成衣订单数目不断下滑，而当地劳动力成本又居高不下，一些高档成衣生产企业只得向外"揽活"求生存，这成了中国服装企业进军意大利的契机。意大利服装业拥有极具个人风格的设计师，细致到挑剔的手工，更有源源不断的创意和新产品。在意大利，设计师领导了市场消费，设计师决定色彩、款式、版型。而在中国，采购、设计、生产、销售这些环节全由品牌经理一手操办。利用意大利服装的产业优势，中国服装品牌将能极大地提升自身的市场空间。与此同时，罗蒙、博洋等 6 家宁波服装企业还联合邀请了一个意大利设计师团队到宁波工作，分别为不同企业设计不同款式、不同主题的服装，有些企业还在洽谈收购意大利服装品牌。而在以前，对中国服装企业而言，只要能接到一份意大利服装企业的订单，哪怕不怎么赚钱，都心甘情愿。从 2011 年开始，宁波的罗蒙、博洋、爱尔妮、合和杰斯卡等 6 家服装企业向意大利同行下单委托加工，这意味着今后中国的"罗蒙"等高级时装品牌将会贴上"Made in Italy"标签。

近年来，得益于信息技术的发展，经济全球化进程不断加快与深化，创业活动的范围也逐渐从国内扩展到国际，并且日益纷繁复杂。Morrow 率先提出了"国际创业（international entrepreneurship）"这一概念（Morrow，1988）[①]。此后，国际创业受到了众多学者的关注，并逐渐成为学术界的一个前沿命题和重要研究领域。Rialp 等（2005）[②] 指出，天生全球化企业现象出现在全世界的很多国家，包括澳大利亚、美国、加拿大、

---

① J. F. Morrow, "International entrepreneurship: A new growth opportunity", *New Management*, 1988, 3, pp. 59 – 61.

② A. Rialp, J. Rialp, and G. Knight, "The phenomenon of early internationalizing firms: What do we know after a decade (1993 – 2003) of scientific inquiry?", *International Business Review*, 2005, 14 (2), pp. 147 – 166.

瑞士、爱尔兰、新西兰、英国、德国、法国、西班牙、以色列、北欧国家如丹麦、瑞典、挪威、芬兰等。越来越多的研究表明，国际创业不仅仅是一种传统理论的例外，更有可能是国际化理论的重要组成部分，是对传统国际化理论的重要补充，这有待于学者们进一步的研究。随着世界经济一体化进程的加快，国际创业已然成为一种较为普遍的现象，出现在世界的各个地方以及包括高科技行业在内的很多行业，其发展策略非常值得关注和进行深入研究。虽然国际创业的研究数量与范围一再增加与扩展，但目前已有的国际创业相关研究大多以发达国家的企业和创业者为样本，基于中国情境的创业实证研究尚不多见，田毕飞和陈紫若（2016a①；2016b②；2017③）在这方面做了一些尝试，而以中国企业及创业者为对象的实证研究更是少之又少。根据 Bandura（1989）④ 的观点，关于创业效能的研究必须在特定情境下进行，因此基于发达国家市场环境发展起来的国际创业理论对仍处于转型阶段的中国必定存在诸多不适应之处。有鉴于此，有必要立足于中国国情，进行本土国际创业研究，深入地探究中国企业及创业者，在国际创业过程中所表现出的特点与遇到的特殊问题。

全球创业观察（Global Entrepreneurship Monitor，GEM）2017/2018 年报告显示⑤，2017 年，中国早期创业活动总指数（total early-stage entrepreneurial activity）为 9.9，高于绝大多数发达国家，将创业作为一个良好的职业选择的人群占比为 66.4，分别在参与全球创业观察的 54 个国家或地区中排名第 29 位和第 16 位，报告表明中国已成为世界上创业活动最活跃的国家之一。中国的创业活动有效地带动了国民经济的发展，提供了

---

① 田毕飞、陈紫若：《FDI 对中国创业的空间外溢效应》，《中国工业经济》2016 年第 8 期，第 40—57 页。

② 田毕飞、陈紫若：《中国创业活动的区域差异性：基于 PLS 的分析》，《软科学》2016 年第 10 期，第 11—15 页。

③ 田毕飞、陈紫若：《创业与全球价值链分工地位：效应与机理》，《中国工业经济》2017 年第 6 期，第 136—154 页。

④ A. Bandura, "Human agency in social cognitive theory", *American Psychologist*, 1989, 44 (9), pp. 1175–1184.

⑤ 全球创业观察官方网站（http：//www. gemconsortium. org）。

大量的工作岗位，为经济注入了活力。很多研究表明，鼓励创业是解决就业问题、促进经济增长的有效途径（Martin et al. , 2010）[1]。Schumpeter（1934）[2] 提出，创新是一个国家经济发展的重要引擎，而创新水平的高低依赖于企业家的"创造性破坏活动"。国内学者庄子银（2003）[3] 以南方企业家为研究对象证实，企业家集聚的经济体拥有更高的经济增长率。李宏彬等（2009）[4] 也指出，企业家的创业和创新精神促进经济高速增长。初创企业不仅可以提供新的工作岗位，带动产业技术的革新，还可以创造社会财富，促进中国经济的可持续增长（田毕飞，2014）[5]。当前，随着"一带一路"及"大众创业、万众创新"政策的实施，中国鼓励个人创业的政策优惠措施正在逐步完善，比如，城乡创业培训体系的构建、创业信贷政策的支持、对新创企业的税收优惠等，中国创业创新环境不断改善，一个更有利于自主创业的环境正在形成。原国家工商行政管理总局（现国家市场监督管理总局）统计显示[6]，2017 年新设市场主体达到新高点，全国新设市场主体 1924.9 万户，同比增长 16.6%，比 2016 年提高 5 个百分点，平均每天新设 5.27 万户，高于 2016 年的 4.51 万户。全年新设企业 607.4 万户，同比增长 9.9%，平均每天新设 1.66 万户，高于 2016 年的 1.51 万户。据统计，截至 2017 年底，全国实有市场主体 9814.8 万户，其中，企业 3033.7 万户，个体工商户 6579.4 万户。按 2016 年底全国人口计算，2017 年底，平均每千人拥有市场主体 71 户，比 2016 年增加了 7.7 户；平均每千人拥有企业 21.9 户，比 2016 年增加

---

① M. Martin, M. Picazo, and J. Navarro, "Entrepreneurship, income distribution and economic growth", *International Entrepreneurship and Management Journal*, 2010, 6 (2), pp. 1 - 37.

② J. A. Schumpeter, "The theory of economic development: An inquiry into profits, capital, credit, interest, and the business cycle", *Social Science Electronic Publishing*, 1934, 25 (1), pp. 90 - 91.

③ 庄子银：《南方模仿、企业家精神和长期增长》，《经济研究》2003 年第 1 期，第 62—70 页。

④ 李宏彬、李杏、姚先国、张海峰、张俊森：《企业家的创业和创新精神对中国经济增长的影响》，《经济研究》2009 年第 10 期，第 99—108 页。

⑤ 田毕飞：《创业者性格特质与中国中小企业国际创业策略研究》，人民出版社 2014 年版，第 8 页。

⑥ 人民日报：《2017 年新设市场主体创新高》（http://finance. sina. com. cn/roll/2018 - 01 - 19/doc-ifyquixe4371251. shtml）。

了 3.1 户。个体私营经济、小微企业成为经济发展亮点，全国个体私营经济从业人员超过 3 亿人，小微企业活跃度不断提升，带动就业作用愈加显著，初次创业小微企业占新设小微企业的近 90%。

随着经济全球化及通信技术和交通工具的发展，越来越多的中国企业开始通过国际创业整合、配置资源寻求创业性的创新，以获得国际竞争优势，从而获取全球化所带来的成长和盈利的机会。由于中国对外开放的时间相对较短，中国新创企业的国际化程度在 GEM 参与国中排名较低。2015 年，在所有中国新创企业中，至少 25% 以上的客户来自海外的企业占比仅为 5.46%①。创业是一种复杂的社会活动，受到制度环境、经济发展水平、国家政策等诸多因素的影响。国际创业更要面临国内外政治与经济环境的差异，具有高度的不确定性。人们不禁要问，在高度不确定的环境下，为什么依然有很多人进行国际创业？为什么不同创业者开展国际创业的模式、途径和方式各不相同？为什么只有一部分创业者能够识别并抓住机会最终取得成功？这些人在个性特质与认知方面与普通人群有何不同？本书将探索中国创业者在国际创业自我效能（international entrepreneuriship self-efficacy）方面的差异，深入剖析创业者特质、创业者认知和制度环境对国际创业自我效能的影响。由于创业效能感对预测创业行为具有积极作用（Forbes，2005）②，因此，通过研究国际创业自我效能，多维度挖掘其影响因素，可以对个体的国际创业行为选择有更好的理解，从而更好地指导创业者进行跨国界的创业活动。

由于中国经济与世界经济全面接轨，国际竞争国内化、国内竞争国际化的趋势日益明显，中国企业面对的国际竞争压力越来越大。为了应对激烈的竞争，中国企业走出国门整合全球资源也是大势所趋。为了使中国企业能在激烈的国际竞争中立足并茁壮成长，如何进入国际市场、选择哪种国际创业模式、途径和方式开展国际创业是中国创业者必须慎重考虑的问题。由于国际创业模式决定了企业在进入国际市场时所投入

---

① 全球创业观察官方网站（http：//www.gemconsortium.org）。

② D. P. Forbes，"The effects of strategic decision making on entrepreneurial self-efficacy"，*Entrepreneurship：Theory and Practice*，2005，29（5），pp.599 – 626.

的资源、对国际业务的控制程度、国际经营所存在的风险及潜在收益，且企业难以在短时间内转移所投入的资源，国际创业模式、途径和方式的选择具有不可逆性。因此，对于创业者来说，国际创业模式、途径和方式的选择是至关重要的决策。中国企业选择哪些国际创业模式、途径和方式最合适？国际创业模式与国际创业绩效的关系如何？本书将基于创业者的认知，探索中国企业国际创业模式、途径和方式的选择机理。

二 研究目的与意义

（一）研究目的

得益于通信与交通技术的飞速进步，越来越多的企业在规模尚小或成立之初便开始探索国际化经营的秘诀。国际创业这一独特现象逐步形成，并引起了实业界的大力效仿，也吸引了学术界的广泛关注，由此产生了创业自我效能（entrepreneurial self-efficacy）等概念（Scherer et al.，1989）[①]。遗憾的是，目前学术界对于国际创业自我效能的研究还处于空白状态。由于国际创业受到创业者自身因素及其所处外部环境的影响，因此从创业者个人层面出发，探究其特质对自身的认知及国际创业自我效能的影响，以及从创业者所处的制度环境层面出发，探讨管制环境、规范环境与认知环境对其国际创业自我效能的影响，有助于理解个人做出国际创业模式选择的机理，并能够在一定程度上解释不同创业者具有不同的国际创业绩效的原因。

本书以创业者及其新创企业为研究对象，试图揭示创业者特质、创业者认知及其所处制度环境对其国际创业自我效能的影响，提炼影响创业者国际创业自我效能的关键因素，从而为有计划、有针对性地提高创业者国际创业的信心，增强其环境适应性与风险承担能力，进而为经济全球化背景下的中国企业有效开拓国际市场、参与国际竞争提供理论支撑和政策建议。例如，通过研究结果探讨如何改革制度环境以促进企业

---

① R. F. Scherer, J. S. Adams, S. S. Carley, and F. Wiebe, "Role model performance effects on development of entrepreneurial career preference", *Entrepreneurship*: *Theory and Practice*, 1989, 13 (1), pp. 53 – 71.

更好地在全球范围内展开竞争等。此外，本书旨在从创业者认知视角探讨国际创业模式对国际创业绩效的影响，剖析国际创业模式的选择机理。为此，本书拟采用调查问卷和统计分析实证研究国际创业自我效能和国际创业模式对国际创业绩效的影响，探究国际创业模式的选择策略，从而为中国企业国际创业模式、路径和方式的选择提供理论依据和建议措施。

（二）研究意义

1. 理论意义

首先，有助于丰富国际创业理论。目前国内外关于国际创业、创业自我效能的研究很多，但尚没有学者将国际创业与创业自我效能的概念结合起来，专门以从事国际创业的创业者为对象，研究这部分群体在国际创业过程中的自我效能。本书创造性地将创业自我效能的概念引入国际创业领域，提出"国际创业自我效能"这一概念并对其前因变量展开深入地分析，必将丰富国际创业的相关理论，扩展国际创业领域的研究范围。

其次，有助于优化国际创业绩效的测度。本书在前人对创业绩效和国际创业绩效测度的基础上，设计了完整的国际创业绩效测量指标体系。国际创业是跨越时间和空间维度的活动，单一指标无法全面衡量国际创业的成果，多维指标测度体系更加科学合理，因此需同时衡量财务绩效和非财务绩效。由于学术界尚没有一个全面的测量标准来测度国际创业绩效，本书设计的测量指标体系可为以后国际创业绩效的相关研究提供借鉴。

最后，有助于完善国际创业研究框架。本书通过实证研究中国企业国际创业自我效能、国际创业模式与国际创业绩效的关系，从创业者认知视角出发，解析国际创业模式的选择依据，为中国企业选择国际创业模式和提升国际创业绩效提供了理论依据。作为国际创业模式的影响因素之一，国际创业自我效能通过影响创业者对机会和风险的识别能力，进而影响其行为决策。不同于现有文献只是简单说明国际创业模式与国际创业绩效之间的关系，缺少对国际创业模式选择机理的剖析，本书基于创业者的认知视角，引入国际创业自我效能来探究国际创业模式与国际创业绩效的关系，以提炼国际创业模式的选择策略，深化国际创业模式与绩效的关系研究。此外，本书还通过多个案例研究了基于跨境电商的中国企业国际创业路径与方式选择，这进一步完善了国际创业的研究框架。

2. 实践意义

当今世界，不仅跨越国界的生产经营活动已成为常态，跨越国界的国际创业活动也正在蓬勃发展。在此背景下，党的十九大报告为支持和鼓励创业做出了新的战略部署，明确提出要"激发和保护企业家精神，鼓励更多社会主体投身创新创业"与"鼓励创业带动就业"。中国"十三五"规划也明确指出，要"激发创新创业活力，推动大众创业、万众创新"与"支持企业扩大对外投资"。因此，以创业者为对象，研究创业者特质、创业者认知及所处制度环境对国际创业自我效能的影响，对理解中国创业者的国际创业自我效能、发现其关键影响因素并有针对性地提出改进建议具有重要现实意义。从政府的角度来看，认清中国创业者的国际创业自我效能及其关键影响因素，有助于提高政府政策制定的针对性与政策履行的有效性。比如，政府可以通过制定优惠政策，鼓励国际创业的开展；也可以通过相关法律规范的普及，强化社会公众对于国际创业的认识；还可以通过营造鼓励创业、支持创业的氛围，提高社会公众对创业的认可度。从创业者自身来说，通过分析国际创业自我效能及其关键影响因素，可以发现自身存在的优点和不足，从而有针对性地采取措施予以弥补。比如，通过调查发现，中国创业者的创新能力及国际营销能力相对较弱，低于平均水平。因此，可以通过相关课程的学习、相关主题的模拟训练或引进相应的人才作为手段，提高创业者在国际舞台上的适应性和综合竞争实力，最终达成国际创业目标并实现可持续发展。

随着国际竞争的进一步加剧，特别是美国总统特朗普（Donald Trump）推行的一系列旨在围堵中国的经贸政策相继实施，中国企业面临巨大的生存与发展压力。如何选择适当的国际创业模式进入国际市场，关系到中国企业国际创业的成败。新创企业作为中国经济不可或缺的一部分，其发展与中国的经济增长紧密相关。探寻新创企业国际创业模式的选择机理，不仅对提高新创企业的国际创业绩效至关重要，也对推动中国经济的持续发展具有重要的现实意义。从宏观层面看，只有积极参与国际竞争、利用国际市场资源，才能实现经济的可持续发展。当前，中国经济增长乏力，很多行业产能过剩，急需通过供给侧结构性改革调整经济结构，寻找新的增长点。通过实施"一带一路"战略，鼓励中国企业走出去，积极利用国际国内两个市场、两种资源，这无疑是一种有效的应对策略。在这种背景下，对国际创业的研究有助于推动中国企业走出去，从而带动中国的产业升级，实现资源优化配置，拓展经济发展空间，提升中国的国际竞争力，增强中国的综合国力。从微观层面看，在经济全球化的今天，中国企业只有顺应时代发展潮流，以全球市场和资源为支撑，才能实现可持续发展。对于单个国际新创企业来说，在风险和不确定的环境中，如何提升国际创业绩效一直是创业者时刻思考的问题。本书通过研究发现，国际创业模式与国际创业绩效显著正向相关，且国际创业自我效能可以促进国际创业绩效的提升。此外，基于跨境电商的国际创业路径与方式各有不同的适应情境，中国企业应根据自身条件选择合适的国际创业路径与方式。这些研究结论无疑有助于中国创业者选择合适的国际创业模式、路径与方式，最终实现企业的国际化成长。

三　研究内容与方法

（一）主要研究内容

考虑到国际创业自我效能可能受到创业者个人与制度环境双重因素的影响，本书一方面从创业者特质与认知等个人层面展开对国际创业自我效能的研究；另一方面通过对制度环境层面的考察，聚焦于创业者特质、创业者认知和制度环境与国际创业自我效能之间的相互关系。此外，作为国际创业模式的影响因素，创业者的国际创业自我效能会影响其对国际创业机会的识别和利用以及国际创业模式的选择。探讨国际创业自我效能、国际创业模式和国际创业绩效之间的关系，并以开展跨境电商的中国企业为例提炼中国企业的国际创业策略，也是本书研究的主要内容。具体来说，本书的研究内容主要包括：

1. 提出国际创业自我效能的概念并对其进行有效的测度；

2. 探讨创业者特质对创业者认知及国际创业自我效能的影响；

3. 分析制度环境及其各维度对创业者认知与国际创业自我效能的影响；

4. 揭示创业者认知对创业者特质、制度环境与国际创业自我效能的中介效应；

5. 实证研究国际创业自我效能、国际创业模式与国际创业绩效之间的关系；

6. 归纳总结中国企业国际创业模式、国际创业路径及国际创业方式的选择策略。

（二）研究框架和结构安排

本书的研究框架如图 0—1 所示。除绪论外，本书共由十章组成，可分为四个部分。

第一部分包括绪论、第一章和第二章。绪论介绍了本书的研究背景、目的及意义，概述了本书的研究内容、结构与方法。第一章是研究的理论基础，主要介绍了创业认知理论、自我效能理论及国际创业理论，详细阐述了创业者认知的表现形式、创业自我效能的提出背景、国际创业的内涵与研究趋势等。第二章是相关文献综述，概述了当前学术界对国际创业与创业自我效能的理论与实证研究成果，梳理了国内外学者对国际创业模式和国际创业绩效的相关研究，并对现有研究的优点与不足进行了总结。第一部分是本书的研究起点，为全书的写作奠定了坚实基础。

第二部分包括第三章、第四章和第五章。第三章明确界定了创业者特质的 4 个维度、创业者认知的 3 个维度和制度环境的 3 个维度，并对国际创业自我效能的 6 个维度做了详细的说明。在此基础上，该章提出了本书的研究假设，构建了基于创业者认知的国际创业自我效能模型。第四章是问卷设计和数据整理，详细介绍了问卷的设计依据，指出了问卷调查的对象与调查方法，对样本分布情况进行了初步的统计，并对问卷中的测度量表进行了信度和效度检验，确保问卷的一致性和可靠性。第五章是数据统计分析与假设检验。该章综合使用相关分析、对应分析、散点分析、普通回归分析、Probit 回归分析和中介效应分析等方法，对中国创业者的国际创业自我效能总体现状进行了分析，实证研究了人口统计变量、创业者特质、制度环境、创业者认知和国际创业自我效能之间的关系，并对国际创业自我效能、国际创业模式与国际创业绩效之间的关系进行了实证检验。第二部分是全书的重点，通过实证分析检验了基于创业者认知的国际创业自我效能模型的合理性。

第三部分包括第六、七、八、九章。第六章详细描述了三种基于"互联网＋"的中国企业国际创业平台，包括网络投融资创业平台、虚拟孵化平台和网络交易平台等。第七、八、九章都是案例分析。第七章以天津天士力国际公司、浙江利欧集团公司和深圳基伍集团公司作为案例，分析了中国企业国际创业模式选择的具体策略。第八章以湖北鼎龙股份有限公司、杭州中瑞思创科技有限公司和青岛金王集团公司作为案例，分析了中国企业基于跨境电商平台进行国际创业的路径选择策略。第九章以广东花生信息科技公司、深圳住百家发展股份有限公司、香港大龙网科技有限公司和青岛红领服饰股份有限公司作为案例，分析了中国企业利用 O2O 平台进行国际创业的方式选择策略。第三部分聚焦国际创业的平台、模式、路径与方式，旨在为中国创业者的国际创业实践提供参考。

第四部分即第十章，是全书的落脚点。该章首先总结了全书的研究结论；其次，分别从政府、行业和个人等三个层面提出了有效提高创业者国际创业自我效能的措施，也从宏观层面和微观层面提出了提升中国企业国际创业绩效的策略；最后，该章还提出了中国政府发展国际创业平台的建议及中国企业利用国际创业平台的建议。

（三）研究方法

本书采用定性与定量相结合的方法进行研究，具体包括：

1. 半结构化访谈法

在设计调查问卷之前，与专家和一部分调查对象进行半结构化访谈，收集和了解他们对于国际创业自我效能、国际创业模式和国际创业绩效的理解，以便确认研究思路能贴近所要测度的事项的本质，为下一步的问卷设计及修正奠定基础。

2. 问卷调查法

通过面对面调查、邮件及网络问卷等方式，对从事国际创业的创业者开展问卷调查，收集一手数据，并通过因子分析、相关分析、对应分

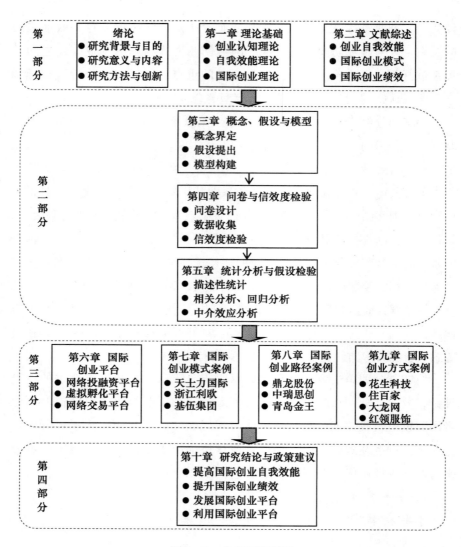

图 0—1　本书研究框架

资料来源：作者自行创作。

析、散点分析、回归分析等定量方法对研究假设逐一进行验证。

3. 跨案例研究法

通过多组案例企业的国际创业实践，对中国企业的国际创业平台、模式、路径、方式等进行详细的比较分析，为中国企业的国际创业提供经验参考。

第 一 章

研究的理论基础

第一节　创业认知理论

Baron（2004）[①] 认为创业领域有三个基本问题：为什么有些人选择成为创业者？为什么有些人能识别那些带来利润的创业机会？为什么有些创业者有更好的绩效？

学者们起初从"特质论"出发，试图寻找某些稳定的个体特征来区分创业者和非创业者，或是分离出成功创业者的共同特质和动机因素（丁明磊，2008）[②]。然而，通过对创业者人格、态度与人口统计学特征来考察创业者与非创业者的特质差别，在解释创业行为和创业过程时仅得到了有限的结论（Brockhaus，1980）[③]，难以用一些稳定的个人特质对创业做出普遍意义上的解释。因此，有关创业者特质的研究日趋式微（Aldrich and Wiedenmayer，1993）[④]。

学者们转而从行为角度出发研究创业，但也受到了质疑，因为创业

① R. A. Baron, "The cognitive perspective: A valuable tool for answering entrepreneurship's basic "why" questions", *Journal of Business Venturing*, 2004, 2 (19), pp. 221 – 239.

② 丁明磊：《创业自我效能及其与创业意向关系研究》，博士学位论文，河北工业大学，2008 年。

③ R. H. Brockhaus, "Risk taking propensity of entrepreneurs", *Academy of Management Journal*, 1980, 23 (3), pp. 509 – 520.

④ H. E. Aldrich and G. Wiedenmayer, "From traits to rates: An ecological perspective on organizational foundings. In J. A. Katz and R. H. Brockhaus (eds.)", *Advances in Entrepreneurship*, *Firm Emergence*, *and Growth*, 1993, pp. 45 – 195. Greenwich, CT: JAI Press.

者如何做决策及领导力的来源一直是个黑箱。Knight（1921）[①]、Hunt et al.（1990）[②] 和 Rotter（1966）[③] 提出了"内部控制源"构架，认为创业者拥有内部控制源，该命题得到了一些验证。大部分创业决策受到创业者对环境的感知（perception）和解析（interpretation）的影响（Bird，1988[④]；1992[⑤]），而传统的创业理论对于认知因素也给予了相当的重视。例如，奈特（Knight，1921）讨论了与创业精神有关的不确定性（uncertainty）、风险（risk）、机会（opportunity）等概念；熊彼特（Schumpeter，1950）[⑥] 将创业者视为一些具有高估自己的成功概率倾向的个体；柯兹纳（Kirzner，1979）[⑦] 认为创业是一个机会发现过程，创业者往往对机会保持高度警觉性（alertness），而知识和决策在其中扮演了重要角色。这三位学者都注意到了认知特征在创业中的重要性，很多研究也证明了认知因素是区分创业者与非创业者以及创业者之间差异的重要因素（Manimala，1992[⑧]；Busenitz and Barney，1994[⑨]）。创业认知角度的提出，为创业研究提供了一个新的思路和方法。创业认知作为一个有效的工具可以探求和解释之前在创业领域未解释的现象。

[①] F. Knight, *Risk, Uncertainty and Profit*, New York: Houghton-Mifflin, 1921.

[②] J. G. Hunt, K. B. Boal, and R. L. Sorenson, "Top management leadership: Inside the black box", *The Leadership Quarterly*, 1990, 1（1）, pp. 41–65.

[③] J. B. Rotter, "Generalized expectancies for internal versus external control of reinforcement", *Psychological Monographs: General and Applied*, 1966, 80（1）, pp. 1–28.

[④] B. Bird, "Implementing entrepreneurial ideas: The case for intention", *Academy of Management Review*, 1988, 13（3）, pp. 442–453.

[⑤] B. Bird, "The operation of intentions in time: The emergence of the new venture", *Entrepreneurship: Theory and Practice*, 1992, 17（1）, pp. 11–20.

[⑥] J. A. Schumpeter, *Capitalism, Socialism and Democracy*（3rd edition）, New York: Harper and Row, 1950.

[⑦] I. M. Kirzner, *Perception, Opportunity and Profit: Studies in the Theory of Entrepreneurship*, Chicago: University of Chicago Press, 1979.

[⑧] M. J. Manimala, "Entrepreneurial heuristics: A comparison between high PI（pioneering-innovative）and low PI ventures", *Journal of Business Venturing*, 1992, 7（6）, pp. 477–504.

[⑨] L. W. Busenitz and J. B. Barney, "Biases and heuristics in strategic decision making: Differences between entrepreneurs and managers in large organizations", *Academy of Management Best Papers Proceedings*, 1994, pp. 85–109.

一　认知与认知风格

认知（cognition）是人在获得知识和理解事物时的思维过程，包括思考、了解、记忆、判断和问题处理。Fiske and Taylor（1991）[1]将认知理解为社会认知，认为其是一种能够将新信息或者人以固有的思维方式理解和评价的能力，这种能力可以经常性的使人获益。在社会认知理论中，每个人在生活中都有相对独立的判断能力，因为人们不是脱离环境去关注事件本身（Bandura，1989）。认知是一种知识结构，它存在于个体的意识中。认知以"脚本（script）"的形式成为决策制定的来源（Read，1987）[2]。脚本就是知识结构和架构（Walsh，1995）[3]，这些知识包括与信息环境相关的有条理的信息（Fiske and Taylor，1991）。也就是说，"脚本"是个体拥有的可以迅速理解复杂信息的知识结构（Schank and Abelson，1977）[4]。

认知风格又称认知方式。从信息处理的角度来说，一般将认知风格理解为个体在认知方面表现出来的相对稳定的组织、处理信息的特征。由于研究者观察角度和出发点的不同，在理论上形成了许多认知风格结构模型。Grigorenko and Sternberg（1995）[5]将诸多认知风格划分为以认知为中心、以人格为中心及以活动为中心等类型。以认知为中心的观点，侧重基本认知过程的风格特点，如场依存—场独立（Witkin，1997）[6]、

[1]　S. T. Fiske and S. E. Taylor, *Social Cognition* (2nd edition), New York: McGraw-Hills, 1991.

[2]　S. J. Read, "Constructing causal scenarios: A knowledge structure approach to causal reasoning", *Journal of Personality and Social Psychology*, 1987, 52 (2), pp. 288 – 302.

[3]　J. P. Walsh, "Managerial and organizational cognition: Notes from a trip down memory lane", *Organization Science*, 1995, 6 (3), pp. 280 – 321.

[4]　R. C. Schank and R. P. Abelson, *Scripts*, *Plans*, *Goals and Understanding*, Hillsdale, NJ: Lawrence Erlbaum Associates, Inc, 1977.

[5]　E. L. Grigorenko and R. J. Sternberg, "Thinking styles, in D. H. Saklofske and M. Zeidner (eds.)", *International Handbook of Personality and Intelligence*, New York: Plenum Press, 1995, pp. 205 – 229.

[6]　H. A. Witkin, "Role of field-dependent and field-independent cognitive styles in academic evolution: A longitudinal study", *Journal of Educational Psychology*, 1997, 69 (3), pp. 197 – 211.

适应—创新认知风格（Kirton，1976）[1]；以人格为中心的观点侧重于认知风格在人格中的反映和作用；以活动为中心的观点是对认知风格的动态认识。Riding（1997）[2] 还建构了以认知风格为核心的认知模型。在这一模型的最底层是由个体的经验和知识、人格资源以及性别等构成的初级资源；第二层则是由整体—分析（wholist-analytic）、言语—表象（verbal-imagery）两个维度构成的认知控制。它在个体内部状态和环境交互作用的界面上起着重要的组织和表征作用，即它将内部状态与外部世界提供的信息组织起来，以个体独特的结构和形式进行反应，影响着个体态度及行为。在输入层面，知觉和工作记忆加工系统对输入信息进行分析；在输出层面，主要反映为学习策略。总之，对于知觉经验的解释是在认知控制水平与认知历史和初级人格资源的交互作用中得以模式化，并影响着后续行为。Sternberg and Grigorenko（1997）[3] 在对认知风格研究的基础上提出了心理自我控制理论（the theory of mental self-government）。该理论认为：每个人都具有多种认知风格，个体会根据任务和情境选用不同的认知风格，个体能够形成适应性的认知风格；认知风格的形成和发展是个体社会化的结果，认知风格并不是固定不变的，而是发展变化的；由于认知风格是社会化的结果，因此认知风格是可以培养的。

认知风格的变化和培养过程反映的是个体认知的发展，与认知的内容和结构变化有关（Krueger，2007）[4]。创业者认知风格是创业者认知结构与认知过程的外在表现，是联结创业者特质与认知的理想桥梁之一。创业者的认知风格与其所处的制度环境和组织环境有关，通过学习不断得到发展。目前有三种认知风格被广泛应用于组织环境中，即直觉—分析维度、整体—分析维度、适应—创新维度（樊建芳，2003）[5]。创业者

① M. J. Kirton, "Adaptors and innovators: A description and measure", *Journal of Applied Psychology*, 1976, 61（5）, pp. 622 – 629.

② R. J. Riding, "On the nature of cognitive style", *Educational Psychology*, 1997, 17（1/2）, pp. 29 – 49.

③ R. J. Sternberg and E. L. Grigorenko, "Are cognitive styles still in style?", *American Psychologists*, 1997, 52（7）, pp. 700 – 712.

④ N. F. Krueger, "What lies beneath? The experiential essence of entrepreneurial thinking", *Entrepreneurship: Theory and Practice*, 2007, 31（1）, pp. 123 – 138.

⑤ 樊建芳：《基于认知风格的组织学习管理干预》，《中国软科学》2003 年第 8 期。

的认知风格将对其学习风格、行为方式和决策产生影响（Mitchell et al，2000[①]；Simon et al，2000[②]；王重鸣、梁立，1998[③]；Wofford and Goodwin，1994[④]）；认知风格还表现在信息加工过程中创业者对信息的偏好上（Manimala，1992；Busenitz and Barney，1994）。

二 创业认知及其维度

随着社会认知理论的不断发展，用于研究个体将想法转换为行动而产生社会经济效应的全新理论应运而生，学术界称之为"创业认知"。创业认知的概念最初是由 Shapero（1982）[⑤] 提出的，他们认为当个体将可取性置于可行性有限考虑的时候，创建新企业的想法才会出现。Krueger and Brazeal（1994）[⑥] 指出，可取性认知和可行性认知实际上是同步的，类似于并发形式的。这一观点与 Fiske and Taylor（1991）的研究结论一致。并发式理论能够较好地解释人与环境的交互是如何影响个体行为方式的，因此该理论得到了众多创业认知学者的肯定和应用。

创业认知理论的大范围研究始于 20 世纪 90 年代初期。Busenitz and Lau（1996）[⑦] 将创业认知定义为影响决策行为的个人灵感和信仰的广泛运用，Mitchell et al.（2002）[⑧] 则将创业认知定义为"人们用于研究和评

① R. K. Mitchell, B. Smith, K. W. Seawright, and E. A. Morse, "Cross-cultural cognitions and the venture creation decision", *Academy of Management Journal*, 2000, 43 (5), pp. 974 – 993.

② M. Simon, S. M. Houghton, and K. Aquino, "Cognitive biases, risk perception, and venture formation: How individuals decide to start companies", *Journal of Business Venturing*, 2000, 14 (5), pp. 113 – 134.

③ 王重鸣、梁立:《风险决策中动态框架效应研究》,《心理学报》1998 年第 4 期。

④ J. C. Wofford and V. L. Goodwin, "A cognitive interpretation of transactional and transformational leadership theories", *Leadership Quarterly*, 1994, 5 (2), pp. 161 – 186.

⑤ A. Shapero, *Social dimensions of entrepreneurship*, 1982. In C. Kent, D. Sexton, and K. Vesper (eds), *The Encyclopedia of Entrepreneurship*, Englewood Cliffs, NJ: Prentice Hall.

⑥ N. F. Krueger and D. V. Brazeal, "Entrepreneurial potential and potential entrepreneurs", *Entrepreneurship: Theory and Practice*, 1994, 18 (3), pp. 91 – 104.

⑦ L. W. Busenitz and C. M. Lau, "A cross-cultural cognitive model of new venture creation", *Entrepreneurship: Theory and Practice*, 1996, 20 (4), pp. 25 – 39.

⑧ R. K. Mitchell, L. W. Busenitz, T. Lant, P. P. McDougall, E. A. Morse, and B. Smith, "Toward a theory of entrepreneurial cognition: Rethinking the people side of entrepreneurship research", *Entrepreneurship: Theory and Practice*, 2002, 26 (2), pp. 93 – 104.

价有关决策的机会分析、新企业创立和成长的知识结构"。创业认知所研究的内容就是创业者的思考方式，因此创业者本身就成为了研究的主体（Mitchell et al., 2007）①。换句话说，创业认知研究主要关注创业者如何采用简化的心智模式收集和处理有关机会认知、企业创立等信息的问题。Mitchell et al.（2002）进一步指出，创业认知是一个复合词，对于创业认知概念的理解需要综合考虑创业和认知两个方面。从创业方面看，创业是个体不拘泥于资源约束，通过识别和开发机会来创造价值的活动过程。因此，创业认知研究应该围绕创业过程的不同阶段展开，以便具体分析创业者在通过识别和开发机会来创造价值的过程中如何思考、推理和行动的问题。从认知方面看，个体认知与个体行为、环境三者相互影响、相互作用（Bandura, 1986）②。因此，创业认知研究不仅要考虑个体的心理表象、认知结构，还要考虑行为、环境对于个体认知的影响，因为认知从根本上来说是嵌入（embodiment）和情境化的（Gibbs, 2006）③。

自社会认知理论被引入到创业研究，有关创业认知的维度划分就成了众多学者的关注点。虽然不同学者给出了不同的划分方式，但是都没有脱离创业认知的本质，只是基于不同的角度对创业认知进行了划分。Busenitz and Barney（1994）认为，创业认知是一个两维变量，包括认知图式（cognitive schema）和偏差启发式（bias heuristics）。所谓图式，是指一个特定的信念或对特定法则的概念结构，类似于知识结构或系统的解码程序（Walsh, 1995）。认知图式是表征概念、概念特征以及特征之间关系的认知结构，影响个体的注意力选择、记忆、知觉等（Krueger and Day, 2010）④。所谓偏差启发式是指由于个体自身存在的认知偏差而导致在个体制定决策时采取非正式规则，以类似于条件反射的简化方式

---

① R. K. Mitchell, L. W. Busenitz, B. Bird, et al., "The central question in entrepreneurial cognition research", *Entrepreneurship: Theory and Practice*, 2007, 31（1）, pp. 1 – 27.

② A. Bandura, *The Social Foundations of Thought and Action*, Englewood Cliffs: Prentice-Hall, 1986.

③ R. W. Gibbs, *Embodiment and Cognitive Science*, Cambridge, MA: Cambridge University Press, 2006.

④ N. F. Krueger and M. Day, "Looking forward, looking backward: From enterpreneurial cognition to euro-enterpreneurship, In Z. J. Acs and D. B. Audretsch（eds.），" *Handbook of Enterpreneurship Research*, New York: Springer, 2010, pp. 321 – 357.

来进行信息的反馈，并制定决策。Corbett（2005）① 研究了公司创业者角色认知图式与实践认知图式互动的问题，结果发现公司内部情境塑造公司创业者的期望行为规范（角色认知图式），这种角色认知图式与个体创业者通常采用的事件认知图式相冲突。因此，公司创业者会形成不同于个体创业者的事件认知图式。Krueger and Day（2010）认为，每个人都可能形成自己的关于"机会""创业者"的认知图式。如果某人的"创业者"认知图式中不包括他自身，那么，他很可能不会成为创业者。

创业认知可分为认知结构（cognitive structure）和认知过程（cognitive process）两个维度。认知结构经常被脚本、机制、知识结构和内部系统等类似的概念所解释（Giola and Manz，1985）②，认知过程是指个体对知识的接收并发挥作用的过程 Walsh（1995）；Mitchell et al.（2000）将创业认知描述为与创业活动有关的接触、关系、资源和资产的思维地图，并指出了专家脚本与创业认知的关系。所谓专家脚本是指在特定领域内高度结构化的有条理的对方法和结果之间关系的理解（Leddo and Abelson，1986）③。在进行创业决策时，专家脚本是必不可少的（Mitchell et al.，2000），创业认知包括三个专家脚本的维度，即创业准备脚本（arrangement script）、创业意愿脚本（willingness script）和创业能力脚本（ability script）。根据信息进程理论，这三个认知脚本占据了一个计划行为成功与否的两个重要进程，即进入阶段和实施阶段（Leddo and Abelson，1986）。专家拥有特定领域的知识结构和认知脚本，因而能够快速处理专业领域的信息，其表现显著优于那些不拥有这种知识结构和认知脚本的非专家（即新手）。基于 Leddo and Abelson（1986）提出的"专家信息加工理论"，Mitchell et al.（2002）对于专家创业者的认知脚本进行了较为深入的实证研究，结果发现专家创业者与非专家创业者（即创业新

① A. C. Corbett，"Experiential learning within the process of opportunity identification and exploitation"，*Entrepreneurship：Theory and Practice*，2005，29（4），pp. 473－491.

② D. A. Giola and C. C. Manz，"Linking cognition and behavior：A script processing interpretation of vicarious learning"，*Academy of Management Review*，1985，10（3），pp. 527－539.

③ J. Leddo and R. P. Abelson，"The nature of explanations, In J. Galambos, R. P. Abelson, and J. B. Black（eds.）"，*Knowledge Structures*，103－122. Hillsdale, NJ：Erlbaum，1986.

手）之间存在认知脚本差异，而且不同国家的创业者具有相似的认知脚本。

苗青（2007）① 将企业家认知划分为认知图式、认知基础和认知风格三个维度，并通过实证研究探讨了创业认知的差异对个体创业过程中机会识别的影响作用。苗青（2007）认为，认知图式是指创业警觉性，即面对潜在创业机会的敏感性；认知基础是指创业者在过往的学习和生活中所学习和掌握的各类知识；认知风格是指个体所特有的对于特定知识的理解和运用方式。

三 创业认知的理论来源

创业认知的理论来源之一是认知心理学（cognitive psychology）。认知心理学是一门研究人类心智活动的科学，重点关注个体如何注意、获取信息，如何储存、加工信息，如何思考和解决问题以及语言如何形成等问题（Solso，1999）②。信息加工和连接机制代表了两种重要的认知心理学研究取向。信息加工理论认为，人像计算机一样，通过符号表征信息并采用序贯方式来加工信息。连接机制理论认为，人的信息加工其实是由广泛分布、相互作用的平行加工单元通过神经元的兴奋和抑制作用来完成的。近年来快速发展的认知神经科学注重基于人脑的微观结构来研究人类的认知活动，即分析人脑如何调动其各层次组成部分来完成记忆、直觉、问题解决等认知活动。在创业研究领域，已有学者在认知神经科学研究的基础上开展神经创业学（neuro-entrepreneurship）研究（Krueger and Day，2010）。按照 Simon et al.（2000）关于认知的语义（表层）、符号（深层）以及神经系统（生物系统）三层次划分法，认知心理学从信息加工理论、连接机制理论到认知神经科学的发展在一定程度上表明，未来的相关研究可能更加侧重于人脑的"深层结构"（deep structures）问题，旨在发掘认知或智能的本质。认知心理学研究成果为创业认知研究

---

① 苗青：《企业家的认知特征对机会识别的影响方式研究》，《人类工效学》2007 年第 4 期。

② R. L. Solso, *Cognitive Psychology* (5th edition), Boston：Allyn and Bacon, 1999.

提供了有力的支撑。在创业研究中,"成功的创业者具有专家(即具有特殊或专业认知能力的人)脚本"的观点一直备受瞩目,但有关个体从新手发展成为专家的过程机制并不清楚。现有研究表明,新手与专家拥有的知识内容相同,二者的差异主要在于对知识的不同组织和结构化。而要理解专家知识建构的过程,就有必要分析和识别形成知识结构(如认知图式、脚本)的深层信念(deep beliefs)。从创业行动的过程看,行动源自于意愿、意愿源自于态度、态度源自于深层的认知结构,而形成深层认知结构的重要前因是深层信念(Krueger,2007)。创业意愿理论,如计划行为理论(theory of planned behavior,TPB)(Ajzen,1991)[1]、创业事件理论(theory of the entrepreneurial event,TEE)(Shapero,1982)等,能够令人信服地解释创业认知问题,说明创业研究在认知"语义"层面取得了突破性进展;而创业认知图式和脚本研究的开展则表明创业认知研究已经从"语义"层面转向"符号"层面,并开始探索这些层面的交互影响问题(陈昀和贺远琼,2012)[2]。认知心理学研究表明,在个体积累足够的经验以后,其大脑的深层认知结构就会自动影响其决策行为。个体决策大多是在无意识的深层认知结构驱动下自动完成的。

创业认知的另一个理论来源是社会心理学。社会心理学是一门研究人们如何看待彼此,如何相互影响、相互联系的学科,主要关注个体如何建构社会现实、个体的社会知觉如何影响个体行为以及个体的社会行为如何受他人、自己的态度和生物性的影响(Myers,2008)[3]。社会心理学对于个体主观能动性以及环境影响的分析,为更好地理解创业活动的内生和外生性因素提供了有益的启示。作为一种社会化活动,创业与其他经济活动一样,都是嵌入在一定的社会背景和环境中的。在与环境进行复杂且持续互动的过程中,创业者形成了自身特殊的认知结构、态度和决策模式,从而能够有效地处理信息、感知机会、进行推理和决策

---

① I. Ajzen,"The theory of planned behavior",*Organizational Behavior and Human Decision Process*,1991,50,pp. 179 – 211.

② 陈昀、贺远琼:《创业认知研究现状探析与未来展望》,《外国经济与管理》2012 年第 12 期。

③ D. G. Myers,*Social Psychology*(8th edition),New York:McGraw-Hill,2008.

（Mathews，2008）①。作为一门建立在心理学和社会学基础上的学科，社会心理学从一开始就存在心理学和社会学两种不同的研究取向。心理学取向的社会心理学研究如社会认知理论（social cognitive theory）试图从个体的人格结构中寻找人类行为的起因，强调个体变量的重要性；而社会学取向的社会心理学研究如社会认同理论则把人看作是一种社会存在，通过剖析社会地位、社会角色、社会化等"塑造群体"的因素来研究人的社会互动，进而解释人类行为的本质，并强调社会群体变量的重要性。社会认知理论的核心是人的能动性，认为人不仅具有计划和事前思考的能力，而且能够自我调节和自我变化。学习是产生人类行为的有效方式之一，但是在制度环境中，学习行为是在认知、个体行为和环境三者相互影响、彼此交互下最后确定的（Bandura，1986）②。这就是社会认知理论的创始人阿尔伯特·班杜拉（Albert Bandura）的核心思想，即三元交互决定论。班杜拉认为，人类动因是在一个包含三元交互因果关系的相互依赖的因果结构中发挥作用的。在这种关于自我和社会的相互作用的观点中，以认知的、情感的和生物的事件存在的个体内在因素行为和环境事件作为双向相互影响的互动决定要素都在发挥着作用。人是自我组织的、主动的、自我反省的和自我调节的，而不仅是由外界环境所塑造或由潜在内驱力所推动的反应机体。三元交互决定论从环境、人的认知及其行为的互动关系中来考虑人的认知发展与行为表现，行为是由互动的环境和认知因素决定的。但在特定时间不同来源的影响程度不同，而且这种交互影响不会同时发生（Wood and Bandura，1989）③。

四　创业认知模式和效果推理

认知模式是指个体组织、表现和处理信息的偏好和习惯方法。认知

---

① J. Mathews，"Enterpreneurial process：A personalistic-cognitive platform mdoel"，*Journal for Decision Makers*，2008，33（2），pp. 17 –34.

② A. Bandura，*Social Foundation of Thought and Action：A Social Cognitive Theory*，Englewood Cliffs，NJ：Prentice Hall，Inc，1986.

③ R. E. Wood and A. Bandura，"Social cognitive theory of organizational management"，*Academy of Management Review*，1989，14（3），pp. 361 –384.

模式可能影响个体对不同类型的学习、知识收集、信息处理、决策制定的偏好,这些都是创业者要采取的重要的日常行动(Kickul et al.,2009)[①]。研究表明,个体存在直觉式(intuitive)和分析式(analytic)两种基本的认知模式。采取直觉式认知模式的个体采用综合方式来处理不熟悉和未结构化的信息并识别线索或信号,通常不占用或者只占用很少的心理资源(Olson,1985)[②]。许多学者认为,创业者要面对的新情况和新问题在本质上难以用数学与逻辑学的理性分析方法解决。例如,Allinson et al.(2000)[③] 研究发现,成功的创业者大多采用直觉式认知模式。Kahneman et al.(1982)[④] 则进一步研究发现,采用直觉式认知的个体大多采取简单、快速的启发式思维方式。启发是个体在决策时用来管理信息、降低不确定性的一种简化策略,创业者采用这种思维方式能更快地解构高度不确定和复杂的环境。不过启发式思维方式可能会造成认知偏见,如反事实思维(counterfacual thinking)、计划谬误(planning fallacy)、过度自信(overconfidence)、过度乐观(overoptimism)、感情融入(affect infusion)、属性风格(attributional styles)、投入升级与自责(escalation of commitment and self-justification)等问题。例如,Baron and Markman(1999)[⑤] 研究发现,包括创业者在内的大多数人会高估自己在规定时间内能够完成的任务,而低估为完成规定任务所需的资源。采用分析式认知模式的个体注重基于理性和规则来判断和评价信息,通常占用较多的心理资源(Olson,1985)。直觉式认知模式和分析式认知模式在个体的认

---

① J. Kickul, K. G. Lisa, D. B. Saulo, and W. Laney, "Intuition versus analysis? Testing differential models of cognitive style on entrepreneurial self-efficacy and the new venture creation process", *Entrepreneurship: Theory and Practice*, 2009, 33 (3), pp. 439 – 453.

② P. D. Olson, "Enterprenurship process and abilities", *American Journal of Small Business*, 1985, 10 (1), pp. 25 – 31.

③ C. W. Allinson, E. Chell, and J. Hayes, "Intuition and entrepreneurial behavior", *European Journal of Work and Organizational Psychology*, 2000, 9 (1), pp. 31 – 43.

④ D. Kahneman, P. Slovic, and A. Tversky, *Judgment under Uncertainty: Heuristics and Biases*, New York: Cambridge University Press, 1982.

⑤ R. A. Baron and G. D. Markman, "Cognitive mechanisms potential differences between entrepreneurs and non-entrepreneurs, In P. D. Reynolds, et al. (eds.)", *Frontiers of Entrepreneurship Research*, Wellesley, MA: Babson College, 1999.

知活动过程中同时发挥作用，但在不同情境下，两者对个体的作用效果不同，居于支配地位的认知模式可以控制行为结果，Krueger and Day （2010）及 Krueger and Dickson （1994）① 实证研究了在新企业创建的不同阶段，不同认知模式对创业者创业自我效能感的影响，结果发现：采用直觉式认知模式的个体对自己的机会识别能力更有信心，但对自己的资源评价、计划和配置能力缺乏信心；而采用分析式认知模式的个体则正好与之相反。

效果推理（effectuation）理论认为，创业者面对的是复杂且不断变化的环境，因此非常关注创业者如何在动态环境下思考和决策的问题。经典的管理理论认为，在不确定的环境下，个体决策通常遵循因果推理（causation）逻辑，即通过分析期望取得的结果以及结果发生的可能性来确定实现结果的最佳手段（Knight，1921）。因果推理逻辑关注的是如何根据既定目标，通过采取可动用的手段来实现目标的问题。而效果推理逻辑则认为，创业者面对的是典型的奈特不确定性，由于缺乏资源和信息，创业者很难预测未来，因此只能利用既有手段来争取尽可能好的结果。在这里，目标不是预先设定的。随着时间的推移，创业者会根据当时的条件和利益相关者的诉求不断调整目标。创业者无法预测未来，只能按照自己的意愿利用既有手段去影响未来，效果推理逻辑是创业者为应对创业不确定性必须遵循的逻辑（Sarasvathy，2001）②。效果推理理论十分强调人与环境互动、干中学、即兴发挥等的重要性，因而部分体现了意义建构理论（sense making theory）的思想。意义建构理论认为，人并不是被动、消极的信息观察者和接收者，人在接收和传递信息的过程中会发挥自己的主观能动性，捕捉信息就是一种主观建构行为，知识是个人主观建构的产物。Anderson （2011）③ 指出了借用效果推理理论研究

① N. F. Krueger and P. Dickson, "How believing in ourselves increases risk taking: Self-efficacy and perceptions of opportunity and threat", *Decision Science*, 1994, 25 (3), pp. 385 – 400.

② S. D. Sarasvathy, "Causation and effectuation: Toward a theoretical shift from economic inevitability to entrepreneurial contingency", *Academy of Management Review*, 2001, 26 (2), pp. 243 – 263.

③ S. Anderson, "International entrepreneurship, born globals and the theory of effectuation", *Journal of Small Business and Enterprise Development*, 2011, 18 (3), pp. 627 – 643.

国际创业的基本思路。

五　创业认知理论的发展

创业是一个过程化的概念，创业者的行动理由和行为方式是亟待研究的命题（丁明磊、刘秉镰，2009）[1]。洞察创业者的认知也就揭开了创业过程的奥秘（Shane and Venkataraman，2000）[2]。认知观点揭示了创业过程最为关键的方面，它回答了创业与领导研究中最基本的"Why"的问题（张玉利等，2007[3]；Baron，2004；Wofford and Goodwin，1994）。创业活动是一种有计划的行为，反映了认知的过程（Krueger，2000）[4]。创业领域中对个体层面认知的研究主要集中在两个方面：决策启发（decision-making heuristics）（Busenitz and Barney，1994）和环境亲历（enactment of environment）（Katz，1992[5]；Shaver and Scott，1991[6]）。大部分创业决策受到创业者本身认知以及对环境的感知和解析的影响。

Forbes（1999）[7] 将创业从时间上分为前创业（prefounding and founding）和后创业（post-founding）两个阶段。前创业是创业意向形成阶段。根据 Thomas et al.（1993）[8] 对组织感知模型（organizational sensemaking）的研究，每个创业阶段可划分为三个连续过程：扫描（scanning）、解析

---

① 丁明磊、刘秉镰：《创业研究：从特质观到认知观的理论溯源与研究方向》，《现代管理科学》2009 年第 8 期。

② S. Shane and S. Venkataraman, "The promise of entrepreneurship as a field of research", *Academy of Management Review*, 2000, 25（1），pp. 217 – 226.

③ 张玉利、薛红志、杨俊：《论创业研究的学科发展及其对管理理论的挑战》，《外国经济与管理》2007 年第 1 期。

④ N. F. Krueger, "The cognitive infrastructure of opportunity emergence", *Entrepreneurship：Theory and Practice*, 2000, 24（3），pp. 5 – 23.

⑤ J. A. Katz, "A psychosocial cognitive model of employment status choice", *Entrepreneurship：Theory and Practice*, 1992, 17（1），pp. 29 – 37.

⑥ K. Shaver and L. Scott, "Person, process, choice：The psychology of new venture creation", *Entrepreneurship：Theory and Practice*, 1992, 16（2），pp. 23 – 45.

⑦ D. P. Forbes, "Cognitive approaches to new venture creation", *International Journal of Management Review*, 1999, 1（4），pp. 415 – 439.

⑧ J. Thomas, S. Clark, and D. Gioia, "Strategic sensemaking and organizational performance：Linkages among scanning, interpretation, action and outcomes", *Academy of Management Journal*, 1993, 36（2），pp. 239 – 270.

（interpretation）、创业意向（entrepreneurial intention）或行动（action）。其中，扫描和解析过程反映了个体所表现出的信息加工方式，即认知风格。

随着认知理论在创业领域的发展，研究者开始从更深层的原因剖析认知差异。Baron（1998）[①] 认为反事实思维、归因类型、计划谬误和自我纠正等若干组织认知机制在解释创业行为时具有较高的效度。此后，McGrath（1996）[②] 和 Simon et al.（2000）都对如过度自信、控制错觉（illusion of control）和小数规律（law of small numbers）的误导信念等认知差误如何导致创业进行了分析。Busenitz et al.（2000）[③] 运用认知模型来解释创业者基于启发式的创业逻辑似乎强于普通人的原因。Mitchell et al.（2000）利用创业认知构思来解释跨文化领域中的风险决策。创业认知在机会识别和制定创业决策方面也在不同的个体间有着不同的影响（Krueger，2000；Mitchell et al.，2000）。Busenitz and Lau（1996）探讨了文化价值观对企业家创业认知发展的影响。更有学者将创业认知放入特定情境中研究其前因后果，如 Baron（1998）认为，创业认知可以在以下情况下发生：信息过载、高度不确定性、高新颖性、强烈的情感卷入、高度时间压力和疲惫，创业者面临的环境要比非创业者不规则得多，创业者使用决策捷径有时也是出于成本考虑。

创业认知理论在发展过程中不断被学者们用于解释各种创业现象。学者们在创业风险承担、跨文化风险决策、地域经济以及家族企业认知复杂性等方面利用创业认知角度进行研究，有效解释了这些现象发生的本质，对提升创业热情和扩充创业理论都有重大意义（Palich and Bagby，1995[④]；Busenitz et al.，2000；Mitchell et al.，2000；Mitchell et al.，

① R. A. Baron, "Cognitive mechanisms in entrepreneurship: Why and when entrepreneurs think differently than other people", *Journal of Business Venturing*, 1998, 13（4）, pp. 275 – 294.

② R. G. McGrath, "Innovation, competitive advantage and rent: A model and test", *Management Science*, 1996, 42（3）, pp. 389 – 403.

③ L. W. Busenitz, C. Gomez, and J. W. Spencer, "Country institutional profiles: Unlocking entrepreneurial phenomena", *The Academy of Management Journal*, 2000, 43（5）, pp. 994 – 1003.

④ L. Palich and D. Bagby, "Using cognitive theory to explain entrepreneurial risk-taking: Challenging conventional wisdom", *Journal of Business Venturing*, 1995, 10（6）, pp. 425 – 438.

2002）。Bird（1988）以创业认知为基础，提出了创业意向模型，他认为创业意向是一种决策思维，并以观察联系、资源和变化的形式存在，指引个体对于关键问题的选择。Katz（1992）将认知过程和社会因素整合到创业意向模型中，认为可得性（availability）和代表启发（representative heuristics）是个体变量和创业意向之间的中介因素。Acedo and Florin（2006）[1]，Butler et al.（2010）[2] 及 Zahra et al.（2005）[3] 号召学者们从认知角度研究国际创业。

第二节　自我效能理论

是什么让有些人能够走出失败并最终获得成功，而有些人却在挫折面前萎靡不振？心理学家将原因归结为"自我效能"（self-efficacy）。自我效能的概念最早是由班杜拉在 1977 年提出来的，他将自我效能定义为"人们关于自己是否有能力控制影响其生活的环境事件的信念"（Bandura，1977）[4]。班杜拉认为，人的心理预期或信念——自我效能在行为中起着主导作用，这种信念一般是针对新的、无法预测的、困难的情形。它包括两个部分，结果期待和效能期待，结果期待是指人对自己做出某一行为会导致某一结果的推测，效能期待是指人对自己能否做出某一行为的推测或判断。自我效能对众多目标导向行为有预测作用。班杜拉进一步指出，自我效能不是技能本身，而是个体对自己所拥有的能力能否完成工作的自信。班杜拉发现，即使个体知道某种行为会产生某种结果，

---

① F. J. Acedo and J. Florin, "An entrepreneurial cognition perspective on the internationalization of SMEs", *Journal of International Entrepreneurship*, 2006, 4 (1), pp. 49 – 67.

② J. E. Butler, R. Doktor, and F. A. Lins, "Linking international entrepreneurship to uncertainty, opportunity discovery, and cognition", *Journal of International Entrepreneurship*, 2010, 8 (2), pp. 121 – 134.

③ S. A. Zahra, J. S. Korri, and J. Yu, "Cognition and international entrepreneurship implications for research on international opportunity recognition and exploitation", *International Business Review*, 2005, 14 (2), pp. 29 – 146.

④ A. Bandura, "Self-efficacy: Toward a unifying theory of behavioral change", *Psychology Review*, 1977, 84 (3), pp. 191 – 215.

也不一定去从事这种行为，而是首先要判断自己有没有实施这一行为的能力，这个判断的过程，就是自我效能的表现，但技能水平高的人自我效能不一定高。自我效能高的人通常比较自信，在面对困难时相信自己能克服困难，从而在执行任务时能使自己的能力得到超常发挥，增大成功的概率。

一 自我效能的特征与来源

自我效能具有三个重要特征：自我效能是在综合了来自行动者本人、特定任务和他人等各种信息的基础上而产生的；自我效能涉及动机成分；自我效能是一种动力结构，会根据新的经验和信息不断地变化（Gist and Mitchell，1992）[①]。自我效能会导致个人效能的预期，这一预期又会决定下列过程因素（Bandura，1986）：一是在特定背景下执行特定任务的决策（选择行为）。日常生活中，人们时时处处都不得不去做如何行动及行动持续多久的决策。一个人对自我效能的判断，部分地决定其对活动和制度环境的选择。在行动中，积极的自我效能能够培养积极的承诺，并促进胜任能力的发展；二是将会投入多大的努力来完成这个任务（动机性努力），以及会在多大程度上坚持下去，即使出现问题、不利的证据和逆境。自我效能越强的人，其努力越具有力度，越能够坚持下去。当被困难缠绕时，那些对其能力怀疑的人会放松努力，或完全放弃，而具有很强自我效能的人则以更大的努力去迎接挑战；三是自我效能影响人们的思维模式和情感反应模式。自我效能低的人与环境作用时，会过多地想到个人不足，并将潜在的困难看得比实际更加严重。这种思想会产生心理压力，使其将更多注意力转向可能的失败和不利的后果，而不是如何有效地运用其能力实现目标；有充分自我效能的人将注意力和努力集中于情境的要求上，并被障碍激发出更大的努力。

班杜拉（1986）认为，自我效能来源于以下四个方面：

首先是直接经验（enactive mastery/hands-on experience）。个体成功的

---

① M. E. Gist and T. R. Mitchell, "Self-efficacy: A theoretical analysis of its determinants and malleability", *Academy of Management Review*, 1992, 17 (2), pp. 183 – 211.

行为经验可以增强自我效能的强度，失败的行为经验则会降低自我效能的强度，特别地，不是因为个体努力不够，而是由外在不利因素造成失败，更会降低个体的自我效能。当个体将失败的原因归因于错误的策略而不是自身能力不足时，失败反而可以增强自我效能，因为个体相信好的策略可以获得成功。个体亲身经历的成败经验对个体的自我效能影响是最大的。

其次是替代学习（observational/vicarious learning）。个体通过观察他人的行为，而间接获得的经验会对个体的自我效能产生重要影响。特别是观察学习的对象的条件和所处的情景同自身相似时，对象的行为结果的成功或失败对个体自身自我效能的增强和降低会产生更大的影响。当一个人对某方面的能力缺乏现实的判断依据和先前经验时，替代性经验的影响力最大。

再次是言语劝导（symbolic persuasion）。即他人用言语来影响个体对自身能力的判断，言语劝导的效果取决于它是否符合逻辑和事实。逻辑严谨和符合事实基础的言语劝导对自我效能的影响较大，若能配合直接经验或替代学习，则言语劝导会取得更好的效果。另外，言语劝导还取决于说话者的社会地位、身份、专业领域以及权威程度等因素。

最后是身心状态（physiological/emotional arousal）。良好的情绪水平和身体状态会增强个体的自我效能，而紧张、焦虑、疲劳和烦恼以及不良的身体状态会降低个体的自我效能。人们在经历威胁或困难情况下受到多大压力或沮丧，很大程度上取决于他们认为他们可以处理多少。反过来说，个人生理和心理的健康状态又会影响其自我效能。研究表明，高自我效能的人可以放松、改变他们的注意力，使自己镇静并从朋友、家庭等处寻求帮助。低自我效能的人不能发展满意的社会关系，而满意的社会关系可以让长期的压力更容易忍受。高自我效能的人更容易获得别人的支持，这又可以加强他们处理事情的能力。

二 自我效能的维度与作用机制

班杜拉（1986）认为，自我效能具有三个维度：水平（magnitude）、强度（strength）和广度（generality）。水平维度，就是难度水平，个体在这一维度上的差别的直接反映就是会选择难度不同的任务。强度维度是指个体对自己能否做出目标行为的确信程度，在该维度上弱就代表个体的自我效能容易被不相符的经验影响从而被改变，在该维度上强就代表个体的自我效能不会因为一时的不相符的经验影响而改变。广度维度是指个体在某一领域获得的较高的自我效能会对其他的领域产生影响。在该维度上高就代表某领域的效能会较大地影响其他领域的效能，在该维度上低则表明某领域的效能对其他领域的效能影响较小。班杜拉（1986）进一步指出，自我效能具有领域特殊性，不同的作业任务对能力的要求也有所不同。凡论及自我效能，都是针对某一具体任务的，自我效能是同具体的某一特定领域密切相关的。因此，对自我效能的测量应该采用微观层次分析（micro level analysis）的方法。也就是说，自我效能随情境、任务的不同而变化，对它的测量也应直接针对具体领域的活动和任务。

自我效能是个体对自己能否操作某种行为的主观判断，会直接影响个体在未来操作某种行为的动力。在这一过程中，自我效能是通过以下四个中介来实现其主体作用的：

第一，认知过程。班杜拉（1986）认为，自我效能影响思维模式，能产生自我帮助或自我阻碍的作用。高自我效能对认知过程有促进作用，能帮助人们在各种情境下完成任务，提高人们的质量决策和学业成就，而低自我效能会对思维起到妨碍作用。

第二，动机过程。个体对任务做出努力的程度和对努力坚持的时间长度是由动机水平决定的。自我效能高的个体，乐于为完成任务付出更大的努力并坚持更长的时间，而那些自我效能低的个体则正好相反。

第三，选择过程。个体的自我效能影响个体对具体任务和特定环境的选择。人们总是选择自己认为能够完成的任务，因此自我效能高的个体倾向于选择对自己而言富有挑战性的任务，并且努力克服困难，往往超常发挥自己的能力并获得成功。自我效能低的个体面对有挑战性的任务往往选择逃避，他们会选择那些远低于自己能力水平的任务，遇见困难也不能有效地采取措施，从而不能有效地发挥自己的能力，因此不容易取得成功。

第四，情感过程，又叫身心反应过程。班杜拉（1986）认为，自我效能影响个体在威胁性或困难性情景中的压力承受度和压抑、失望的情绪体验，情绪反应又通过对个体的思维模式产生影响，进而对个体的行为产生直接和间接的影响。自我效能高的个体面对危险或困难时相信自己具备很好的应付和控制能力，能够降低面对危险或困难的紧张和焦虑的程度，从而采取更积极有效的行为方式；而自我效能低的个体怀疑自己面对情景的控制与处理能力，常常担心自己能力不足，增加面对危险或困难的紧张和焦虑的程度，因此只好采取消极的退避或防卫行为，从而大大地影响了个体主观能动性的发挥。

三 自我效能理论的应用

自我效能理论在实践领域中的运用效果得到了充分的证实。研究表明，自我效能对职业决策和职业选择有直接影响（Betz and Hackett，1981[1]；1986[2]）；自我效能也与工作态度密切相关（冯冬冬等，2008）[3]；对管理者的研究发现，自我效能对工作绩效有显著的影响（Bandura，1989）。自我效能概念也引起了创业研究领域学者的关注，成为解释创业动机和创业绩效的一个重要变量（Boyd and Vozikis，1994[4]；Baum and Locke，2004[5]；钟卫东、黄兆信，2012[6]；马昆姝等，2008[7]；Kickul et

---

[1] N. E. Betz and G. Hackett, "The relationship of career-related self-efficacy expectations to perceived career options in college women and men", *Journal of Counseling Psychology*, 1981, 28 (5), pp. 399 – 410.

[2] N. E. Betz and G. Hackett, "Applications of self-efficacy theory to understanding career choice behavior", *Journal of Social and Clinical Psychology*, 1986, 4 (3), pp. 279 – 289.

[3] 冯冬冬、陆昌勤、萧爱玲：《工作不安全感与幸福感、绩效的关系：自我效能感的作用》，《心理学报》2008 年第 4 期。

[4] N. G. Boyd and G. S. Vozikis, *The influence of self-efficacy on the development of entrepreneurial intentions and actions*, *Entrepreneurship: Theory and Practice*, 1994, 18, pp. 63 – 90.

[5] J. R. Baum and E. A. Locke, "The relationship of entrepreneurial traits, skill, and motivation to subsequent venture growth", *Journal of Applied Psychology*, 2004, 89 (4), pp. 587 – 598.

[6] 钟卫东、黄兆信：《创业者的关系强度、自我效能感与创业绩效关系的实证研究》，《中国科技论坛》2012 年第 1 期。

[7] 马昆姝、胡培、覃蓉芳：《创业自我效能研究述评》，《外国经济与管理》2008 年第 12 期。

al.，2009；丁明磊等，2009①）。

Scherer et al.（1989）是较早把自我效能引入创业研究的学者。根据社会学习理论，个体可以通过观察和模仿他人的行为以提高类似的能力。由此，在职业选择中，角色榜样成为一个重要的环境因素。Scherer et al.（1989）考察了父母的创业绩效与子女的职业选择的关系，发现父母创业成绩较高的个体会有较高的创业职业的自我效能。在该研究中，作者首次使用了创业任务自我效能（entrepreneurial task self-efficacy）一词，认为创业任务所需的能力包括会计、生产、营销、人力资源和一般组织技能，并通过改编 Betz and Hackett（1981）开发的量表来测度创业任务自我效能。

自我效能作为一种深层信念，是揭示关键创业活动的重要概念（Krueger，2000），如角色模型只有通过自我效能才能对创业意向产生影响。此外，自我效能与机会识别、风险承担（Krueger and Dickson，1994）及职业选择（Bandura，1986；Betz and Hackett et al.，1986；Hackett et al.，1992②）有着密切联系，它可以被用来预测创业者的行为选择、坚持和绩效。由于创业者面临的环境和任务领域的特殊性，自我效能被认为是导致创业意向的重要前提（Boyd and Vozikis，1994；Krueger and Brazeal，1994）。

Chen et al.（1998）③ 特别指出了创业自我效能非常适合运用于创业研究的四点理由：一是早期的创业"特质论"研究者之所以无法获得区分创业者和非创业者的关键心理特质，是因为他们对寻求的心理特质未加特定的限制，而创业自我效能是直接与特定的创业任务相关联的，因而会对创业活动更具预测力；二是由于创业自我效能是个体对自己选择

---

① 丁明磊、杨芳、王云峰：《试析创业自我效能感及其对创业意向的影响》，《外国经济与管理》2009 年第 5 期。

② G. Hackett, N. E. Betz, J. M. Casas, and I. A. Rocha-Singh, "Gender, ethnicity and social cognitive factors predicting the academic achievement of students in engineering", *Journal of Counseling Psychology*, 1992, 39 (4), pp. 527－538.

③ C. C. Chen, P. G. Greene, and A. Crick, "Does entrepreneurial self-efficacy distinguish entrepreneurs from manager?", *Journal of Business Venturing*, 1998, 13 (4), pp. 295－316.

创业活动所具备的能力的信心，因而它比起单个任务效能具有更宽泛的含义。这意味着创业自我效能应该相对稳定但并不永恒，创业者可以在他们与环境的交互作用过程中不断获取、减弱或增强他们的创业自我效能；三是由于创业自我效能是与创业动机及创业行为密切相关的，因而可以用来很好地预测创业行为的选择、维持和最终结果；四是创业自我效能与行为之间的关系在充满风险和不确定性的动态环境中会表现得淋漓尽致，而创业背景正好具备了这些特点。

四 创业自我效能的影响因素

现有研究发现，性别角色认定对创业自我效能的影响很大。一般而言，男性比女性更可能创建一个新企业（Mueller and Dato-on，2008[①]）。男性有更高水平的信心，相信他们能够完成创业的任务。Mueller and Da-to-on（2008）还研究了性别角色认定在创业任务的四个阶段上对创业自我效能的影响，得到如下结论：一是男性化认定比女性化认定的个体有更高水平的创业自我效能，即在统筹和执行任务上男性团队比女性团队明显有更高水平的创业自我效能，而在搜索或计划任务上没有显著差异；二是双性化认定比女性化认定的个体有更高水平的创业自我效能，即双性化团队比女性化团队在搜索、规划及执行任务上有更高水平的创业自我效能，但在统筹任务上没有差异；三是在与创造性相关的搜索任务上双性化团队比传统的男性团队有更高水平的创业自我效能。

除了性别角色认定之外，创业者认知风格对创业自我效能也有影响。个体的认知风格可能影响不同类型的学习、知识收集、信息加工及决策形成的偏好，一个创业者的批判行为可能是基于日常生活积累。另外，它可能导致个人直接注意一些具体领域的知识和任务，降低他们注意其他事情的程度。Olsen（1985）认为，直觉认知风格的个体可能通过注意那些不熟悉的或未加工的信息的提示或暗号发现机遇，这是综合处理信息的过程，能帮助个体识别机遇并激发他们采取行动。直觉认知风格可

---

① S. L. Mueller and M. C. Dato-on, "Gender-role orientation as a determinant of entrepreneurial self-efficacy", *Journal of Developmental Entrepreneurship*, 2008, 13（1）, pp. 3－20.

能在新企业创建过程的搜寻阶段中有用，而具有分析认知风格的个体可能在判断、评估信息以及选择行动实施中显现能力。在新公司创建过程的较晚阶段，这种技能是必需的。Kickul et al.（2009）研究了认知风格在创业任务的四个阶段（搜索、规划、统筹、执行）上对创业自我效能的影响。研究结果发现，分析认知风格的个体比直觉认知风格的个体在创业过程规划阶段（准备商业计划）、统筹阶段及执行阶段有更高的自我效能；直觉认知风格的个体则比分析认知风格的个体在搜索阶段有更高的自我效能。

此外，Zhao et al.（2005）[1] 研究发现，先前的创业经历、冒险倾向也对创业自我效能产生影响。Wilson et al.（2007）[2] 考察了接受创业教育对创业者自我效能的影响，发现对女学员而言，接受创业教育能显著提高她们的创业自我效能。已有的研究表明，男性和女性的自我效能水平存在差异，女性对职业成功的期望水平往往要低于男性。经由创业教育，女性学员的自我效能水平的提高更为明显。

Forbes（2005）检验了创业者的自我效能是否受战略决策方式的影响。很多研究主要关注个人层次上创业自我效能的影响因素，Forbes（2005）则考察组织活动对创业自我效能的影响，并把这个构念用于在动态的产业环境中最近刚建立新企业的不同的创业者。他发现，战略决策过程的分权度、全面性、最新信息的利用程度与创业自我效能正相关，而战略决策过程中外部参与者的人数与创业自我效能的关系不显著。

五　创业自我效能的作用

一是创业自我效能对创业绩效的影响。这里的创业绩效不仅限于新创企业的财务绩效，也包括非财务类的公司创业能力等。Forbes（2005）对创业者的创业自我效能与企业整体绩效进行了考察，经过抽样获得95

①　H. Zhao, S. E. Seibert, and G. E. Hills, "The mediating role of self-efficacy in the development of entrepreneurial intentions", *Journal of Applied Psychology*, 2005, 90（6）, pp. 1265 – 1272.

②　F. Wilson, J. Kickul, and D. Marlino, "Gender, entrepreneurial self-efficacy, and entrepreneurial career intentions: Implications for entrepreneurship education", *Entrepreneurship: Theory and Practice*, 2007, 31（3）, pp. 387 – 406.

家企业的创业者样本，采用 Chen et al.（1998）开发的量表对数据进行线性回归分析处理，结果证实了创业者的创业自我效能对企业整体绩效有正面促进作用。Hmieleski and Corbett（2008）[①] 经过研究证明，创业者的创业自我效能对于新创企业绩效有正向调节作用。在创业者的创业自我效能处于较高水平的情况下，当创业行为也表现出较高的水平时，新创企业的绩效就获得了较大幅度的增长；而在创业者的创业自我效能处于较低水平的情况下，即使创业行为表现出较高的水平，新创企业的绩效增长率仍处于较低水平。

二是创业自我效能对创业意向的影响。如前所述，Chen et al.（1998）不仅发展了创业自我效能的概念，而且较早地进行了有关的实证研究，他们发现创业自我效能对成为创业者的可能性有显著的正向影响。正如 Krueger et al.（2000）[②] 所指出的，既然创办企业的活动是典型的、有计划的行为，那么创业意图可以用来解释以后的创业行动。而个体的自我效能也对创业意图和最终的创业行动有影响。Markman and Baron（2003）[③] 检验了自我效能对发明家创业的影响，发现已创业的发明家的一般自我效能显著高于非创业的发明家。Zhao et al.（2005）考察了自我效能在学生的创业意图发展中的中介作用，结果显示创业课程的学习、先前的创业经验、风险承担倾向对创业意图的影响都受到创业自我效能的中介作用，而性别对创业意图的影响与自我效能无关。此外，Wilson et al.（2007）以青少年和接受 MBA 教育的成人为研究样本，发现自我效能与创业意图之间有显著的关系。我国学者丁明磊等（2009）的研究也表明了自我效能对创业意向有影响。

三是创业者自我效能对创业行为的影响。自我效能对创业意图的影

---

① K. M. Hmieleski and A. C. Corbett, "The contrasting interaction effects of improvisational behavior with entrepreneurial self-efficacy on new venture performance and entrepreneur work satisfaction", *Journal of Business Venturing*, 2008, 23（4）, pp. 482 – 496.

② N. F. Krueger, M. D. Reilly, and A. L. Carsrud, "Competing modes of entrepreneurial intentions", *Journal of Business Venturing*, 2000, 15（5/6）, pp. 411 – 432.

③ G. D. Markman and R. A. Baron, "Person-entrepreneurship fit: Why some people are more successful as entrepreneurs than others", *Human Resource Management Review*, 2003, 13（2）, pp. 281 – 301.

响作用已得到很多研究的支持（赵都敏和张玉利，2010）[1]，但从创业过程的视角来看，自我效能是否也对已经成为创业者的创业行为有作用，并进而影响到最后的创业绩效？Gatewood et al. （2002）[2] 考察了潜在创业者的某些认知因素是否可以用来预测他们以后在创业活动中的坚持力和新企业的成功。研究结果未能支持关于自我效能的假设，即"那些具有高的个人效能得分的潜在创业者更可能在以后的创业活动中有坚持力"，他们认为使用的自我效能量表没有针对创业领域可能是主要原因。Schenkel （2005）[3] 采用 PSED （Panel Study of Entrepreneurial Dynamics） 的数据研究了创业者一般自我效能与机会识别的关系，研究结果不支持假设"高的自我效能与机会识别正相关"。同样，Schenkel 对一般自我效能的测度与机会识别这一特定任务的相关程度可能是影响研究结论的原因。与以上研究的结论不同，Baum and Locke （2004） 对创业者的个性、技能和动机与新企业成长的关系进行了研究，发现作为创业者的 CEO 对企业成长的自我效能越高，设定的企业成长的目标就越高；工作激情越高，坚韧度越强，获取资源的能力越大，对成长的自我效能越高，随后企业成长越快。Forbes （2005） 也认为，创业自我效能影响到个体从事创业的意愿，以及那些已经成为创业者的行为。个人从事创业活动能力的信心是理解创业可行性的一个重要部分。无论是毫无创业经历的人，还是正在创业或有创业经历的人，创业自我效能都影响到了他们的创业意愿。另外，创业自我效能也对已有创业者如何作为新企业的管理者分解职责有影响。当新企业迈过创办点之后，作为管理者的行为与创业自我效能有关系。因为很多创业者在企业创办后很长时期内继续管理他们的企业，创业者的感知和信心影响到他们的管理行为，从而最终影响到企业的绩

---

① 赵都敏、张玉利：《创业者自我效能对创业过程的影响》，《科技与经济》2010 年第 12 期。

② E. J. Gatewood, K. G. Shaver, J. B. Powers, and W. B. Gartner, "Entrepreneurial expectancy, task effort and performance", *Entrepreneurship: Theory and Practice*, 2002, 27 （2）, pp. 187 – 206.

③ M. T. Schenkel, *New Enterprise Opportunity Recognition: Toward A Theory of Entrepreneurial Dynamism*, Ph. D Dissertation, University of Cincinnati, 2005.

效。高创业自我效能的个体更可能表现出坚持力和专注度，从而提高新企业的绩效。相反，低创业自我效能与不利于绩效的行为有关，如优柔寡断、分散注意力、拖延等（Wood et al.，1990）①。

四是创业自我效能对创业绩效的影响。自我效能对企业绩效的影响比较复杂。一般认为，自我效能通过对其他因素发生作用来间接影响企业的绩效。如 Hmieleski and Corbett（2008）的研究发现，自我效能对即兴行为与新企业绩效关系有显著的调节作用：当创业者自我效能水平较高时，即兴行为与企业的销售增长存在正相关关系；而当创业者自我效能水平较低时，即兴行为与企业的销售增长存在负相关关系。Luthans and Ibrayeva（2006）② 通过研究发现，创业自我效能对创业者个性、创业环境与创业绩效之间的关系具有中介作用。也有一些学者考察了创业者的自我效能与绩效的直接关系，较早的如 Chandler and Jansen（1992）③ 的研究，尽管他们当时没有直接使用"创业自我效能"一词，但他们的研究表明，成功的企业创办者大都认为自己具备识别创业机会、进行有效管理的能力。Baum and Locke（2004）的研究也同样发现创业者的自我效能对企业的成长具有最重要的影响。我国学者钟卫东等（2007）④ 以孵化器内的科技企业为样本，考察了创业者的自我效能对科技型初创企业绩效的影响，发现二者有较显著的关系。

第三节 国际创业理论

学术界对国际创业的研究始于 20 世纪 80 年代，兴盛于 21 世纪初，

① R. E. Wood, A. Bandura, and T. Bailey, "Mechanisms governing organizational performance in complex decision-making environments", *Organizational Behavior and Human Decision Processes*, 1990, 46（2），pp. 181 –201.

② F. Luthans and E. S. Ibrayeva, "Entrepreneurial self-efficacy in central Asian transition economies: Quantitative and qualitative analyses", *Journal of International Business Studies*, 2006, 37（1），pp. 92 –110.

③ G. N. Chandler and E. Jansen, "The founders self-assessed competence and venture performance", *Journal of Business Venturing*, 1992, 7（3），pp. 223 –236.

④ 钟卫东、孙大海、施立华：《创业自我效能感、外部环境支持与初创科技企业绩效的关系——基于孵化器在孵企业的实证研究》，《南开管理评论》2007 年第 10 期。

其理论基础来源于国际商务和创业学相关理论，并融合了经济学、社会学、金融学、营销学和心理学等多学科的知识，具有多学科属性。国际创业既属于一种国际商务活动，又与创业活动息息相关。国际创业是国际商务学发展的一个重要分支，是符合现代企业发展趋势的重要研究领域。同时，国际创业是创业学深入发展的结果，是随着国际化进程的开展企业面临的选择与挑战。国际创业研究的两个关键主题是：创业企业的国际化及在不同国家、不同文化情境下创业行为的比较（McDougall and Oviatt，2000）①。

一 国际创业的涵义

国外对于国际创业的研究起初是源于对新创企业的研究。McDougall（1989）② 采用实证研究方法比较了国内新创企业和国外新创企业，指出国际创业是企业在开始进行国际扩张或展开国际业务之初所采用的一种经营手段，这些新创企业从一开始就将其经营活动看作是国际性的。Oviatt and McDougall（1994）③ 把国际创业定义为"新创企业利用国际资源或国际市场，寻求获取显著的竞争优势"。

随着学者们对国际创业研究兴趣的提升和关注的增多，国际创业的研究对象与主题不断扩充。与 McDougall and Oviatt（2003）④ 认为国际创业的研究对象主要是指"天生全球化"（born globals）的国际新创企业不同，Zahra and George（2002）⑤ 批判了将国际创业行为仅仅局限在新创企业范围内的缺陷，指出国际创业的研究对象还包括原有公司进行的国际

---

① P. P. McDougall and B. M. Oviatt，"International entrepreneurship：The intersection of two research paths"，*Academy of Management Journal*，2000，43（5），pp. 902 – 906.

② P. P. McDougall，"International versus domestic entrepreneurship：New venture strategic behavior and industry structure"，*Journal of Business Venturing*，1989，4（5），pp. 387 – 399.

③ B. M. Oviatt and P. P. McDougall，"Toward a theory of international new ventures"，*Journal of International Business Studies*，1994，25（1），pp. 45 – 64.

④ P. P. McDougall and B. M. Oviatt，"Some fundamental issues in international entrepreneurship"，*Entrepreneuriship：Theory and Practice*，2003，28，pp. 1 – 27.

⑤ S. A. Zahra and G. George，"International entrepreneurship：The current status of the field and future research agenda, in M. A. Hitt, R. D. Ireland, S. M. Camp, et al.（eds）"，*Strategic Entrepreneurship：Creating an Integrated Mindset*，Oxford, UK：Blackwell Publishers，2002，pp. 255 – 288.

商务活动和国际创业行为，从而把国际创业的研究对象扩展到了非天生全球化企业。此外，McDougall and Oviatt（2000）提出了关于创业现象的更广泛的界定，并对已有企业进行了跨国比较分析。

国内对于国际创业的研究是在国外相关理论渐趋完善的基础上逐步兴起的，目前仍处于起步阶段。由于起步较晚，国内学者对于国际创业概念的界定大多沿用国外学者的观点。例如，朱吉庆（2010）[①] 认为，国际创业的实质是跨越国界的新价值创造活动。田毕飞和吴小康（2014）[②] 指出，国际创业即发现、设定、评价和利用跨国机会以创造未来的产品和服务。

通过文献梳理，可以将国内外学者对国际创业的理解总结如表1—1所示。由表1—1可以看出，虽然国际创业从一开始被学者们界定为是天生全球化企业所进行的跨越国界的商务活动，但后来学者们逐渐统一了认识，认为国际创业的研究对象不仅包括天生全球化企业，也包括现有企业新开展的国际业务活动。

表1—1　　　　　　　　　　　国际创业的涵义

研究者及年份	对国际创业的理解
McDougall（1989）	新创企业从成立之初就展开国际业务，在国外设立专门负责业务运作的分支机构
McDougall and Oviatt（1996）[③]	国际创业是一种创新活动，目的在于创造价值和实现企业的跨国成长
Zahra and Garvis（2000）[④]	国际创业是具有不同创立年限、不同规模的企业为了打入国际市场而进行的创业活动或冒险行动

① 朱吉庆：《中国国际新创企业成长研究》，复旦大学出版社2010年版，第21页。

② 田毕飞、吴小康：《FDI对国际创业的溢出效应——基于GEM面板数据的实证研究》，《财经论丛》2014年第8期。

③ P. P. McDougall and B. M. Oviatt, "New venture internationalization, strategic change and performance: A follow-up study", *Journal of Business Venturing*, 1996, 11 (1), pp. 23 – 40.

④ S. A. Zahra and S. Garvis, "International corporate entrepreneurship and firm performance: The moderating effect of international environmental hostility", *Journal of Business Venturing*, 2000, 15 (5/6), pp. 469 – 492.

研究者及年份	对国际创业的理解
McDougall and Oviatt（2000）	国际创业是跨越国界的创新、主动和寻求风险行为的整合，目的在于为组织创造价值
Zahra and George（2002）	国际创业活动是在国际市场上创造性地识别机会、开发市场、追求竞争优势的一个过程
McDougall and Oviatt（2003）	国际创业是跨国界的发现、设定、评估和探索机会以便创造未来商品和服务的过程
Oviatt and McDougall（2005）①	国际创业是企业发现、设定、评估和利用跨国界商机以创造未来商品和服务的过程
朱吉庆（2010）	国际创业的实质是跨越国界的新价值创造活动
田毕飞和吴小康（2014）	国际创业即发现、设定、评价和利用跨国机会以创造未来的产品和服务

资料来源：根据现有文献整理。

二　国际创业的研究历程

1988 年，Morrow 率先在 *International Entrepreneurship：A New Growth Opportunity* 一文中提出了"国际创业"这一概念。他认为，在科学技术快速发展的全球化时代，新创企业得以与成熟的跨国公司一样深入了解外部文化，从而为其进军国际市场奠定基础。自此以后，学者们开始关注国际市场上的新创企业（戴可乔、曹德骏，2013）②。

如果我们把不同类型的企业及其经营范围作为两个维度，则可以得到四个不同的组合，如图1—1所示。图中的组合Ⅰ、Ⅱ和Ⅲ都已被学者们从不同的视角以不同的理论进行了大量的研究。对于组合Ⅳ，即有关新创企业快速国际化的研究，在 20 世纪 80 年代以前是从未有过的，而且无法用现有理论进行解释。为了深入研究新创企业的国际化现象，Oviatt and McDougall（1994）指出，可将新创企业的国际化看成是一

---

① B. M. Oviatt and P. P. McDougall, "Defining international entrepreneurship and modeling the speed of internationalization", *Entrepreneurship：Theory and Practice*, 2005, 29（5），pp. 537 – 554.

② 戴可乔、曹德骏：《国际创业学发展历程探析与未来研究展望》，《外国经济与管理》2013 年第 11 期。

种特殊的创业行为，并主张将研究重心从企业层面转移到企业家层面。于是，国际商务理论与创业理论开始融合，这为国际创业研究开辟了一条独特的道路，也为国际创业发展为一门独立的学科提供了契机。

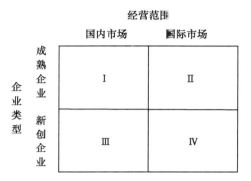

图1—1　企业类型与经营范围组合

资料来源：朱吉庆、薛求知：《西方国际创业理论及其发展动态评介》，《研究与发展管理》2008年第10期。

在国际创业研究的早期，学者们主要围绕以下三个方面开展研究：一是国际创业的条件及其内在机理，即新创企业何以能够在资源约束和能力有限的情况下从事国际化经营；二是新创企业的国际化过程与战略特征；三是新创企业在国际市场上的生存与发展（薛求知、朱吉庆，2006）[1]。学者们普遍认为，新创企业在国际市场上面临三大劣势，即规模劣势（liability of smallness）、国外经验劣势（liability of foreignness）和新企业劣势（liability of newness）（薛求知、周俊，2007）[2]。三种劣势的叠加无疑加大了新创企业国际创业的风险和不确定性。然而，面对种种劣势，仍有众多国际新创企业如雨后春笋般出现，这驱使学者们对此不断进行深入地研究，并相继提出了各种理论，如资源观、网络观、组织

---

[1]　薛求知、朱吉庆：《国际创业研究述评》，《外国经济与管理》2006年第7期。

[2]　薛求知、周俊：《国际新创企业竞争优势形成机理研究》，《外国经济与管理》2007年第5期。

学习观、机会观等（朱吉庆、薛求知，2008）①。

根据现有相关文献，大致可以将国际创业的研究划分为 4 个阶段，即兴起期（1994—1999 年）、探索期（2000—2005 年）、繁荣期（2006—2011 年）和交融期（2012 年至今）。各个阶段的研究主题、理论基础、发展进程与主要任务如表 1—2 所示。

表 1—2　　　　　　　　　　　国际创业的研究历程

	兴起期 （1994—1999 年）	探索期 （2000—2005 年）	繁荣期 （2006—2011 年）	交融期 （2012 年至今）
研究主题	国际新创企业的特征；新创企业国际化模式和过程；国际创业网络	国际创业导向；国际创业机会识别；创业者认知；国际市场进入模式；跨文化创业	国际创业者的能力；国际化风险和不确定性；国际创业网络；跨国创业比较	社会创业；创业手段与市场策略；国际化模式；资源与网络在国际创业中的作用
理论基础	折中理论、国际化阶段理论、社会网络理论	知识基础观、社会认知理论、信息处理理论、组织学习理论	社会资本理论、制度理论、交易成本理论、认知理论	组织学习理论、认知理论、价值创造理论、资源基础观
发展进程	不同角度分析企业早期国际化现象	研究主题更为丰富；不再局限于美国情景；逐步融入不同视角	研究主题更为具体；开始探讨新兴经济体的国际创业问题	挖掘更多有趣问题；引入新颖研究视角
主要任务	企业早期国际化实施机制；拓展研究领域	加强国际商务和创业学的融合；增强在主流期刊上的话语权	强调机会在国际创业中的主线地位；研究不同行业的国际创业	理论研究的统一和聚焦

资料来源：改编自朱晓红、杨俊《国际创业研究的发展脉络及未来研究启示》，《现代管理科学》2014 年第 4 期。

---

① 朱吉庆、薛求知：《西方国际创业理论及其发展动态评介》，《研究与发展管理》2008 年第 10 期。

三 国际创业的研究框架

尽管国际创业现象受到了广泛关注，相关研究成果不断涌现，但目前对国际创业的研究并没有形成统一的研究框架，其理论体系也远未成形。在众多国际创业研究学者中，Zahra 以其丰富的研究成果及宽广的研究视角而备受关注。2002 年，Zahra 和 George 提出了国际创业整合模型，这成为国际创业研究的框架之一，如图 1—2 所示。

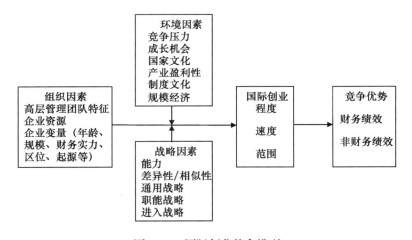

图 1—2 国际创业整合模型

资料来源：S. A. Zahra and G. George, "International entrepreneurship: The current status of the field and future research agenda, in M. A. Hitt, R. D. Ireland, S. M. Camp, et al. (eds)", *Strategic Entrepreneurship: Creating an Integrated Mindset*, 2002。

在这一模型中，国际创业被视为一个多维概念，包括国际化程度、速度与范围三个维度。Zahra and George （2002）认为，国际化程度可用企业对国际收入的依赖性或企业进入国外新市场的数量来度量；速度是指企业从创办到获得第一笔海外销售收入之间的时间间隔；范围可以是国际化的地理范围，也可以是产品范围。该模型把影响国际创业的主要因素分为组织因素、环境因素和战略因素三类。组织因素包括高管团队特征、企业资源和企业变量（年龄、规模、财务实力、区位、起源等），这些因素对国际创业行为产生最直接的影响，因而在模型中被列为国际创业的前提。作为调节变量，战略因素和环境因素导致组织因素和国际创业之间的关系因其介入而发生变化。最后，该模型列出了国际创业的成果，包括财务和非财务绩效。Zahra and George（2002）发现，以往的研究很少将非财务绩效指标与国际创业联系起来。针对这一不足，他们认为，在未来的研究中，要用多维指标来衡量国际创业绩效，因为国际创业绩效不仅包括财务绩效，还应该包括非财务绩效，如技术学习、新知识获取等。

由于国际创业属于创业学的一个分支，有关创业的研究自然会影响到学者们对国际创业的研究。自 21 世纪初以来，创业学逐步从关注创业者的性格特质向关注创业机会转变，并开始将创业机会作为创业研究的核心主题（Shane and Venkataraman，2000）。受此影响，Dimitratosa and Jonesb（2005）① 提出，对国际创业的研究也应以机会为核心，重点关注国际创业机会的识别、评估与利用。Dimitratosa and Jonesb（2005）认为，国际新创企业能敏锐地感知国际市场机会，并且能有效、快速地采取行动去利用和开发这些机会。Dimitratosa and Jonesb（2005）指出，有关国际创业的机会研究应回答以下三个问题：（1）发现机会：是谁发现了机会？有什么机会？为什么有的人能够发现和利用其他人不能发现和利用的机会？（2）评估机会：那些创造未来新产品和服务的机会为什么会存在？这些机会是在什么时间存在的？怎样存在？评价指标和标准是什么？（3）开发机会：这些机会可以通过什么方式进行开发和利用？何时何地进行开发利用？为什么会采用不同的实现形式？

基于这一认识，Oviatt and McDougall（2005）从创业机会出发，考察了创业者认知的影响因素及其相互作用的内在机理，构建了影响国际创业速度的因素模型（如图 1—3 所示），揭示了国际创业过程及其背后的机理，这成为研究国际创业的又一个框架。该模型显示，创业者是在对技术发展、市场竞争态势、公司愿景、管理过程等方面扫描的基础上，挖掘国际市场的商机和成长性资源，敏锐捕捉机会窗口并进行国际创业决策的，这是创业者警觉、先验知识、信念、认知模式、价值取向以及

---

① P. Dimitratosa and M. V. Jonesb, "Future directions for international entrepreneurship research (Guest Editorial)", *International Business Review*, 2005, 14（2）, pp. 119 – 128.

创造性思维等认知要素及网络关系等参与其中的复杂过程。

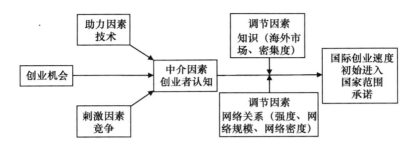

图1—3　影响国际创业速度的因素模型

资料来源：B. M. Oviatt and P. P. McDougall, "Defining international entrepreneurship and modeling the speed of internationalization", *Entrepreneurship*：*Theory and Practice*, 2005, 29（5）, pp. 537 – 554。

　　上述研究框架表明，对国际创业的研究涉及创业者、企业、产业及国家四个层面，各个层面所包括的维度及相应的影响因素如表1—3所示。

表1—3　　　　　　　　　　国际创业研究涉及的层面与影响因素

层面	维度	影响因素
创业者	认知模式	创业者对国际化的评估，包括对国际经营风险、成本、利润、国际市场潜力与国际商业环境的复杂性等的认知与态度
	社会资本	创业者关系网络
	人力资本	创业者的创新能力（如对模糊性的容忍度、投入、成就需要等）、创业者管理能力、国际经历、教育、语言熟练程度等
企业	组织结构	企业正规化程度、集权与分权、有机式结构与机械式结构
	资源	有形资源如财务、实体与技术等；无形资源如人力、组织、关系、网络等
	产品	产品与服务的不可分离性
	创业导向	企业战略姿态，如创新性、冒险性、超前行动性、进攻性竞争、自主性等
产业	产业特征	产业国际化程度、知识密集度与技术密集度
	竞争环境	竞争环境的动态性、竞争的对抗性与竞争强度

层面	维度	影响因素
国家	市场特征	国内外市场规模、潜力与国际化程度
	国家政策	母国与东道国的制度环境、文化特性及政府政策等

资料来源：改编自朱吉庆、薛求知《西方国际创业理论及其发展动态评介》，《研究与发展管理》2008 年第 10 期。

四　国际创业的主要流派

从国际创业研究伊始，学者们就致力于探讨国际创业的产生原因，并运用众多学科的相关理论进行分析，逐步形成了多个理论流派，主要包括：

1. 创业者流派。在国际创业研究的初期，学者们主要从创业者个人的视角来研究他们从事国际创业的动因，研究热点主要集中在创业者的偏好、对国际创业的态度、年龄、受教育背景、民族、动机、风险承担倾向、自律倾向、创新性和成就欲等个人特质。这些研究所涉及的理论主要包括需求驱动理论、心理需求理论、认知动机理论、成就动机理论、自我效能理论等。国际创业研究的创业者流派的代表性学者主要有 McClelland (1987)[①], Manolova et al. (2002)[②], Kayhan and Stephen (2009)[③] 等。他们认为创业者应该具有与众不同的个性特点、心理或行为特征，因而希望通过研究来发现什么样的人有可能成为创业者，进而成为企业家。为此，他们广泛运用心理学和行为科学常用的分析方法，分别对创业者性格和个人特质等进行剖析。但由于影响因素相对比较分散，不确定因素复杂多样，研究结论常常偏离预期，甚至与预期相矛盾，以至于创业者流派的学者们无法就国际创业的成因达成一致，当然不可能在国际创业研究方面取得突破性进展。

2. 折中流派。在 20 世纪 90 年代，随着国际创业现象的频繁发生，

① D. C. McClelland, "Characteristics of successful entrepreneurs", *Journal of Creative Behaviour*, 1987, 3, pp. 219 –233.

② T. S. Manolova, C. G. Brush, L. F. Edelman, and P. G. Greene, "Internationalization of small firms: Personal factors revisited", *International Small Business Journal*, 2002, 20 (1), pp. 9 –31.

③ T. Kayhan and M. Stephen, "Enterpreneurial characteristics in Switzerland and the UK: A comparative study of techno-entrepreneurs", *Journal of International Enterpreneurship*, 2009, 7 (1), pp. 1 –25.

此前占据国际创业研究主导地位的创业者流派由于无法令人信服地解释国际创业的成因而逐渐丧失主导地位。于是，折中流派应运而生，并逐渐占据国际创业研究的主导地位。折中流派从一开始就扩大自己的研究视野，致力于分析环境、创业机会、战略、组织特征等因素对国际创业的影响。这些研究所涉及的理论包括外商直接投资理论、产品生命周期理论、国际化阶段理论、产业集聚理论、虚拟组织理论等。其代表人物有 Etemad and Lee （2003）[①]，De Clercq et al. （2005）[②]，Coviello（2006）[③] 等。折中流派的研究不但获得了大量的研究成果（Cornelius et al.，2006）[④]，而且令人信服地解释了国际创业的成因，揭示了一些有利于取得国际创业成功、促进国际新创企业成长的因素。因此，该流派在 20 世纪 90 年代逐渐取代了创业者流派而居于国际创业研究的主导地位。

3. 经济学流派。经济学流派的研究学者大多是经济学家，如 Acs et al. （2003）[⑤]，Baumol （1993）[⑥]，Casson （2005）[⑦] 等。他们运用绝对优势、相对优势、寡占反应、垄断优势、竞争优势等经济学理论以及经济学研究方法，从区域发展、经济环境差异、宏观与微观经济政策、风险资本以及高科技中小企业创业的融资状况等方面拓展了国际创业研究的理论框架。经济学流派虽然从未占据国际创业研究的主导地位，但在研究国别环境对国际创业的影响、创业本身的微观效果以及创业对区域发展的作用等方面还是取得了丰硕的成果。

---

① H. Etemad and Y. Lee, "The knowledge network of international entrepreneurship: Theory and evidence", *Small Business Economics*, 2003, 20 （1）, pp. 25 – 39.

② D. De Clercq, H. J. Sapienza, and H. Crijns, "The internationalization of small and medium-sized firms", *Small Business Economics*, 2005, 24 （4）, pp. 409 – 419.

③ N. E. Coviello, "The network dynamics of international new ventures", *Journal of International Business Studies*, 2006, 37 （5）, pp. 713 – 731.

④ B. Cornelius, M. H. Landst, and O. Persson, "Enterpreneurial studies: The dynamic research front of a developing social science", *Enterpreneuriship: Theory and Practice*, 2006, 30 （3）, pp. 375 – 398.

⑤ Z. Acs, L. P. Dana, and M. V. Jones, "Toward new horizons: The internationalization of enterpreneurship", *Journal of International Enterpreneurship*, 2003, 1 （1）, pp. 5 – 12.

⑥ W. J. Baumol, "Formal entrepreneurship theory in economics: Existence and bounds", *Journal of Business Venturing*, 1993, 8 （3）, pp. 197 – 210.

⑦ M. Casson, "The individual-opportunity nexus: A review of Scott Shane: A general theory of entrepreneurship", *Small Business Economics*, 2005, 24 （5）, pp. 423 – 430.

4. 资源流派。进入 21 世纪以后，学者们关于资源对创业重要性的认识不断提升，于是运用资源理论来研究资源促进创业活动的作用机理，从而弥补了从主观层面探究创业者个人特质的不足，为研究国际创业成因开辟了广阔的前景。从 1999 年开始，资源流派逐渐替代折中流派，开始占据国际创业研究的主导地位。资源流派的国际创业研究所涉及的理论主要包括资源基础理论、资源依赖理论、资源优势理论、网络理论等，代表性学者有 Zahra and Garvis（2000），Lumpkin and Dess（1996）[1]，Westhead et al.（2001）[2]。资源的异质性和稀缺性是企业不可模仿的竞争优势的重要来源之一，其在解释国际新创企业如何获得竞争优势和提升绩效方面有很强的说服力。但资源只是国际创业过程的一个中介因素，其能够发挥作用的前提是创业者对国际创业机会的识别和开发。因此，基于该视角的研究不应只专注于对资源属性的分析，还要关注整个国际创业过程中资源与其他创业关键要素的交互作用。

5. 制度流派。近十年来，随着新兴经济体国际创业现象的日益增多，国家之间的制度环境差异成为学者们研究国际创业时的重要考虑因素，以便对不同国家的国际创业活跃度及国际创业绩效差异进行有效的解释。制度流派的国际创业研究大体可分为三类：第一类主要研究正式制度环境对国际创业的影响；第二类主要研究非正式制度环境对国际创业的影响；第三类主要研究制度环境对新兴市场企业国际创业的影响。制度流派的代表性学者包括 Angulo-Guerrero et al.（2017）[3]，Muralidharan and Pathak（2017）[4]，Ma et al.（2016）[5] 等。

---

[1] G. T. Lumpkin and G. G. Dess, "Clarifying the entrepreneurial orientations construct and linking it to performance", *Academy of Management Review*, 1996, 21: 135 – 172.

[2] P. Westhead, M. Wright, and D. Ucbasaran, "The internationalization of new and small firms: A resource-based view", *Journal of Business Venturing*, 2001, 16（4）, pp. 333 – 358.

[3] M. J. Angulo-Guerrero, S. Pérez-Moreno, and I. M. Abad-Guerrero, "How economic freedom affects opportunity and necessity entrepreneurship in the OECD countries", *Journal of Business Research*, 2017, 73（c）, pp. 30 – 37.

[4] E. Muralidharan and S. Pathak, "Informal institutions and international entrepreneurship", *International Business Review*, 2017, 26（2）, pp. 288 – 302.

[5] X. Ma, Z. Ding, and L. Yuan, "Subnational institutions, political capital, and the internationalization of entrepreneurial firms in emerging economies", *Journal of World Business*, 2016, 51（5）, pp. 843 – 852.

五 国际创业的研究趋势

戴可乔和曹德骏（2013）指出，未来的国际创业研究趋势包括三个方面：一是关注新兴经济体的国际创业问题。这不仅符合新兴经济体在全球经济发展浪潮中逐渐崛起的现状，而且有利于学者更为全面和系统地剖析国际创业问题，同时便于国际创业问题跨国界和跨文化的比较。二是关注互联网在创业企业国际化过程中扮演的重要角色。随着互联网经济的开展，互联网对于国际创业企业识别机会、整合资源、提升绩效有重要影响。三是将国际创业的研究情境扩展到风险投资企业和家庭商业情境。研究情境的扩展促使国际创业的研究问题更为细致全面，对实践工作更具指导意义。

朱晓红和杨俊（2014）① 认为，现有关于国际创业的实证研究多是基于制造行业和高科技行业的国际创业的发展问题，数据收集极少涉及其他行业，对行业的限制会影响国际创业研究结论的信度和效度。因此，在未来实证研究中，学者们要尽量摒弃年龄、规模、行业作为研究数据抽样的标准，要更全面、深入地展现国际创业现象所呈现出的独特性问题。同时，要有针对性的汲取不同研究领域的研究成果。国际创业研究在发展过程中汲取了国际商务、创业、战略管理、网络、市场营销等领域的知识，并借鉴了心理学、社会学等相关学科知识，这些知识的融合和学科的交叉为国际创业研究提供了丰富的研究视角。然而盲目地拓展研究范畴、汲取知识扩充研究问题并不能促进国际创业研究领域的健康有序发展。为了实现理论研究的统一和聚焦，首先，应熟知国际商务、创业、战略管理、市场营销、心理学、社会学等研究领域有关国际创业的相关理论，了解各个理论的研究范畴；其次，应熟悉创业企业国际化进程中出现的影响其绩效、国际化模式、企业成长等方面的因素，了解这些因素影响创业企业国际化进程发展的内在机制；最后，将研究理论与国际创业影响因素进行有效匹配，系统、深入剖析国际创业的研究

---

① 朱晓红、杨俊：《国际创业研究的发展脉络及未来研究启示》，《现代管理科学》2014 年第 4 期。

问题。

朱晓红和杨俊（2014）进一步指出，国际创业未来的研究方向有两个：一是突出创业机会在国际创业研究中的主线地位；二是聚焦理论研究问题。他们认为，这两个研究方向可以融合，即将创业机会作为不同研究视角聚焦的关键点。为此，他们构建了国际创业整合模型，如图1—4所示：

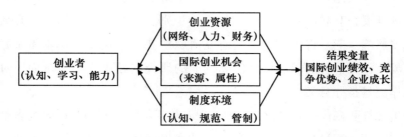

图1—4　国际创业的整合模型

资料来源：改编自朱晓红、杨俊《国际创业研究的发展脉络及未来研究启示》，《现代管理科学》2014年第4期。

朱秀梅等（2011）[①]指出，未来的国际创业研究应重点关注以下五个方面：

第一，国际、国内环境对企业国际创业的影响。环境的不确定性和其所蕴藏的机会对国际创业活动产生非常重要的影响（Rasheed，2005）[②]。但由于环境具有不易测量、动态变化和复杂等特点，只有个别国际创业研究者通过实证研究来验证国际或国内环境对国际创业的实际影响（Attahir，2002）[③]。目前，这方面的研究缺乏普遍认可的环境测量

---

① 朱秀梅、张妍、李明芳：《国际创业研究演进探析及未来展望》，《外国经济与管理》2011年第11期。

② H. S. Rasheed, "Foreign entry mode and performance: The moderating effects of environment", *Journal of Small Business Management*, 2005, 43（1），pp. 41 –54.

③ Y. Attahir, "Environmental uncertainty: The entrepreneurial orientation of business ventures and performance", *International Journal of Commerce and Management*, 2002, 12（3/4），pp. 83 –103.

方法。因此，未来应该加大研究国际创业环境影响的力度，如建立能够客观、全面评价国际创业环境的指标体系，深入开展国际环境、母国环境和东道国环境影响国际创业的量化研究。

第二，国际市场进入方式选择及其前因变量研究。由于进入方式与国际创业绩效紧密相关，并且还会影响国际新创企业的后续发展，因此，选择适宜的进入方式对于取得国际创业成功具有重要意义。但是，已有研究大多运用邓宁的折中理论，来研究中小企业如何选择进入国际市场的方式，并且只满足对进入方式效果变量的梳理和整合，很少关注中小企业选择国际市场进入方式的前因变量（Brouthers，2002[①]；Brouthers and Nakos，2004[②]）。国际创业有多种市场进入方式可以选择，具体选择哪种或哪些方式受诸多因素的影响。因此，后续相关研究应该系统考察影响新企业国际创业进入方式选择的主要因素，并深入揭示这些因素影响进入方式选择的作用机理。

第三，注重知识等无形资产对国际创业的作用，加大基于组织学习视角的国际创业研究。已有国际创业研究虽然也强调资源对于国际创业的重要性，但更加注重有形资源的作用，而较少关注知识等无形资源在国际创业中的作用。在经济全球化、技术进步速度加快、产品生命周期缩短、顾客需求日新月异的今天，国际新创企业越来越依赖知识等无形资源。组织学习有可能是企业快速积累、有效管理和用好知识等无形资源的重要手段。对于身处复杂的国际市场环境、缺少国际经营经验的国际新创企业来说，更加应该在国际创业过程中加强组织学习，通过组织学习来积累、管理和用好宝贵的知识等无形资源。因此，今后应该根据"态度—行为—绩效"研究范式，加大基于组织学习视角的国际创业研究，重视知识等无形资源对于国际创业的作用。

第四，社会网络的动态作用研究。社会网络对于企业国际化具有重要的影响，国际新创企业通常比较脆弱，原因之一就是其网络结构单一，

---

① K. D. Brouthers，"Institutional culture and transaction cost：Influences on entry mode choice and performance"，*Journal of International Business Studies*，2002，33（2），pp. 203 – 221.

② K. D. Brouthers and G. Nakos，"SMEs entry mode choice and performance：A transaction cost perspective"，*Entrepreneurship：Theory and Practice*，2004，28（3），pp. 229 – 247.

而且不能随国际创业进程动态发展。在现有的研究中，社会网络对国际创业的影响备受关注，但相关研究对网络特征和效果界定不一，也没有深入挖掘网络发挥作用的情境因素，而且大多采用截面数据，没能纵向跟踪研究国际新创企业的社会网络随国际创业发展的动态变化问题。因此，后续研究应该采用长期纵向数据考察社会网络动态影响国际创业的机理，精确界定和测量国际创业网络的基本特征和构成维度，深入探讨国际创业网络发挥作用的情境因素和权变因素，跟踪研究国际创业网络的动态演化和动态效应问题。

第五，基于中国转型经济背景的国际创业理论研究。目前，中国正处于经济转型时期，国际创业对于有效实施"走出去"战略，加快调整产业结构，促进经济持续增长都具有重要的意义。然而，现有的国际创业研究大多以发达国家企业为样本，以发展中国家和转型经济国家企业为样本的国际创业研究凤毛麟角。基于发达国家市场环境创立的国际创业理论未必适用像中国这样的发展中大国。因此，未来应该立足于中国的转型经济背景，深入研究中国企业在国际创业过程中遇到的特殊问题以及解决这些问题的方法。在此基础上，构建中国的本土化国际创业理论，以指导中国企业的国际创业实践，并为中国"走出去"战略的成功实施做出应有的贡献。

第 二 章

文献综述

第一节 国际创业自我效能及其维度

一 国际创业自我效能的提出

尽管国内外学者关于创业自我效能以及国际创业的研究颇多，但到目前为止，还没有学者将二者结合起来进行探讨。本书首次提出了"国际创业自我效能"这一概念，并结合前人关于国际创业与创业自我效能的研究，将其定义为：创业者对于能够成功地扮演国际创业者的角色和完成国际创业目标的信念强度，即国际创业者对于自己能否完成与国际创业有关的任务或活动所具有的自信程度。这一定义包含两层含义：一方面，国际创业自我效能的研究对象是指从事国际创业活动的创业者，而不是普通的创业者；另一方面，国际创业自我效能不是指个体所具有的人格特质或创业行为能力，而是指个体基于对自身创业行为能力的判定和评估而形成的对跨越国界的国际创业活动成功与否的信念强度，具有个体差异性。

二 创业自我效能的维度

创业自我效能是个体的自我效能在创业背景下的具体体现。由于创业环境具有不确定性，同时存在众多潜在的风险，导致创业自我效能在水平、强度和广度等方面都具有动态变化的特点。例如，个体创业自我效能水平受到个体特质、制度环境等因素的影响而不同，不同强度的创业自我效能又将导致不同难度的创业选择，同时，创业自我效能对个体创业选择的作用范围也不同。因此，探索创业自我效能的维度，并对其进行量化研究具有一定的难度，但这些困难并没能阻止学者们对这一领域的尝试。文献检索发现，不管是国外还是国内学者，总体上对创业自我效能的维度划分都是以自我效能研究领域的特殊性为理论基础的。到目前为止，关于创业自我效能的量表有较多版本，具体总结如表 2—1 所示。

表 2—1　　　　　　　　　　　创业自我效能的维度

研究者及年份	维度划分	备注
Betzand Hackett（1981）	会计；生产；市场；人力资源；一般的组织任务	创业自我效能早期研究中的代表性量表，主要涵盖创业者执行任务的能力，是创业自我效能实证研究的雏形
Chen et al.（1998）	市场；创新；管理；风险承担；财务控制	起初有 5 个维度共 36 个题项，后经实证调查，调整为 22 个题项
De Noble et al.（1999）①	风险管理；产品创新；人际网络；机会识别；资源获取；创新环境	《创业效能感评价量表》6 个维度，共 35 个题项
Forbes（2005）	管理效能；营销效能；冒险效能；财务效能	是对 Chen et al.（1998）量表的缩减版，4 个维度，共 15 个题项
Jill and Robert（2005）②	机会识别效能感；关系效能感；管理效能感；风险容忍效能感	根据（Chen et al.，1998；De Noble et al.，1999）的研究提出

---

① A. De Noble, D. I. Jung, S. B. Ehrlich, et al. , "Initiation new ventures：The role of entrepreneurial self-efficacy", *Paper presented at the Babson Research Conference*, 1999.

② K. Jill and S. D. Robert, "Measure for measure：Modeling entrepreneurial self-efficacy onto instrumental tasks within the new venture creation process", *New England Journal of Entrepreneurship*, 2005，8（2），pp. 39 – 47.

续表

研究者及年份	维度划分	备注
Barbosa et al.（2007）①	机会识别自我效能；管理自我效能；关系自我效能；模糊容忍自我效能	4 个维度
唐靖和姜彦福（2007）②	战略；机会识别；组织；概念性；关系；承诺	6 个维度
McGee et al.（2009）③	搜寻；规划；整理；人员执行；财务执行	5 个维度
丁明磊等（2009）	创业领导；创业坚持；创业管理	3 个维度，12 个题项
汤明（2009）④	创新效能；关系协调效能；风险承担效能；机会识别效能；组织承诺	5 个维度
李作战和申萍（2010）⑤	创新；风险容忍；营销；财务；人际关系	5 个维度

资料来源：根据现有文献整理。

从表2—1可以发现，表中共有十一种对于创业自我效能维度的划分，虽然侧重点各有不同，但是都有关于风险承担、模糊容忍或风险管理的维度，其中有六种关注人际网络和机会识别维度，五种关注创新和管理维度，四种关注市场或营销维度。也就是说，即使不同学者对创业自我效能维度划分的观点不同，他们对创业者需要承担的风险、需要具

---

① S. Barbosa, M. Gerhardt, and J. Kickul, "The role of cognitive style and risk preference on entrepreneurial self-efficacy and entrepreneurial intentions", *Journal of Leadership and Organizational Studies*, 2007, 13（4）, pp. 86 – 104.

② 唐靖、姜彦福：《初生型创业者职业选择研究：基于自我效能的观点》，《科学学与科学技术管理》2007 年第 10 期。

③ J. E. McGee, M. Peterson, S. L. Mueller, and J. M. Sequeira, "Entrepreneurial self-efficacy: Refining the measure", *Entrepreneurship: Theory and Practice*, 2009, 33（4）, pp. 965 – 988.

④ 汤明：《创业自我效能感研究综述》，《改革与开放》2009 年第 5 期。

⑤ 李作战、申萍：《新粤商创业自我效能感的维度研究——基于创业认知观的视角》，《广东商学院学报》2010 年第 1 期。

备的创新、管理、市场营销、人际关系、机会识别的能力的重视是一致的。

三 国际创业自我效能的可能维度

国际创业自我效能是一个全新的概念。根据创业自我效能的定义、特点与维度划分方式，并结合国际创业"跨越国界"的特性和当今社会现实，本书初步确定了国际创业自我效能的六个可能的维度，即警觉、适应性、风险承担、创新、国际营销和国际财务管理，这与以往学者们对创业自我效能维度的划分总体上是一致的（田毕飞、丁巧，2017①）。

第二节　国际创业绩效及其测量

一 国际创业绩效的内涵与影响因素

学者们一般基于四种观点来定义绩效：组织行为的结果；衡量成败的标尺；组织为达成预定目标所采取的行动；既涵盖过程又包含结果的动态的行为过程。基于以上四种观点，Chatterji（2009）② 和 Coombes et al.（2011）③ 认为创业绩效是一个整体性概念，这个概念可以体现创业活动最终结果，并可以用来衡量创业组织创业目标的达成程度。Carmona et al.（2012）④ 认为创业绩效体现了创业企业所取得的竞争优势，是衡量创业及创业过程成功与否的关键指标。国际创业是在吸收创业理论的基础上发展起来的。根据以上观点，本书认为，国际创业绩效即国际创业企业目标的达成程度，它衡量的是国际创业的成果，体现的是国际创

---

① 田毕飞、丁巧：《中国新创企业国际创业自我效能、模式与绩效》，《科学学研究》2017年第 3 期。

② A. Chatterji, "Spawned with a silver spoon? Entrepreneurial performance and innovation in the medical device industry", *Strategic Management Journal*, 2009, 30（2）, pp. 185－206.

③ S. M. Coombes, M. H. Morris, J. A. Allen and J. W. Webb, "Behavioral orientations of non-profit boards as a factor in entrepreneurial performance: Does governance matter?", *Journal of Management Studies*, 2011, 48（4）, pp. 829－856.

④ P. Carmona, A. Momparler, and C. Gieure, "The performance of entrepreneurial small and medium sized enterprises", *The Service Industries Journal*, 2012, 32（15）, pp. 2463－2487.

业的有效性。国际创业本身是一门多学科、多层面的复杂的社会活动，学者们普遍认为国际创业绩效受多种因素的影响。梳理已有的与国际创业绩效相关的文献，本书发现国际创业绩效的影响因素主要围绕创业者或创业团队、创业导向、企业资源、企业关系网络、创业环境等方面展开，具体见表2—2所示。

表2—2　　　　　　　　　　国际创业绩效的影响因素

影响因素	研究结论
创业者或创业团队	全球取向的领导者公司比其他类型的领导者的绩效更高（Calof and Beamish, 1994）①
	企业家的海外经验是影响企业早期出口绩效的最显著因素（Dichtl et al., 1990）②
	企业家及高管团队发现、评估和利用海外市场机会的能力以及整合企业内外部资源的能力与国际新创企业的绩效相关（Chandler and Hanks, 1994）③
创业导向	创业导向是国际绩效的核心解释变量（Shane and Venkataraman, 2000；Johanson and Vahlne, 2006④）
	创业推进产品和服务的创新，并通过更快的反应来获取先动优势从而提升创业绩效（Lumpkin and Dess, 1996）
	创业导向与企业绩效间存在显著正相关关系（Miller and Friesen, 1982⑤；Zahra and Covin, 1995⑥）

①　J. Calof and P. Beamish, "The right attitude for international success", *Business Quarterly*, 1994, 59 (1), pp. 105 – 109.

②　E. Dichtl, H-G. Koeglmayr, and S. Mueller, "International orientation as a precondition for export success", *Journal of International Business Studies*, 1990, 21 (1), pp. 23 – 39.

③　G. N. Chandler and S. H. Hanks, "Market attractiveness resource-based capabilities, venture strategies and venture performance", *Journal of Business Venturing*, 1994, 9 (4), pp. 331 – 349.

④　J. Johanson and J. E. Vahlne, "Commitment and opportunity development in the internationalization process: A note on the Uppsala internationalization process model", *Management International Review*, 2006, 46 (2), pp. 165 – 178.

⑤　D. Miller and P. Friesen, "Innovation in conservative and entrepreneurial firms: Two models of strategic momentum", *Strategic Management Journal*, 1982, 3 (1), pp. 1 – 25.

⑥　S. A. Zahra and J. Covin, "Contextual influences on the corporate entrepreneurship-company performance relationship in established firms: A longitudinal analysis", *Journal of Business Venturing*, 1995, 10 (1), pp. 43 – 58.

续表

影响因素	研究结论
创业导向	创业导向显著正向影响国际化绩效（李卫宁和邹俐爱，2010①；朱勤和郑小碧，2014②）
企业资源	要在国际市场上获得持续竞争优势，国际新创企业所拥有的独特资源必不可少（Oviatt and McDougall，1994）
	国外经验是一种组织专用性资产，可为企业获取可持续竞争优势（Ruigrok and Wanger，2003）③
	创业资源对于创业企业至关重要，决定其存续与发展（Timmons，1999）④
企业网络	创业企业借助于创业网络可以较少的代价取得核心资源，影响新企业的成立、发展和所取得的成就（Hansen，1995⑤；Premaratne，2001⑥；Watson，2007⑦；李新春和刘莉，2009⑧）
	创业网络有利于提升创业者的机会识别能力和外部资源的获取能力，进而正向影响新创企业绩效（Elfring and Hulsink，2003）⑨
	创业网络通过获取财务资源及市场资源直接影响新企业绩效，并通过提升组织水平间接影响公司绩效（蔡莉和单标安，2010）⑩

① 李卫宁、邹俐爱：《天生国际企业创业导向与国际绩效的关系研究》，《管理学报》2010年第6期。

② 朱勤、郑小碧：《跨国创业导向与国际化绩效：国际市场势力的中介效应》，《国际贸易问题》2014年第2期。

③ W. Ruigrok and H. Wagner, "Internationalization and performance: An organizational learning perspective", *Management International Review*, 2003, 43 (1), pp. 63 – 83.

④ J. A. Timmons, *New Venture Creation: Entrepreneurship in the 21th centuries* (6th edition), Homewood, IL: Irwin, 1999.

⑤ E. L. Hansen, "Entrepreneurial network and new organization growth", *Entrepreneurship: Theory and Practice*, 1995, 19 (4), pp. 7 – 19.

⑥ S. Premaratne, "Networks, resources, and small business growth: The experience in Sri Lanka", *Journal of Small Business Management*, 2001, 39 (4), pp. 363 – 371.

⑦ J. Watson, "Modeling the relationship between networking and firm performance", *Journal of Business Venturing*, 2007, 22 (6), pp. 852 – 874.

⑧ 李新春、刘莉：《嵌入性—市场性关系网络与家族企业创业成长》，《中山大学学报》（社会科学版）2009年第3期。

⑨ T. Elfring and W. Hulsink, "Networks in entrepreneurship: The case of high-technology firms", *Small Business Economics*, 2003, 21 (4), pp. 409 – 422.

⑩ 蔡莉、单标安：《创业网络对新企业绩效的影响——基于企业创建期、存活期及成长期的实证分析》，《中山大学学报》（社会科学版）2010年第4期。

续表

影响因素	研究结论
企业网络	创业网络有助于企业解除资源束缚，并在竞争中存活和成长（朱秀梅等，2010）①
创业环境	环境要素与创业企业绩效紧密相关（Chandler and Hanks，1994）
	文化距离与跨国公司的财务绩效间存在消极作用，而与长期战略绩效间存在积极作用，并通过进入模式作用于跨国企业的绩效（尹忠明等，2013）②
	认知制度环境不仅对国际创业绩效产生积极的作用，而且它与管制和规范制度环境间的交互效应与国际创业绩效具有显著的正向因果关系（黄胜和周劲波，2013）③

资料来源：根据相关文献整理而来。

二　创业绩效的评价与测量

在创业绩效的相关研究中，关于创业绩效的评价的文献较为丰富。总体来说，主要划分为两类：主观评价法与客观评价法；绝对评价法与相对评价法。Govindarajan and Gupta（1985）④ 等学者使用了客观、可量化的指标如市场份额、增长率及一些财务指标来测度创业绩效，而Chakravarthy（1986）⑤，Anderson and Sullivan（1993）⑥ 等学者则使用组织承诺、顾客满意度与忠诚度、服务质量等主观性指标。虽然主观评价法测量的只是大致接近的结果，但由于亚洲国家创业企业的数据相对保守，不易获取，国内学者主要偏向于使用主观评价法。绝对评价法是指将创业组织自身作为参照物来评价其所取得的创业绩效。由于没有横向

---

① 朱秀梅、陈琛、蔡莉：《网络能力、资源获取与新企业绩效关系实证研究》，《管理科学学报》2010 年第 4 期。

② 尹忠明、袁泽波、付竹：《文化距离对跨国企业绩效的影响》，《当代经济研究》2013 年第 2 期。

③ 黄胜、周劲波：《制度环境对国际创业绩效的影响研究》，《科研管理》2013 年第 11 期。

④ V. Govindarajan and A. K. Gupta, "Linking control systems to business unit strategy: Impact on performance", *Accounting, Organizations and Society*, 1985, 10（1）, pp. 51 – 66.

⑤ B. S. Chakravarthy, "Measuring strategic performance", *Strategic Management Journal*, 1986, 7（5）, pp. 437 – 458.

⑥ E. W. Anderson and M. W. Sullivan, "The antecedents and consequences of customer satisfaction for firms", *Marketing Science*, 1993, 12（2）, pp. 125 – 143.

比较，使用这种方法测量的绩效难以评判其优劣。有鉴于此，Chakravarthy（1986），Kaplan and Norton（1996）[1] 等学者使用以主要竞争对手为参照的相对的绩效指标来测度创业绩效。

　　合适的绩效指标，可以客观全面地反映组织内各个策略活动所存在的价值和必要性，进而为管理决策提供指导。因此，要想客观准确地测量国际创业绩效，必须选择正确的国际创业绩效指标。为了增进对国际创业绩效指标的认识，了解绩效指标是非常有必要的。学者们一般将创业绩效指标分为三组：单一指标和多维指标；财务指标和非财务指标；主观指标和客观指标。有些学者侧重财务指标，有些学者侧重非财务指标，另有一些学者则综合了财务和非财务指标，具体的测量指标如表2—3所示。

表2—3　　　　　　　　　　　　　创业绩效指标

指标类型	研究者及年份	测量指标
财务指标	Govindarajan and Gupta（1985）；Venkatraman and Ramanujam（1987）[2]	销售额增长率
	Robinson（1998）[3]	销售收入、销售增长率、销售利润率、净利润、息税前收益、资产收益率、股票收益率、投资回报率
非财务指标	Delaney and Huselid（1996）[4]	市场份额、新产品引进能力、新产品开发能力、顾客满意度、忠诚度

----

① R. S. Kaplan and D. P. Norton, "Using the balanced scorecard as a strategic management system", *Harvard Business Review*, 1996, 74 (1), pp. 75 – 85.

② N. Venkatraman and V. Ramanujam, "Measurement of business economic performance：An examination of method convergence", *Journal of Management*, 1987, 13 (1), pp. 109 – 122.

③ K. C. Robinson, "An examination of the influence of industry structure on eight alternative measures of new venture performance for high potential independent new ventures", *Journal of Business Venturing*, 1998, 14 (2), pp. 165 – 187.

④ J. T. Delaney and M. A. Huselid, "The impact of human resource management practices on perceptions of organizational performance", *Academy of Management Journal*, 1996, 39 (4), pp. 949 – 969.

续表

指标类型	研究者及年份	测量指标
非财务指标	Chakravarthy（1986）	产品和服务的质量与数量、新产品引进能力、新产品开发能力、员工生产率
	沈超红、罗亮（2006）①	产品出错率、产品开发循环率、产品升级周期
	Kaplan and Norton（1996）	产品和服务质量与数量、员工生产率、员工保持率、顾客满意度与忠诚度
综合指标	Venkatraman and Ramanujam（1987）	资产收益率、投资回报率、产品市场份额、市场占有率、客户满意度
	Murphy et al.（1996）②	资产收益率、市场占有增长率、税前利润、销售收入、员工满意度、员工离职率、客户满意度及忠诚度

资料来源：根据相关文献整理而来。

三　创业自我效能与国际创业绩效的相关研究

Luthans and Ibrayeva（2006）指出，创业自我效能是创业主体的主观感受，体现出创业主体对自己影响环境的能力及克服障碍获取成功的一种感性评估。Guth et al.（1991）③发现创业者的能力感知和信念会通过他们的行为作用于创业企业的绩效。学术界对创业自我效能与创业绩效的关系研究主要有两种观点：第一种认为创业自我效能与创业绩效间存在显著的正相关关系；第二种认为创业自我效能对创业绩效存在调节或中介作用。

一些学者认为创业自我效能可正向影响创业绩效。Wood et al.（1990）研究发现，创业自我效能高的创业者坚持创业活动的可能性更大，进而可能会提高新创企业的绩效。Chandler and Hanks（1994）基于

① 沈超红、罗亮：《创业成功关键因素与创业绩效指标研究》，《中南大学学报》（社会科学版）2006年第2期。

② G. B. Murphy, J. W. Trailer, and R. C. Hill, "Measuring performance in entrepreneurship research", *Journal of Business Research*, 1996, 36（1）, pp. 15–23.

③ W. D. Guth, A. Kumaraswamy, and M. McErlean, "Cognition, enactment and learning in the entrepreneurial process, in N. C. Churchill, W. D. Bygrave, J. G. Covin, D. L. Sexton, D. P. Slevin, K. H. Vesper, and E. J. Wetzel（eds.）", *Frontiers of Entrepreneurship Research*, 1991.

150 个创业家的数据，实证分析发现创业者对商机的辨识能力的效能与创业绩效间有着明显的积极影响。Forbes（2005）基于前人所开发的量表测度了创业自我效能与企业所取得的成果，发现创业自我效能可正向促进企业整体绩效。Hmieleski and Corbett（2008），叶建国（2006）[①]等也得出了类似的研究结论。叶建国（2006）还认为，创业自我效能可有效预测创业绩效。还有一些研究者借助于计算机实施模拟实验或者采用现场模拟方式来研究创业自我效能对工作绩效的影响（吴昭等，2013）[②]。

另一些学者认为创业自我效能可作为中介因素，调节另一因素对创业绩效的影响。Chandler and Hank（1994）研究发现，创业自我效能可以缓冲创业主体对创业绩效的作用。冯冬冬等（2008）基于 513 个样本数据发现，一般自我效能可有效调节工作不安全感对绩效的压力。

第三节　国际创业模式及其影响因素

一　国际创业模式的内涵及分类

学者们至今并未对国际创业模式给出明确的定义。根据现有国内外文献中有关国际创业模式的论述，可大体上将其理解为国际市场进入模式，是企业为实现海外经营所设定的一种使用各种资源和技能的制度性安排。

传统的国际商务理论认为，企业是渐进地进入国际市场开展国际市场业务的。Root（1987）[③]认为不同国家的政治、文化、市场等环境各不相同，因此企业进入国际市场开展国际业务时的风险也不相同。为了降低国际商务活动中的风险，开展国际经营业务的企业会采取渐进的方式进入国际市场。据此，他将国际创业模式划分为贸易式、契约式和投资式。与此类似，国内学者赵曙明等（2010）[④]将国际化模式分为贸易进入

---

①　叶建国：《创业效能感及其对创业绩效的影响研究》，博士学位论文，浙江大学，2006 年。

②　吴昭、王彭、严建雯：《创业自我效能感研究的回顾与展望》，《创新与创业教育》2013 年第 3 期。

③　F. R. Root, *Foreign Market Entry Strategies*, New York：AMACOM，1987.

④　赵曙明、高素英、周建、刘建朝：《企业国际化的条件、路径、模式及其启示》，《科学学与科学技术管理》2010 年第 1 期。

模式、契约进入模式、投资进入模式和战略联盟进入模式四种。

Anderson and Gatignon（1986）[①] 根据企业进入海外市场所掌握的控制权将国际创业模式划分为高控制模式、中等控制模式和低控制模式。根据这一分类，Zahra et al.（2000）[②] 将出口和合同协议归为低控制国际创业模式，而将合资、收购和独资归类为高控制国际创业模式。

借鉴组织国际化运作模式的分类，Zacharakis（1997）[③] 将国际创业模式划分为权益模式（equity modes）和非权益模式（non-equity modes）。其中，权益模式是指在国外市场建立合资企业或独资企业，或收购类的创业企业直接参与国际市场的运作和管理的创业方式；非权益模式是指创业企业主要通过提成或提取佣金的方式来获取收益，企业自身并不参与国际市场的运营和管理的创业方式，这类创业方式主要包括出口、技术转让、特许经营等。刘帮成、王重鸣（2005）[④] 对此做出了同样的划分。范家琛（2012）[⑤] 从共生视角提出了中小企业国际创业的模式。

上述文献表明，学者们主要从企业资源投入程度、控制和组织运作模式等方面对国际创业模式进行分类。基于企业内外在条件及开展国际业务的路径，本书对国际创业模式的划分如图 2—1 所示。

在国际创业模式分类的基础上，学者们开始关注不同国际创业模式的特征 Kumar and Velavan（199）7[⑥]；Woodcock et al.（1994）[⑦] 认为

① E. W. Anderson and H. Gatignon, "Mode of foreign entry: A transaction cost analysis and propositions", *Journal of International Business Studies*, 1986, 17 (3), pp. 1 – 26.

② S. A. Zahra, D. R. Ireland, and M. A. Hitt, "International expansion by new venture firms: International diversity, mode of market entry, technological learning and performance", *Academy of Management Journal*, 2000, 43 (5), pp. 925 – 950.

③ A. L. Zacharakis, "Entrepreneurial entry into foreign markets: A transaction cost perspective", *Entrepreneurship: Theory and Practice*, 1997, 21 (3), pp. 23 – 40.

④ 刘帮成、王重鸣：《国际创业模式与组织绩效关系：一个基于知识的概念模型》，《科研管理》2005 年第 7 期。

⑤ 范家琛：《基于共生视角的中小企业国际创业模式分析》，《商业时代》2012 年第 27 期。

⑥ V. Kumar and S. Velavan, "A contingency framework for the mode of entry decision", *Journal of World Business*, 1997, 32 (1), pp. 53 – 72.

⑦ C. P. Woodcock, P. W. Beamish, and S. Makino, "Ownership based entry mode strategies and international performance", *Journal of International Business Studies*, 1994, 25 (2), pp. 253 – 273.

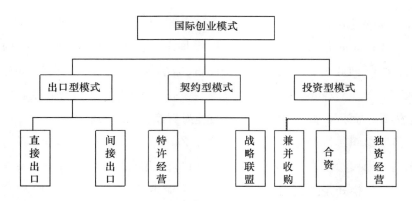

图 2—1 国际创业模式分类

资料来源：参见田毕飞、丁巧《中国新创企业国际创业自我效能、模式与绩效》，《科学学研究》2017 年第 3 期。

国际创业模式与企业进入国际市场经营相关的所有权特征、控制程度、资源投入、风险及潜在收益紧密相连。与此类似，刘帮成和王重鸣（2005）围绕这几个维度分别对比了出口、合同协议、合资、收购和独资这五种国际创业模式，发现出口和合同协议在控制力和资源认同方面比较低，相应的风险和收益也比较低；另外三种模式刚好与之相反。学者们对国际创业模式的对比也主要集中在控制力、资源投入、风险及收益等方面，如表 2—4 所示：

表 2—4　　　　　　　　　　不同国际创业模式特征比较

国际创业模式	具体对比特征			
	控制力	资源投入	风险	潜在收益
出口型	低	低	低	低
契约型	中	中	中	中
投资型	高	高	高	高

资料来源：根据相关文献整理而来。

二　影响国际创业模式选择的因素

国内企业往跨国公司发展的道路上需要考虑多方因素，包括东道国的文化、环境、政策、制度等，很多学者对其中的某一部分或者某几部分进行了大量的研究（Root，1987；Deo Sharma and Blomstermo，2003[①]）。根据这些研究，可将影响企业国际创业模式选择的因素分为外部因素和内部因素，如图2—2所示：

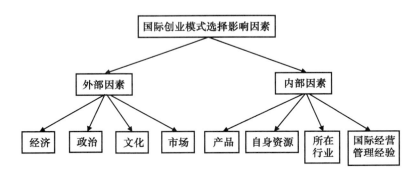

图2—2　影响企业国际创业模式选择的因素

资料来源：根据相关文献整理而来。

（一）外部因素

外部因素分为经济、政治、文化、市场等四个方面。

1. 经济因素。在企业对外投资时考虑的因素中，经济因素占有很大的比重。如果投资的目标国经济规模大、经济充满活力、具有外部经济效应以及汇率相对比较稳定等，这些都会对企业的决策者产生积极影响，此时的国际创业模式也趋于多样。

2. 政治因素。包括目标国的国内法律制度、对外投资管理制度等。如果创业的目标国国内法律制度健全、鼓励外商投资的政策较多、关税水平较低等，都会促进外商的投资，此时创业者可能选择权益类的投资策略较多。若上述政策比较消极，那么创业者倾向于实施非权益性投资策略。

3. 文化因素。文化差异是影响创业者国际创业模式选择的另一重要因素，语言、价值观、企业文化、高管的生活态度等，都会对其造成重

---

① D. Deo Sharma and A. Blomstermo, "The internationalization process of born globals: A network view", *International Business Review*, 2003, 12 (6), pp. 739 – 753.

大影响。目标国和创业者母国的文化差异越小，创业者越会选择权益性的投资，以期获得跨国经营管理的收益。

4. 市场因素。如果目标国市场规模大，企业需要严格控制自己的生产成本，广泛拓展营销渠道，以便在目标市场获取一席之地。因此，选择并购或者协议进入的方式，可能会是很好的选择。同时，母国国内的市场环境也会对创业者的选择产生直接的影响，如果母国国内的竞争过于激烈，这会极大地促进创业者进行国际创业。

（二）内部因素

内部因素分为产品、自身资源、所在行业以及国际经营的经验等四个方面。

1. 产品因素。基于产品特性，企业一般可分为资本密集型、技术密集型、劳动密集型等。针对不同特性的产品的生产，创业者可能会选取不同的国际创业模式。如果产品为技术密集型，那么创业者很可能采用控制权高度集中的国际创业模式；如果产品为资本密集型或劳动密集型，创业者采用并购或者合资的可能性比较大。

2. 企业自身资源。若企业自身资源充足或者拥有丰富的人脉资源，那么企业家就有可能选择投入和回报相对较高的绿地投资或者并购型国际创业模式；若资源稀缺，企业可能会选择合资模式。

3. 企业所处行业。企业所处行业的类别也在一定程度上影响创业者对国际创业模式的选择。如果所处行业要求保密性比较强或者对技术能力的要求比较高，此时绿地投资可能更适合企业的长期发展。

4. 国际经营管理经验。如果企业家的国际经营管理经验丰富，并且能带领员工顺利融入目标国之中，创业者很可能选择并购或者绿地投资，以获取更加符合自身特点的高额回报。

三　国际创业模式与国际创业绩效的相关研究

企业能否设定正确的边界关系到其生死存亡，因此一些学者认为进入模式非常重要。进入模式的选择具有不可逆性，即国际新创企业一旦选择某种进入模式，今后就将很难改变。然而，探讨国际创业模式与国际业务绩效关系的文献并不多见。梳理现有文献对国际创业模式与国际创业绩效的研究，大体可以分为三类，即认为国际创业模式与国际创业绩效间存在正相关关系、非线性关系和权变关系等。

一些学者研究发现，国际市场进入模式直接正向影响国际创业绩效（Ripollés and Blesa，2012[①]；潘镇等，2008[②]；黄胜和周劲波，2014[③]）。在 Lu and Beamish（2001）[④] 看来，进入模式类型与组织绩效间的关系比较显著。新创企业的出口（贸易进入方式）与企业绩效呈正相关关系，出口增加，企业将取得更好的绩效。Zahra et al.（2000）发现高控制程度的国际化模式显著积极地影响国际化组织绩效。

也有研究指出，中小企业的对外直接投资与企业绩效间存在非线性关系：对外直接投资比例较低时，两者为负相关关系；随着对外直接投资比例的增加，两者间的关系演变为正相关关系（Lu and Beamish，2001）。陈寒松和张文玺（2005）[⑤] 发现创业模式与企业的结构更迭相辅相成、相互促进。Woodcock et al.（1994）在资源需求和组织控制权变特征的基础上，根据折中理论和权变理论假设，不同的进入模式对应不同的企业绩效，即新建企业模式、合资企业模式、收购模式对应的企业绩效依次递减。他们利用 321 家日本在美国实施跨国战略的企业的实证分析验证了这一假设。

另有学者发现，进入模式类型与组织绩效关系很显著，但不同创业模式对组织绩效的影响不同（Lu and Beamish，2001）。Brothers and George（2004）认为最好的进入模式并不存在，企业应该根据自己的情况选择合适的进入模式。在此基础上，刘帮成和王重鸣（2005）指出，国际创业企业的国际创业模式与组织绩效之间并不存在一个明确的作用关

① M. Ripollés and A. Blesa, "International new ventures as 'Small Multinationals': The importance of marketing capabilities", *Journal of World Business*, 2012（2），pp. 277 – 287.

② 潘镇、殷华方、鲁明泓：《制度距离对于外资企业绩效的影响——一项基于生存分析的实证研究》，《管理世界》2008 年第 7 期。

③ 黄胜、周劲波：《制度环境、国际市场进入模式与国际创业绩效》，《科研管理》2014 年第 2 期。

④ J. W. Lu and P. W. Beamish, "The internationalization and performance of SMEs", *Strategic Management Journal*, 2001, 22（6 – 7），pp. 565 – 586.

⑤ 陈寒松、张文玺：《创业模式与组织的创新》，《山东大学学报》2005 年第 4 期。

系，其关系是权变的。

除此之外，也有学者基于国际创业模式对国际创业绩效的直接影响和间接调节的角度来研究两者之间的关系。例如，刘帮成和王重鸣（2005）基于知识的视角研究国际创业模式对组织绩效的作用机理。黄胜和周劲波（2014）运用层次回归分析模型发现国际市场进入模式直接正向影响国际创业企业绩效。潘镇等（2008）从国际创业模式类型方面探讨，得出了类似的结论。谢军和徐青（2011）① 基于三个省份的面板数据，从组织能力的视角研究发现，进入模式对组织能力与国际创业成果之间发挥调节效应。

第四节　对现有研究的评价

一　取得的进展

综观现有研究成果可以发现，目前学术界对国际创业和创业自我效能的研究已经渐趋成熟，研究的视野与内容非常广泛，不仅有不同国别制度环境下的调查研究，也有关于创业自我效能的维度划分的研究。与此同时，国内外学者逐渐意识到国际创业模式和国际创业绩效的重要性，不仅探讨了国际创业模式的不同类型及其特点，还将国际创业绩效区分为财务绩效和非财务绩效，并开始关注国际创业模式和国际创业绩效之间的关系。这些研究为本书的写作奠定了坚实的基础。

二　存在的问题

由于世界经济发展水平与政治环境的差异性，以及理论与实践的不断发展，有关国际创业的研究还存在着一些问题或不足，主要包括以下几个方面：

1. 缺乏关于国际创业自我效能的相关研究。目前有关创业自我效能的研究非常普遍，但尚未有研究国际创业自我效能的文献。由于经济全

---

① 谢军、徐青：《进入模式对组织能力与国际业务绩效关系的调节作用研究》，《商业经济与管理》2011 年第 5 期。

球化和世界一体化的影响，国际创业活动无论是在发达国家还是在发展中国家都已渐趋普遍，并且在未来拥有广阔的发展前景。遗憾的是，现有的关于创业自我效能的研究无法有效地理解与预测新创企业的国际创业行为，也很难对提高企业的国际创业绩效起到参考作用。

2. 针对中国新创企业国际创业模式选择的研究较少。目前对国际创业模式的研究主要围绕国际创业模式的分类及其影响因素展开，虽有学者借鉴交易成本理论、国际生产折中理论、资源能力理论等来研究国际创业模式的选择，但这些理论主要是针对大型跨国公司而提出来的。国际新创企业不同于大型跨国公司，传统的国际创业模式选择理论忽略了国际新创企业的特性。目前急需另辟蹊径，例如从创业者的认知视角出发，以便对新创企业的国际创业模式选择做出更合理的解释。

3. 测定国际创业绩效的指标体系不明晰。不同学者对国际创业绩效的评价指标有着不同的理解，有的学者认为国际创业绩效是单一维度，而有的学者认为国际创业绩效是多维度的复杂指标。学术界对于国际创业绩效的测量指标体系缺乏统一定论，且国际创业绩效指标应该反映国际创业自身的特点。现有研究偏向于使用财务指标来衡量国际创业绩效，而忽略了反映企业成长和效率的非财务绩效指标，这不可避免地导致了对企业国际创业绩效的评价有失偏颇，从而无法提出提高国际创业绩效的有效策略。

4. 有关国际创业模式对国际创业绩效的影响的研究不够深入。虽然有为数不多的学者研究了国际创业模式与国际创业绩效，但只是简单涉及国际创业模式与国际创业绩效之间的关系，并没有深入地探讨国际创业模式究竟如何影响国际创业绩效，其影响机制仍有待深入挖掘。

第 三 章

相关概念与研究设计

第一节　相关概念

一　国际创业与国际新创企业

自 Morrow（1988）率先提出"国际创业"一词以来，有关国际创业的研究吸引了越来越多的学者的关注。国际创业的涵义从诞生之日起一直在演变，至今大体上经历了三个阶段，即提出阶段、拓展阶段与深化阶段（薛求知、朱吉庆，2006）。本书第一章已对国际创业涵义的演变过程做了详尽的梳理。在这里本书将对国际创业的概念进行界定，为此，需要界定与之相关的另一概念，即国际新创企业。

1989 年，McDougall 研究了国际新创企业，并将国内新创企业和国际新创企业进行了对比。随后，Oviatt and McDougall（1994）将国际新创企业界定为：从成立之初就开始整合全球资源，并将产品销售到不同国家或地区的企业组织。根据国际新创企业所涉及的国家数量和从事的价值链活动，他们将国际新创企业分为出口或进口型（export/import start-up）、多国贸易型（multinational trader）、地域集聚型（geographically focused start-up）和全球型（global start-up）四种，指出国际新创企业的一个重要特征就是在成立之初就实现了国际化经营，表现出资源配置的多国性。在此基础上，后来的学者使用"天生全球化企业"（Moen and Servais，2002）、"即时的国际企业"（instant internationals）（Preece et al.，1999)[1]、"全球初创企业"（global start-ups）（Oviatt and McDougall，1995)[2]、"高科技初创企业"（high technology start-ups）（Jolly et al.，1992)[3] 和"早期国际化企业"（early internationalizing firms）（Rialp et al.，2005）等称谓来研究此类企业，并主要从全球化视野、从事国际化活动的时间和国际市场销售额所占的比例这三个维度对国际新创企业进行了界定。

学术界一般用是否开展了国际业务来判定企业是否具有全球化视野，而从事国际化活动的时间则与企业的成立时间有关。由企业生命周期理论可知，新创企业属于初创期的企业，但对于企业成立多久才属于初创企业，学术界尚未达成统一定论。有的学者采用 3 年（McDougall and Oviatt，2000）作为时间界限；有的则放宽至 6 年（Zahra et al.，2000；黄胜、周劲波，2014）或 8 年（McDougall et al.，1994)[4]。在国际市场销售额所占的比例方面，不同的学者也有不同看法，如 Hashai and Almor（2004)[5] 认为，国际新创企业的海外销售至少占总销售的 25%，这与 Knight and Cavusgil（1996)[6] 以及 Andersson and Wictor（2003)[7] 的标准一致，但有的认为应将海外销售额的占比设定为 75%

[1] S. B. Preece, G. Miles, and M. C. Baetz, "Explaining the international intensity and global diversity of early-stage technology-based firms", *Journal of Business Venturing*, 1999, 14 (3), pp. 259 – 281.

[2] B. M. Oviatt and P. P. McDougall, "Global start-ups: Entrepreneurs on a worldwide stage", *Academy of Management Executive*, 1995, 9 (2), pp. 30 – 43.

[3] V. K. Jolly, M. Alahuta, and J. Jeannet, "Challenging the incumbents: How high technology start-ups compete globally", *Journal of Strategic Change*, 1992, 1 (2), pp. 71 – 82.

[4] P. P. McDougall, S. Shane, and B. M. Oviatt, "Explaining the formation of international new ventures: The limits of theories from international business research", *Journal of Business Venturing*, 1994, 9 (6), pp. 469 – 487.

[5] N. Hashai and T. Almor, "Gradually internationalizing "Born Global" firms: An oxymoron?", *International Business Review*, 2004, 13 (4), pp. 465 – 483.

[6] G. A. Knight and S. Cavusgil, "The born global firm: A challenge to traditional internationalization theory, In S. Cavusgil and T. Madsen (eds.)", *Export Internationalizing Research-Enrichment and Challenges: Advances in International Marketing*, New York, NY: JAI Press, 1996, pp. 11 – 26.

[7] S. Andersson and I. Wictor, "Innovative internationalisation in new firms: Born Globals-the Swedish case", *Journal of International Entrepreneurship*, 2003, 1 (3), pp. 249 – 276.

（McKinsey，1993）①。学者们在此方面之所以差异巨大，主要在于他们在样本选择时有不同的考虑。为了避免因此带来的混乱，也出于研究需要，本书不对企业的海外销售额占比做出限制。

结合前人的研究以及当今时代特别是中国的国情，本书将国际创业界定为：企业在全球市场上发现、设定、评估和利用跨国界商机，并跨越国境整合创新、超前行动和冒险行为创造未来商品和服务的过程。本书将 6 年作为初创企业的界定年限，并将国际新创企业界定为：在成立的 6 年内进行国际创业的企业。

二　创业者特质及其维度

特质是人格的基本构成单元，是个人在漫长的成长过程中以生理为基础而逐步形成的一些能够支配个人行为的相对稳定的性格特征，特质能使个人在变化的环境中给出步调一致的反应（Allport，1961）②。根据这一定义，可以将创业者特质理解为：能够使国际创业者在快速变化的创业环境中给出一致反应的稳定的性格特征。

在国际创业研究中关注创业者特质具有重要意义，因为创业研究的基础是人。即使外界环境相同，也并不是所有人都会选择创业。一般来说，创业者身上具备一些与非创业者显著不同的个性特征，如乐观、创新能力、冒险精神、领袖特质、成就需要、情绪稳定性、外倾性和经验开放性等（Timmons，1999）。基于以往学者对创业者特质及个人特征的相关研究，本书仅关注与国际创业密切相关的创业者特质。

首先是成就需要。在早期创业者特质的研究中，McClelland 的成就需要理论被广为引用。McClelland（1987）认为，创业作为一种职业生涯的选择对于高成就需要者来说具有相当的吸引力，因为创业角色能够满足其对结果高度负责、能够发挥个人技能及努力、承担适当风险等方面的需求。创业者愿意通过设定目标、努力完成目标的方式达到自我价值的

---

① Mckinsey Co., *Emerging Exporters: Australia's High Value-Added Manufacturing Exporters*, Melbourne: Australian Manufacturing Council, 1993.

② G. W. Allport, *Pattern and Growth in Personality*, New York: Holt, Rinehart and Winston, 1961.

实现，他们这种强烈的成就需求显著区别于非创业者。Collins et al. (2004)[①] 通过研究证明成就需要与公司创立高度相关，创业者的成就动机与创业成功之间呈正相关关系。Rauch and Frese (2007)[②] 认为，成就需要意味着个体将选择中等难度的任务，为后果承担责任，并为行动结果收集反馈信息。他们通过元分析指出，创业者与其他群体相比具有更高的成就动机。Miller (2014)[③] 指出，成就需要对新生创业者和已建企业的创业者都非常有价值。上述研究表明，成就需要是创业者的一个重要特质（田毕飞等，2011[④]；田毕飞和吴小康，2013[⑤]）。因此，本书将成就需要作为国际创业者性格特质的一个维度加以考量。

其次是冒险倾向。Weber and Shepherd (2001)[⑥] 认为，冒险倾向是一种相对稳定的个人特质，仅在决策制定者处于特定环境下才被激发。因此，冒险倾向是影响决策制定者承担风险行为的个人特质（Grichnik，2008）[⑦]。创业者表现出很强的冒险倾向（Stewart and Roth，2004）[⑧]。基于 McClelland 提出的高成就需要的个人会有适当冒险倾向的研究，可以预见，只有具备冒险勇气的人才能迎接创业过程中的种种挑战，才能承担国际创业过程中的种种不确定性，才愿意花费时间、精力及金钱并承

---

① C. J. Collins, P. J. Hanges, and E. A. Locke, "The relationship of achievement motivation to entrepreneurial behavior: A meta-analysis", *Human Performance*, 2004, 17 (1), pp. 95 – 117.

② A. Rauch and M. Frese, "Let's put the person back into entrepreneurship research: A meta-analysis on the relationship between business owners' personality traits, business creation, and success", *European Journal of Work and Organizational Psychology*, 2007, 16 (4), pp. 353 – 385.

③ D. Miller, "A downside to the entrepreneurial personality", *Entrepreneurship: Theory and Practice*, 2014, 39 (1), pp. 1 – 8.

④ 田毕飞、吴小康、徐敏娴、冯培：《特质论与机会观的结合：基于创业研究的结构主义视角》，《经济研究导刊》2011 年第 28 期。

⑤ 田毕飞、吴小康：《创业者性格特质对机会识别的影响：基于 PSED II 的实证研究》，《商业经济与管理》2013 年第 6 期。

⑥ E. U. Weber and D. A. Shepherd, "Perceived risk attitudes: Relating risk perception to risky choice", *Management Science*, 2001, 43 (2), pp. 123 – 144.

⑦ D. Grichnik, "Risky choices in new venture decisions—experimental evidence from Germany and the United States", *Journal of International Entrepreneurship*, 2008, 6 (1), pp. 22 – 47.

⑧ W. H. Stewart and P. L. Roth, "Data-quality affects meta-analytic conclusions: A response to Miner and Raju (2004) concerning entrepreneurial risk propensity", *Journal of Applied Psychology*, 2004, 89 (1), pp. 14 – 21.

担可能的损失。

最后是外倾性和情绪稳定性。研究表明，大五人格能够很好地区分创业者（Zhao et al.，2010）[1]。范巍和王重鸣（2004）[2] 通过实证调查指出，具有高外倾性、高经验开放性的大学生具有较高的创业意向。钱永红和王重鸣（2007）[3] 认为，个人特质中具有外倾性的人更倾向于创业。夏海燕（2013）[4] 认为，情绪稳定性会对工作绩效产生显著的影响，对于需要承受较大压力的工种，情绪稳定性的好处更加明显。因此，高情绪稳定性是创业者的优势所在，是国际创业者所应具备的特质之一。

三 制度环境及其维度

在国际创业研究领域中，多位学者研究了制度环境等因素对企业国际化的重要影响，如 Mitchell et al.（2000）以及 Westhead et al.（2001）。Zahra and George（2002）将环境要素作为调节变量，研究了以"组织要素—国际化行为—绩效"为主线的国际创业整合模型，该模型实际上是把环境作为国际创业的一个影响因素来加以考察的。唐靖和姜彦福（2007）指出，如果能实现个体认知机制和社会情境的有机结合，就可以更好地理解创业行为。这些研究均表明，制度环境会对国际创业产生一定的影响。

Busenitz et al.（2000）指出，制度环境对国际创业活动的影响主要通过管制、认知和规范三个层次来实现。管制环境强调规则、管制和合法性（买忆媛等，2009）[5]，开始或退出国际业务的制度障碍越多，国际创业的意愿就越低，国际创业活动的发展速度也会相应降低。认知环境

① H. Zhao, S. E. Seibert, and G. T. Lumpkin, "The relationship of personality to entrepreneurial intentions and performance: A meta-analytic review", *Journal of Management*, 2010, 36 (2), pp. 381 – 404.

② 范巍、王重鸣：《创业倾向影响因素研究》，《心理科学》2004 年第 5 期。

③ 钱永红、王重鸣：《女企业家创业意向缓冲因素研究》，《技术经济》2007 年第 5 期。

④ 夏海燕：《浅论大学生创业人格的培养与教育》，《淮海工学院学报》（人文社会科学版）2013 年第 22 期。

⑤ 买忆媛、梅琳、周嵩安：《规制成本和资源禀赋对地区居民创业意愿的影响》，《管理科学》2009 年第 4 期。

是群体价值观的集合，不但决定新创企业对国际商机的有效识别（Baron，2007）①，而且能够影响新创企业对国际化风险的感知（Dickson and Weaver，2008）②。与此同时，认知环境还能够通过教育普及和榜样示范（Levie and Autio，2008）③来促进形成新创企业对开发国际商机的知识和信念，从而形成新创企业进入国际市场的方式，并在较大程度上影响国际创业效果（Krueger et al.，2000）。规范环境是与个体行为相关的规范、价值观与信念，它包括创业者将开办新企业作为职业选择的程度，创业者从公众和媒体获得地位和尊重的程度等。

从管制、认知和规范这三个维度来衡量一个国家的制度不仅适用于发达国家，也适用于新兴经济国家以及小型开放型经济国家（De Clercq et al.，2010）④。不同国家在这三个维度上存在着明显的差异，这也反映了不同国家的文化价值与规范，以及制度传承在推动创业上的异质性。于晓宇（2013）⑤通过对177家来自中国、越南和老挝3个国家的新创企业的研究发现，技术能力和制度环境是新兴市场新创企业国际创业绩效的决定因素。他指出，优化制度环境对促进企业国际创业成功非常重要，制度环境的优化不应局限于法律、政策等正式制度，还应包括那些保护、尊重、鼓励国际创业文化的非正式制度；同时改善鼓励国际创业的制度环境不应以导致新创企业对母国制度支持过度依赖为代价，否则可能会伤及新创企业国际化发展的可持续性。黄胜和周劲波（2014）运用回归分析发现，管制、认知和规范制度环境负向调节国际市场进入模式与国

---

① R. A. Baron，"Behavioral and cognitive factors in entrepreneurship: Entrepreneurs as the active element in new venture creation"，*Strategic Entrepreneurship Journal*，2007，1（1/2），pp. 167 – 182.

② P. H. Dickson and K. M. Weaver，"The role of the institutional environment in determining firm orientations towards entrepreneurial behavior"，*International Entrepreneurship and Management Journal*，2008，4（4），pp. 467 – 483.

③ J. Levie and E. Autio，"A theoretical grounding and test of the GEM model"，*Small Business Economics*，2008，31（3），pp. 235 – 263.

④ D. De Clercq，W. M. Danis，and M. Dakhli，"The moderating effect of institutional context on the relationship between associational activity and new business activity in emerging economies"，*International Business Review*，2010，19（1），pp. 85 – 101.

⑤ 于晓宇：《网络能力、技术能力、制度环境与国际创业绩效》，《管理科学》2013年第2期。

际创业企业绩效之间的关系。

因此，本书通过对制度环境的管制、认知和规范三个维度的考察，来探索它们与国际创业自我效能之间的关系。

四 创业者认知及其维度

在创业理论发展初期，学者们以创业者特质为焦点来探究到底是哪些特质驱使创业者开展创业活动。随着研究的逐步深入，Aldrich and Wiedenmaye（1993）发现早期的特质研究在解释创业行为和创业过程时只能获得有限的结论，此后认知研究取代特质研究逐渐成为创业研究的主流。

认知是指个体为了对自己所处环境赋予意义而组织和解释自己的感觉与印象的过程（罗宾斯，2005）[1]。创业者认知是指个体用于研究和评价有关决策的机会分析、新企业创立与成长的知识结构（Mitchell et al.，2002）。Busenitz and Lau（1996）认为，创业认知对思维结构和过程有参考作用，从而产生创业意愿，最终做出创建新企业的决策。作为一种知识结构，认知存在于个体的意识中，以脚本的形式成为决策制定的来源（Read，1987），并从创业准备脚本、创业意愿脚本和创业能力脚本三个方面，直接作用于创业决策的制定 Mitchell et al.（2000）。其中，创业准备脚本是指拥有创办一个新企业所必需的人脉、关系、资源和资产；创业意愿脚本是对接受一个创业想法的风险承诺（Ronald et al.，2000）[2]；创业能力脚本由知识结构或脚本组成，包括个人创办新企业所需的能力、技巧、知识、规范和态度。（Mitchell et al.，2000）以包括加拿大、美国、墨西哥、中国、日本、澳大利亚和智利在内的太平洋沿岸七国为例发现，准备脚本、意愿脚本和能力脚本均与新企业的创建决策正相关。

综合以上学者的研究，本书认为，认知脚本是创业者认知的重要组成部分，它包括准备脚本、意愿脚本和能力脚本三个维度。

---

[1] ［美］斯蒂芬·罗宾斯：《组织行为学》（第10版），孙健敏、李原译，中国人民大学出版社2005年版，第139页。

[2] K. M. Ronald, S. Brock, W. S. Kristie, et al., "Cross-cultural cognitions and the venture creation decision", *Academy of Management Journal*, 2000, 43（5），pp. 974 – 993.

五　国际创业自我效能及其维度

正如前文所提到的，本书将国际创业自我效能定义为：创业者对于能够成功扮演国际创业者的角色和完成国际创业目标的信念强度，即国际创业者对于自己能否完成与国际创业有关的任务或活动所具有的自信程度。对于国际创业自我效能的维度划分，本书结合前人的研究与当今国际创业所面临的现状，初步确定了警觉、适应性、风险承担、创新、国际营销和国际财务管理六个维度，以下对这些维度的选取依据予以具体说明。

（一）警觉

经济学家 Kirzner 最早分析了创业警觉性的涵义，并将其界定为"不进行搜寻就能识别到此前被忽略的机会的能力"（Kirzner，1973）[1]，在此基础上，Gaglio and Katz（2001）[2] 将创业警觉性定义为"一种能够正确感知市场环境、识别关键驱动因素和推断各因素间的动态关系的能力"。Kaish and Gilad（1991）[3] 认为，创业警觉性是指创业者保持高度警惕以增加识别创业机会的概率。苗青（2008）[4] 指出，创业警觉性是一种能够对信息保持高度敏感性的心智模式，并且这种心智模式能够指导信息加工和事物推理的过程。综合以上观点，可以将创业警觉性理解为创业者通过对信息、市场、关键要素的精确判断与把握从而在瞬息万变的市场环境下察觉到潜在商业机会的可能性，是国际创业自我效能的重要组成部分。对于创业警觉性的维度划分，苗青（2008）通过因子分析的结果，提出了探求挖掘、敏锐遇见和重构框架三大维度。

本书综合以上各位学者的研究，将"警觉"纳入国际创业自我效能

---

① I. M. Kirzner, *Competition and Entrepreneurship*, Chicago：University of Chicago Press，1973.

② C. M. Gaglio and J. Katz, "The psychological basis on opportunity identification：Entrepreneurial alertness", *Small Business Economics*，2001，16（2），pp. 95 – 111.

③ S. Kaish and B. Gilad, "Characteristics of opportunity searches of entrepreneurs versus executives：Sources，interests，and general alertness", *Journal of Business Venturing*，1991，6（1），pp. 45 – 61.

④ 苗青：《汽车行业国际创业理论与实证研究》，博士学位论文，吉林大学，2008 年。

的维度之一进行研究。

（二）适应性

适应性是一种有助于个人更好地适应其所处的外部制度环境的个体特质（Allport，1961），也是一种源自不易被觉察的特质如认知能力和个性因素等相对稳定的个体特质（Zorzie，2012）[①]。

国际创业活动面对的是复杂多变的环境，只有具备较好的适应性，才能够在变化的情境中正确认识与解释情境、识别机会、灵活协调各方利益相关者，最终取得成功。因此，本书将适应性作为国际创业自我效能的维度之一进行研究。

（三）风险承担

风险承担很早之前就被纳入到经济理论框架之中（Knight，1921），并获得了大量实证研究的关注和验证，它通常被解释为个体面对风险的性情和态度，或者个体针对风险所采取的可能的行动。Chen et al.（1998）通过访谈和实证调查，将风险承担确定为创业自我效能的维度之一。De Noble et al.（1999）也将风险管理作为创业自我效能的一个关键维度进行考察。创业者喜欢挑战，愿意承担风险并比管理者更具首创精神 Malach-Pines et al.（2002）[②]。Jill and Robert（2005）以 Chen et al.（1998）和 De Noble et al.（1999）对创业自我效能维度划分的相关研究为基础，指出风险容忍效能作为创业自我效能的维度之一，是指个体对自己在压力、冲突和变化的环境条件下卓有成效地工作的能力所具备的自信。

如果创业者能够具备一定的风险承担能力和良好的风险管理意识，就能够在特定的风险条件下抓住机会，识别与规避风险，在风险到来时快速并准确反应，从而取得创业的成功（田毕飞和张斌斌，2014）[③]。因

[①] M. Zorzie, *Individual Adaptability: Testing a Model of Its Development and Outcomes*, Unpublished Doctoral Dissertation of Michigan State University, 2012.

[②] A. Malach-Pines, A. Sadeh, D. Dvir, and O. Yafe-Yanai, "Entrepreneurs and managers: Similar yet different", *The International Journal of Organizational Analysis*, 2002, 10 (2), pp. 172 – 190.

[③] 田毕飞、张斌斌：《创业者个人特质对机会识别的影响——中国数据的分析》，《中国人力资源开发》2014 年第 3 期。

此，本书将风险承担作为国际创业自我效能的一个维度进行考察，并沿用 Jill and Robert（2005）对该维度的定义。

（四）创新

熊彼特（Joseph Alois Schumpeter）认为，创新就是构建生产要素和生产条件的新组合，形成新的生产函数，并将其引入现有生产体系从而获取潜在的利润（Schumpeter，1950）。创业者比大公司的管理人员更具有创新性（Buttner and Gryskiewicz，1993）[1]。创业者对自己在创业过程中表现出的创新能力进行的主观评价就是创新效能感（汤明，2009）。

Chen et al.（1998）通过创新、风险承担、财务控制、营销和管理五个维度测量了创业者的创业自我效能。汤明（2009）通过实证调查研究表明，创业自我效能是一个多维结构，创新和风险承担是其中的核心内容。大量理论与实证研究表明，国际创业者通常都具备较强的创新意识，以便利用创新性的产品、服务或运作模式，在有限的资源条件下，在国际市场上识别机会，开疆拓土，确保创业的成功。因此，本书根据现有研究成果，将创新作为国际创业自我效能的维度之一进行考察。

（五）国际营销与国际财务管理

国际营销是新创企业进行营销分析并在国际市场上进行定位的过程，它通常包括以各种方法快速找到并占领一个利基市场的行为。国际财务管理是企业进行国际财务分析并控制跨国经营成本以确保新创企业成功进行海外经营的过程。国际营销和国际财务管理都是企业跨国经营的核心职能，因此长期受到学者们的关注。Forbes（2005）应用自己开发的创业自我效能量表进行了实证研究，因子分析结果表明，创业者的营销效能感、创新效能感、风险承担效能感和财务控制效能感能够有效测度创业者的创业自我效能，整个量表的内部一致性很高。叶建国（2006）通过实证调查研究发现，创业自我效能由营销效能感、创新效能感、财务效能感、管理效能感和风险效能感五个维度构成，并且不同学历的创业

---

① H. E. Buttner and N. Gryskiewicz, "Entrepreneurs' problem-solving styles: An empirical study u-sing the Kirton adaption/innovation theory", *Journal of Small Business Management*, 1993 (1), pp. 22 – 31.

者在营销效能感和创新效能感上存在显著差异，也就是说，创业者的学历越高，其营销效能感就越高。李作战和申萍（2010）通过对新粤商创业自我效能进行探索性因子分析，成功提取出了营销、创新、风险容忍、财务管理和人际交往效能感五个维度，这也间接证明了营销效能感和财务管理效能感在创业自我效能中的重要地位。

鉴于国际创业是创业活动在国际范围内的扩展，二者在本质上具有相通性，因此本书在现有研究成果的基础上，将国际营销和国际财务管理纳入国际创业自我效能的考量范围进行深入研究。

六　国际创业绩效及其测度

本书将国际创业绩效定义为：国际创业企业在某段时间内用某种方式实现的国际创业目标的达成程度，它衡量的是国际创业的成果，体现的是国际创业的有效性。关于国际创业绩效的测量，学术界尚未形成统一标准。有的学者倾向使用单一的测度指标来衡量国际创业绩效。由于国际创业是一项跨越时间和空间的多维活动，更多的学者认为反映国际创业活动成果的国际创业绩效应涵盖多个维度，单一指标无法全面测度国际创业绩效，也无法凸显国际创业的实质。本书认为，国际创业绩效涵盖了国际创业活动中的国际创业行为过程和国际创业结果，只有使用多维指标才能全面地测度国际创业绩效。Chandler and Hanks（1994）强调多维度测度创业绩效非常重要。因此，本书采用定性和定量相结合的方法构建财务绩效和非财务绩效两个维度来测度国际创业绩效。

虽然学者们对于国际创业绩效的测量体系尚未形成统一定论，但有关国际创业绩效衡量指标的研究颇多。考虑到指标的信度和效度，本书所选取的国际创业绩效的测度指标主要是沿用前人所开发的较为成熟的指标。财务绩效衡量企业实施和执行的企业战略对最终经营业绩的贡献程度，主要体现国际新创企业的盈利能力、营运能力、偿债能力和抗风险能力。本书将财务绩效维度细分为发展能力指标、财务效益指标和偿债能力指标，各维度所包含的具体指标如表3—1所示。非财务绩效作为财务绩效的补充，可以反映财务绩效所无法真实准确测度的国际创业主体的无形资产及相关的价值。对于国际新创企业来说，生存和成长至关重要，而这涉及绩效的测度时间区间。考虑到时间要素对国际创业绩效的测度影响，本书主要从长期绩效和短期绩效两个维度构建非财务绩效指标，具体维度详见表3—1。

表3—1　　　　　　　　　　国际创业绩效测度指标

维度	类别	具体指标
财务绩效	发展能力	海外市场利润增长率；海外业务销售增长率；海外市场份额增长率
	财务效益	海外业务销售利润率；海外市场总资产报酬率；海外市场投资回报率
	偿债能力	海外业务流动比率；海外市场资产负债率
非财务绩效	短期绩效	海外经营人才增长率；在海外市场引入了更多的新产品、新技术或新流程；新业务销售额占销售总额的比重
	长期绩效	员工承诺度；关键的海外市场知识和技术的获取

资料来源：作者根据相关文献整理而得。

关于国际创业绩效的测度，学者们主要有两种观点：一种是使用绝对指标，另一种是使用相对指标。绝对指标是指与创业组织自身禀赋、机会成本等相比的衡量国际创业绩效的指标。相对指标指以外界对象为参照的相对的绩效指标。本书使用以行业内主要竞争者为对象的相对指标，主要基于以下考虑：相对指标可以有效排除外界影响因素的干扰；国际创业绩效的影响因素众多，不仅包括国际新创企业本身的经营运作，还包括外界的宏观经济环境，以行业内主要的竞争对手为参照物可有效地排除宏观经济环境等外界因素的干扰；各行各业的发展和经营情况不同，因此衡量的标准不同，使用相对指标可规避行业差异造成的误差。

第二节　研究假设

一　创业者特质对国际创业自我效能的影响

文献检索发现，学者们对成就需要、控制源、风险倾向和精力水平与创业自我效能之间的关系开展了较多的研究。例如，Busenitz and Lau（1996）认为，个人因素如风险承受度（tolerance for risk-taking）、内部控制源（internal locus of control）、高成就动机会对创业认知的发展产生正向影响，进而增加个人的创业意向。Chen et al.（1998）沿用个人特质研究范式，尝试借鉴创业自我效能测量技术来研究创业者与非创业者的个人特质或特征差异。通过实证调查和比较研究，Chen et al.（1998）发现，在创业自我效能的各维度上，创业者与非创业者的得分均具有显著差异。Chen et al.（1998）发现个体创业自我效能越高，其成为真正创业者的可能性也越大。Barbosa et al.（2007）以大学毕业生为调查对象进行实证研究发现，风险偏好水平的差异与不同维度的创业自我效能有关。

基于以上分析，本书提出如下假设：

H1：创业者特质与国际创业自我效能显著正相关。

H1a：创业者的外倾性与国际创业自我效能显著正相关。

H1b：创业者的成就需要与国际创业自我效能显著正相关。

H1c：创业者的冒险倾向与国际创业自我效能显著正相关。

H1d：创业者的情绪稳定性与国际创业自我效能显著正相关。

二　创业者认知对国际创业自我效能的影响

Mitchell et al.（2000）指出，运用准备脚本、意愿脚本和能力脚本可以有效降低创业风险。因此，那些看起来冒险的行为实际上可能只是某一特定脚本的体现（Heath and Tversky，1991）[1]。研究表明，诸如风险承担和高成就需要等创业者特质与创业认知的开发正相关（Busenitz and Lau，1996）。

Shane and Venkataraman（2000）指出，创业认知具有发展机会所必需的认知属性，并与创业效能有关。Ajzen（1991）的计划行为理论认为，反映个人行为可行性的行为控制知觉是创业意向形成的三个前因变量之一，它主要是指效能感，可以帮助预测机会意识，也是自我雇佣意向的关键。Shapero（1982）的创业事件理论假设外在情境并不直接影响创业意向或行为，创业意向是通过愿望、个人情境知觉以及基于机会的行动

---

① C. Heath and A. Tversky, "Performance and belief—ambiguity and competence in choice under uncertainty", *Journal of Risk and Uncertainty*, 1991, 4 (1), pp. 5 – 28.

倾向而产生。TPB 模型和 TEE 模型都强调了认知与创业效能之间的联系，并肯定了创业效能对创业行为和创业意向的影响。

Arora et al.（2013）[①] 以社会认知理论为宗旨，通过对 138 位创业者的实证调查发现，反事实思维基于创业者的意向属性而影响创业效能，并受到个体差异的调节。

综合上述分析，本书提出如下假设：

H2：创业者认知与创业者特质显著正相关。

H3：创业者认知与国际创业自我效能显著正相关。

H4：创业者认知在创业者特质与国际创业自我效能之间起中介作用。

三　制度环境对国际创业自我效能的影响

Mitchell et al.（2000）指出，很多文化价值观念与创业者认知的某些脚本相关。社会经济因素将提升个体的创业者认知（Busenitz and Lau，1996）。汤明（2009）认为，在探讨可能影响创业自我效能的前因变量时，要全面考虑个体的认知性因素、个体实施创业活动时所处的环境，以及创业活动作为一种创新型经济活动的特殊性，从而实现"个体认知—环境—行为"三者的有机综合。张琦（2011）[②] 综合考虑了 Bandura（1986）的三元交互模型和创业自我效能的影响因素，提出了创业自我效能差异性因素模型，这一模型包括个体因素、环境因素和认知方式三个维度，这三个维度内在地包含了个体特质、制度环境和个体认知等因素，它们既能直接影响创业者的创业自我效能，又能通过相互之间的综合作用对创业者的创业自我效能发挥作用。Bullough et al.（2014）[③] 通过对从阿富汗收集到的调查数据研究发现，即使在战争条件下，如果个体能够

---

① P. Arora, J. M. Haynie, and G. A. Laurence, "Counterfactual thinking and entrepreneurial self-efficacy: The moderating role of self-esteem and dispositional affect", *Entrepreneurship: Theory and Practice*, 2013, 37（2）, pp. 359 – 385.

② 张琦：《创业自我效能与其影响因素模型研究》，《现代商贸工业》2011 年第 9 期。

③ A. Bullough, M. Renko, and T. Myatt, "Danger zone entrepreneurs: The importance of resilience and self-efficacy for entrepreneurial intentions", *Entrepreneurship: Theory and Practice*, 2014, 5, pp. 473 – 499.

在恶劣环境中成长，相信自己的创业能力（创业效能），也能够进一步发展自己的创业意图。

很多研究发现，公司国际化受到制度环境的显著影响（Dickson and Weaver，2008；Westhead et al.，2001）。创业制度环境中的管制维度、规范维度和认知维度被认为是影响创业活动的关键制度情境（Manolova et al，2008）①。其中，认知维度衡量的是人们掌握的有关创建和经营新企业应具备的知识、经验和技能等方面；规范维度指当地居民尊敬或羡慕创业行为、价值以及创新思想的程度；管制维度指政府为新创企业提供的法律、制度、政府政策，以降低个人创办新企业的风险，使企业家更容易获得资源。蒋春燕和赵曙明（2010）② 基于中国 15 个国家高新技术开发区 471 家企业的问卷调查验证了上述 3 个维度的创业制度环境量表在转型经济国家的有效性；蔡莉等（2011）③ 运用 344 家新企业数据，讨论了管制和认知环境对创业导向与资源获取之间的不同调节作用；周劲波和黄胜（2015）④ 运用 172 家国际新创企业数据，检验了上述 3 个维度的创业制度环境对创业能力与国际创业模式选择之间所起到的正向调节作用。Diez-Martin et al.（2016）⑤ 指出，在管制、规范和认知环境方面越完善的国家，创业活跃度越高。田毕飞和陈紫若（2017）⑥ 的研究发现，低水平制度环境不利于创业活动。

综合上述分析，本书提出如下假设：

---

① T. S. Manolova, R. V. Eunni, and B. S. Gyoshev, "Institutional environments for entrepreneurship: Evidence from emerging economies in eastern Europe", *Entrepreneurship: Theory and Practice*, 2008, 32（1）, pp. 203 – 218.

② 蒋春燕、赵曙明：《公司企业家精神制度环境的地区差异——15 个国家高新技术产业开发区企业的实证研究》，《经济科学》2010 年第 6 期。

③ 蔡莉、朱秀梅、刘预：《创业导向对新企业资源获取的影响研究》，《科学学研究》2011 年第 4 期。

④ 周劲波、黄胜：《制度环境、创业能力对国际创业模式选择的影响》，《管理学报》2015 年第 3 期。

⑤ F. Diez-Martin, A. Blanco-Gonzalez, and C. Prado-Roman, "Explaining nation-wide differences in entrepreneurial activity: A legitimacy perspective", *International Entrepreneurship and Management Journal*, 2016, 12（4）, pp. 1079 – 1102.

⑥ 田毕飞、陈紫若：《FDI、制度环境与创业活动：挤入效应与补偿机制》，《统计研究》2017 年第 8 期。

H5：制度环境与创业者认知显著正相关。

H6：制度环境与国际创业自我效能显著正相关。

H7：创业者认知在制度环境与国际创业自我效能之间起中介作用。

四 国际创业模式对国际创业绩效的影响

国际创业模式是企业为实现其自身价值最大化的目标而实行的将其经营活动延伸到国际市场的一种制度上的安排，是企业转移其产品、技术、经验及其他资源到国际市场的方式。不同的国际创业模式代表着不同的资源投入程度、收益和风险，以及相关的企业自身生产经营体系的调整与改组。由于不同的国际创业模式意味着不同的海外资源利用程度，它决定了企业在国际市场上延伸的程度与速度，因此国际创业模式对国际创业的成败至关重要。

黄胜和周劲波（2014）认为，阐明进入模式和国际绩效相互关系的三类关键因素分别为组织控制力、资源投入和风险。Anderson and Gatignon（1986）认为控制力是指一种可对系统、方法和决策产生影响的能力，对国际新创企业的未来至关重要。缺乏控制，国际新创企业就无法进行行为协调和战略执行。随着全球一体化趋势的发展，若选择高控制模式进入国际市场，国际新创企业不仅可以迅速适应当地的市场和环境，快速响应当地市场的特殊需求，扩大市场份额，还可以借助于母子公司内部的协调获取生产经营管理上的规模经济和范围经济。在激烈的市场竞争中，公司拥有一些独特资产或专有技术来使其获得相对的竞争优势。而在国际市场开展国际业务时，国际新创企业对这些资源的控制权是其保持竞争优势的关键。基于交易费用理论，学者们认为，高控制的进入模式可以为国际新创企业的专有技术和资产提供保护，减少竞争者"搭便车"的机会主义行为，进而减少了与合作方的交易成本。因此，国际新创企业的国际市场进入模式的控制力越高，该企业的国际创业的财务绩效和非财务绩效就越好。

国际新创企业开展国际创业活动的目的之一是在短时间内识别和利用商业机会，并将整合的全球资源投入到特定的国际市场，获取先动优势、规模优势及特色优势。在国际市场上开展国际业务，国际新创企业不仅要快速准确地识别并利用商机，还需要借助于现有的知识和能力，开发和获取国际市场上的新知识和新技术。一些学者认为，整合全球资源并将资源投入到特定的国际市场是新创企业利用商业机会的关键环节（黄胜、周劲波，2014）。国际新创企业投入资源越多，其利用商业机会的效率就越高，实现的财务绩效和非财务绩效就越好。

就控制力和资源投入而言，出口型模式只是将产品出口，对市场的投入和控制最弱。与之相反，投资型模式的企业在国际市场设立经营机构，通过直接参与经营与管理，对当地市场的资源投入较多且控制力较强。本书假设投资型模式所对应的国际创业绩效高于契约型模式，而契约型模式所对应的国际创业绩效高于出口型模式所对应的国际创业绩效。

综合上述分析，本书提出如下假设：

H8：国际创业模式与国际创业绩效显著正相关。

H8a：国际创业模式与国际创业财务绩效显著正向相关。

H8b：国际创业模式与国际创业非财务绩效显著正向相关。

H9：出口型、契约型、投资型创业模式所对应的国际创业绩效依次递增。

五　国际创业自我效能对国际创业模式的影响

企业在开展国际业务时，主要通过衡量进入模式的控制力、资源认同、风险和收益来选择具体的国际创业模式。Anderson and Gatignon（1986）认为，国际创业模式的选择就是在风险和不确定情境下权衡国际业务活动的控制与国际市场资源认同的成本。国际创业自我效能反映创业者完成国际创业有关的任务或活动的自信程度。Jung et al.（2001）[①]认为，创业自我效能与创业行为紧密相关。由于创业活动的复杂性和不确定性，创业是一项高风险的活动，国际创业活动更是如此。Zhao et al.（2005）认为个体的创业自我效能与创业者的风险倾向呈现正相关关系。

---

① D. I. Jung, S. B. Ehrlich, A. De Noble, et al., "Entrepreneurial self-efficacy and its relationship to entrepreneurial action: A comparative study between the US and Korea", *Management International Review*, 2001, 6 (1), pp. 41 –53.

一方面，个体的创业自我效能越高，其风险倾向越高。国际创业自我效能高的创业者相信自己有足够的能力可以影响和控制不确定性的环境，从而选择高风险的国际创业模式开拓国际市场，即国际创业自我效能高的个体对风险的承受力更强，更倾向于做出风险大、收益高的行为决策。另一方面，国际创业自我效能高的个体拥有更强的感知市场环境、识别关键驱动因素的能力。在选择国际创业模式时，国际创业自我效能高的个体能够根据国际新创企业的资源和能力选择控制力更强的国际创业模式。因此，本书认为，国际创业自我效能高的创业者更倾向于选择投资型国际创业模式，而国际创业自我效能低的创业者更倾向于选择出口型国际创业模式。

综合上述分析，本书提出以下研究假设：

H10a：国际创业自我效能与国际创业模式显著正相关。

H10b：创业者国际创业自我效能越高，其选择投资型模式的可能性越大；创业者国际创业自我效能越低，其选择出口型模式的可能性越大。

六 国际创业自我效能对国际创业绩效的影响

Bandura（1986）将自我效能归纳为两个方面。一方面是人们对某个事项做出的选择以及随后对该事项的热情的持久程度。Wood et al.（1990）认为创业自我效能高的创业者坚持创业活动的可能性更大，进而可能会提升新创企业的绩效；另一方面是个体面对困境和挑战的态度。Gist（1987）[①] 认为自我效能水平越高的拥有者，其在设置目标时标准越高。为了不让这个较高的目标落空，个体愿付出的努力就会增加，进而提高绩效水平。在遭遇困境时，那些自我效能高的个体，自信心更足，他们敢于迎头面对和战胜难题，坚信自己一定能实现目标。范巍和王重鸣（2004）利用实证调查方法探讨了个性特质、制度环境与个体创业倾向之间的关系，发现创业自我效能可以用来有效预测创业绩效。

在国际创业过程中，由于国际创业活动及国际创业环境的复杂性和

---

① M. E. Gist, "Self-efficacy: Implications for organizational behavior and resource management", *Academy of Management Review*, 1987, 12（3）, pp. 472 – 485.

不确定性，创业者会碰到各种意想不到的困难和阻碍。无论何时何地，创业自我效能高的创业者始终坚信自己一定会走向成功。无论遭遇何种困境，他们仍能保持一颗平和的心态，并根据具体的情境选择有效的策略，以最高的效率完成任务，进而提升国际新创企业的绩效。而那些国际创业自我效能低的创业者在遭遇困境时，会惊慌失措，在意识上放大目前的困难和挑战，而低估自己所具备的知识和能力。无法客观地看待现况使其无法合理运用自己的能力和资源，进而无法高效地配置资源，最终导致国际创业绩效低下。Forbes（2005）实证研究结果显示，创业自我效能可以正向促进企业整体绩效。

基于以上分析，本书提出如下假设：

H11：国际创业自我效能与国际创业绩效显著正相关。

H11a：国际创业自我效能与国际创业财务绩效显著正向相关。

H11b：国际创业自我效能与国际创业非财务绩效显著正向相关。

七 国际创业模式的中介作用

国际创业模式的选择决策是创业者或国际创业团队在创业过程中综合考虑各种影响因素后做出的最终决策。部分学者认为，企业管理层的特征会影响国际创业模式选择的决策（Dean and Sharfman，1993[①]；Hambrick and Mason，1984[②]）。国际创业自我效能高的个体倾向于选择有利于开发潜力的方式和环境来提升自己。

Guth et al.（1991）认为创业者的能力感知和信念会通过创业者的行为作用于创业企业的绩效。Krueger and Dickson（1994）认为自我效能对人们的机会识别会造成影响，即个体对具体情境的解读和预期以及对未来的憧憬。有研究者认为相对于国际创业自我效能低的个体，国际创业自我效能高的个体具有更准确的预期，他们可以设想各种可能性以及各种不同的结果，并付出更多的努力来战胜各种挑战。创业者在国际市场

---

① J. W. Dean and M. P. Sharfman, "Procedural rationality in the strategic decision making process", *Journal of Management Studies*, 1993, 30 (4), pp. 582 – 610.

② D. C. Hambrick and P. A. Mason, "Upper echelons: The organization as a reflection of its top managers", *Academy of Management Review*, 1984, 9 (2), pp. 193 – 206.

开展业务时，会碰到各种错综复杂的情景，创业自我效能高的创业者能设想到尽可能多的挑战并提前做好准备，减少经营管理活动的不确定性和风险，进而提升企业的国际创业绩效。而由前面的探讨可知，国际创业自我效能与创业者的创业意图和行为紧密相连，会影响创业者的选择决策。在国际创业初期，作为国际创业模式的决策者，国际创业自我效能水平不同的创业者审视自身优势和劣势的态度不同、冒险倾向不同，故在衡量国际创业活动经营的风险与机遇后，做出的国际创业模式的决策也就不同。因此，国际创业自我效能与国际创业绩效相关，而国际创业自我效能也影响国际创业模式的选择。

综合以上分析，本书提出假设：

H12：国际创业模式在国际创业自我效能和国际创业绩效之间起中介作用。

第三节　模型构建

一　模型构建逻辑

不同的个体由于自身性格特质的差异，以及对所处制度环境的感知的不同，对国际创业有不同的认知，从而最终表现为国际创业自我效能的差异。因此，国际创业自我效能可能受到创业者特质、创业者认知和制度环境的影响。本书将创业者特质与制度环境作为自变量，将创业者认知作为中介变量，将国际创业自我效能作为因变量，并将创业者的性别、学历、创业时年龄等作为控制变量，探讨创业者特质、制度环境对国际创业自我效能的影响机制，剖析创业者认知是否在创业者特质、制度环境和国际创业自我效能之间起到中介作用。

同时，在经济全球化的背景下，中国企业逐渐参与到国际市场的竞争之中。随着竞争的加剧，如何在海外站稳脚跟并提升国际创业绩效是中国企业面临的头等大事。国际创业绩效反映的是国际新创企业海外经营的成果，国际创业模式的选择与中国新创企业在国际市场的生存与发展紧密相关。因此，本书以国际创业绩效为落脚点，探讨国际创业模式与国际创业自我效能对国际创业绩效的影响。

　　根据现有研究，国际创业绩效的影响因素众多，包括创业者或创业团队、创业导向等。国际创业模式作为企业在海外经营时所设定的一种使用各种资源和技能的制度性安排，通过影响国际新创企业的资源投入、对海外组织的控制及风险进而影响国际新创企业在海外市场的经营。国际创业自我效能作为创业者的一种主观信念，通过影响创业者感知市场和把握机会的能力，进而影响创业者的行为决策。本书将国际创业自我效能、国际创业模式和国际创业绩效整合在同一个框架中进行研究，深入分析这三者之间的关系。

二　模型构建内容

　　基于 Boyd and Vozikis（1994）的创业意向修正模型、Busenitz and Lau（1996）的跨文化认知模型、Zahra and George（2002）的国际创业整合模型及 Oviatt and McDougall（2005）基于创业者认知的国际创业速度影响因素模型，本书构建了基于创业者认知的国际创业自我效能模型，如图 3—1 所示。本书的重点是研究国际创业自我效能与国际创业模式及国

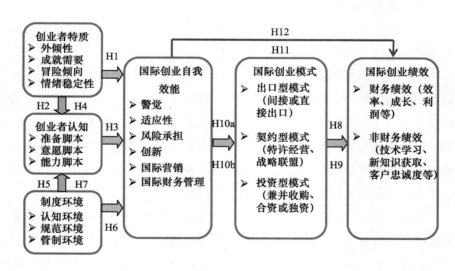

图 3—1　本书理论模型

资料来源：作者自行制作。

际创业绩效之间的关系。由于国际创业自我效能是一个全新的概念，本书必须首先分析国际创业自我效能的内涵与维度及其前因变量。鉴于国际创业自我效能是创业者的一种主观感受，本书从创业者认知的视角出发研究其影响因素，具体考虑创业者特质与制度环境对国际创业自我效能的影响。因此，本书的理论模型包含对创业者认知与国际创业模式中介效应的分析。

第 四 章

问卷调查与信效度检验

第一节　问卷设计

一　设计过程

问卷是研究者基于自己的研究目的编制的由一系列问题构成的调查表，通过发放调查问卷获取所需的数据是国内外实证研究常用的方法。问卷设计是获取所需数据的前提，是实证研究的基础。只有结合研究的目的、任务和调查对象的特点设计全面的问卷才能保证所获取的数据能全面反映测度事项的本质。本书的问卷设计工作主要由五个环节组成。

第一，初步调查研究。基于调查对象的特点，本书作者设计了调研提纲，并在武汉东湖高新技术开发区光谷创业园选取了几家国际新创企业，进行了面对面访谈式实地调研，这一步骤为后面的问卷设计奠定了基础。

第二，明确问卷的调研内容。以本书的研究目的为中心，以国际创业相关文献及实地调研结果为基础，初步确定问卷调查内容。调查内容主要包括本书所涉及的国际创业自我效能、国际创业模式和国际创业绩效。

第三，确定问卷的形式。问卷调查的方式主要分为开放式、封闭式和半开放式。本问卷采用半开放式问卷形式。结合国内外学者研究经济管理问题时通常采用的问卷设计格式，本问卷力争尽量使用客观性问题，问卷中每一个变量都包含若干个指标。由于李克特（Likert）量表易于设计且测量的信度高，除被调查者的背景信息外，其他题项均采用李克特五标度打分法。每一题项有"完全不符合""不太符合""一般""较为符合""完全符合"，或"非常不同意""不同意""一般""同意""非常同意"，或"较为不满""略为不满""一般""略为满意""较为满意"五种回答，分别记为1、2、3、4、5。

第四，开发量表，形成问卷初稿。虽然国内外学者对国际创业的研究日趋成熟，但由于学者们对国际创业自我效能和国际创业绩效的研究比较有限，国内外暂时尚无成熟统一的量表准确测度国际创业自我效能和国际创业绩效。因此，本书在现有学者对相关变量的测度研究基础上，借鉴多位国内外学者的研究成果自行开发了测度国际创业绩效和国际创业自我效能的量表。为确保问卷有着较高的信度和效度，在设计量表时，本书尽量借鉴先前学者设计的成熟量表和原始题项。同时，为使本问卷更加科学和有效，在本书变量实际应用特点的基础上，本书作者反复修改问卷，并邀请多位同行专家参与审阅和修改，最终形成问卷初稿。

第五，问卷的修订。问卷初稿形成之后，为了避免问卷设计本身对调研结果形成的偏差并验证问卷测量项目设计的有效性，在展开大规模的正式调查之前，作者对问卷进行了预调查。基于预调查所收集的数据，运用"Cronbach α"系数法、项目分析和探索性因子分析方法对问卷进行了信度和效度检验。基于分析的结果完善题项选项，最终形成正式问卷。

二　设计依据

由于国际创业自我效能属于一个新兴概念，国内外尚无十分成熟的量表用以对国际创业自我效能进行准确的测量，因此本书结合已有学者对相关变量的测量方法与本书实际应用变量的特征，借鉴国内外多位学者开发的量表设计了本书所用问卷，以便更好地达成研究目的。

为了保证问卷的信度和效度，问卷尽量选取前人设计的成熟量表和原始题项。问卷设计过程中发现部分变量存在多个原始量表，为了保证问卷的可靠性即内部一致性，对于这类量表的选择主要考虑两个因素：第一，考虑量表在过往实证研究中所表现出的 Cronbach α 系数，选取其中高于0.7的指标；第二，考虑问卷开发的时间、空间等因素，尽量选取与本书研究背景一致或与本书研究内容类似的量表。

根据研究构思和目的，除被调查者的背景信息外，本书所采用的问卷全部为封闭式问题，包括六个部分。第一部分是创业者特质量表，其中成就需要维度的题项主要来源于 Gjesme and Nygard（1970）[①] 和 Levenson（1974）[②] 等学者的原始量表；冒险倾向维度主要采用 Naldi et al.（2007）[③] 的原始量表；外倾性与情绪稳定性的所有题项均来源于 John et al.（1991）[④] 的大五人格特质量表。第二部分是制度环境量表，主要围绕认知环境、管制环境和规范环境来设置问题，借鉴了 Busenitz et al.（2000），于晓宇（2013），周劲波和黄胜（2015）等的量表。第三部分是创业者认知量表，主要围绕认知脚本来设置问题，根据 Mitchell et al.（2000），张秀娥等（2012）[⑤] 的量表改编而来。第四部分是国际创业自我效能量表，根据 Chen et al.（1998）设计的创业自我效能量表改编而来，其中有关警觉的题项借鉴了 Busenitz（1996）[⑥] 的量表，有关适应性的题项借鉴了 Zorzie（2012）的量表。第五部分是国际创业绩效量表，主要借鉴了 Robinson et al.（1998），Delaney and Huselid（1996）等所使用的财务指标与非财务指标来设置题项。问卷的最后一部分是关于被试的背景信息，如性别、学历、创业前工作年限等题项，也涉及新创企业所在行业、国际创业模式等问题。

---

① T. Gjesme and R. Nygard, *Achievement-related Motives: Theoretical Considerations and Construction of a Measuring Instrument*, Unpublished report, University of Oslo, Oslo, Norway, 1970.

② H. Levenson, "Activism and powerful other: Distinctions within the concept of internal-external control", *Journal of Personality Assessment*, 1974, 38 (4), pp. 377 – 383.

③ L. Naldi, M. Nordqvist, K. Sjberg, and J. Wiklund, "Entrepreneurial orientation, risk taking, and performance in family firms", *Family Business Review*, 2007, 20 (1), pp. 33 – 47.

④ O. P. John, E. M. Donahue, and R. L. Kentle, *The Big Five Inventory-Versions 4a and 54*, CA: University of California, Institute of Personality and Social Research, 1991.

⑤ 张秀娥、周荣鑫、王晔：《文化价值观、创业认知与创业决策的关系》，《经济问题探索》2012 年第 10 期。

⑥ L. W. Busenitz, "Research on entrepreneurial alertness", *Journal of Small Business Management*, 1996, 34 (4), pp. 35 – 44.

三　量表修订

为了提高问卷质量，本书作者针对问卷初稿进行了反复讨论与修改，并从多个学者的各个指标维度中抽取出了若干适合本研究内容的题项，其中部分题项采用了反向计分的方法，以判断被调查者回答的真实性并减少社会称许性。随后为了确保问卷的科学性和有效性，多位同行专家受邀对本问卷进行了审阅与修改。在此基础上，为了消除由于问卷设计本身可能产生的偏差，并验证问卷测量项目设计的有效性，本书在展开大规模问卷调查之前首先进行了预调查，并根据预调查结果对问卷进行了信度和效度的分析，在此基础上对问卷进行了完善，主要包括问卷的精简和题项的语言表述。

本书的问卷预调查历时半年多。在这一阶段，本书作者以实际从事国际创业活动的个体为调查对象，采用 E-mail 和现场发放问卷相结合的形式展开调查，共发放 208 份调查问卷，回收 64 份问卷，剔除无效问卷 19 份，得到 45 份有效问卷，问卷有效回收率为 21.6%。

通过运用 Cronbach α 系数法、项目分析和探索性因子分析方法，本书作者分别对"创业者特质量表预测版""制度环境量表预测版""创业者认知量表预测版""国际创业自我效能量表预测版"和"国际创业绩效量表预测版"进行了信度和效度检验。根据检验结果，本书作者删除了原问卷中无法有效测度所要研究的维度的五个题项，对部分晦涩难懂的术语进行了解释，并对部分含义不够清晰的题项选项进行了完善，最终形成了本书附录所示的正式问卷。由附录可知，该问卷共有 6 个部分、62 个题项，具体包括：第 1 部分创业者特质量表 11 个题项，即 A1—A11；第 2 部分制度环境量表 9 个题项，即 B1—B9；第 3 部分创业者认知量表 8 个题项，即 C1—C8；第 4 部分国际创业自我效能量表 21 个题项，即 D1—D21；第 5 部分国际创业绩效量表 13 个题项，即 E1—E13；第 6 部分被调查者的背景信息。

第二节　数据收集

一　调查对象与方式

本书主要研究具有不同特质和认知的中国创业者，在特定的制度环境下所具有的国际创业自我效能及其与相关变量之间的关系。此外，本书拟从认知的视角剖析中国企业国际创业模式的选择策略，通过分析中国创业者的国际创业自我效能对其国际创业模式选择的影响，进而分析不同国际创业模式所导致的不同的国际创业绩效。基于本书的研究目的，根据创业自我效能及国际创业绩效的相关研究的样本选择方法，本书选取正在或曾经从事或参与国际创业活动的个体或企业代表开展问卷调查，主要受访者为独立开展国际经营活动的企业创建者，不包括附属企业例如子公司或分公司的负责人。出于可操作性与提高效率的考虑，本书作者主要通过互联网和现场发放两种方式进行问卷调查。

第一种，利用网络发放问卷。考虑到被调查者所处地域的分散性且为了避免地域因素对本次调研结果造成的影响，本书作者首先利用 E-mail、网页链接和微信版问卷发放的方法，对所处地理距离较远，时间难以协调的被调查者进行了第一轮的问卷调查。本书作者主要通过中国华人华侨创业洽谈会、中国中小板和创业板企业，以及境外投资企业（机构）名录等网站来获取中国新创企业创建者的联系方式。

第二种，通过参加国际创业相关会议现场发放调查问卷。本书作者借助于网络渠道，通过中国会议网、31 会议网等网站搜寻国际创业相关的会议，提前关注与研究内容相符的会议并获得参会资格。在会议现场，对参会成员进行地毯式的搜索和调查，并在众多参会者中筛选符合本书研究目的的参会者进行面对面的调查。本书作者主要参加了"全国跨境电商论坛""华中创交会"及"中部农产品电商创业大会"等专业论坛。

二　问卷发放与回收

在整个调研期间，本书共发放 931 份调查问卷，包括纸质版和电子版两种形式，回收问卷 248 份，剔除无效问卷 46 份，共回收有效问卷 202

份，有效回收率 21.7%。问卷剔除的标准主要有，第一，问卷中有 1 个以上题项未作回答；第二，问卷大部分选项答案相同；第三，从问卷背景题项判断问卷填写者不符合本书所设定的研究对象，即被调查者并非从事国际创业活动的主体，或者被调查者所代表的企业并非在成立的 6 年内就开始进入国际市场开展国际经营活动的新创企业。

由于相同数据来源可能产生共同方法偏差（common method variance）（Lindell and Whitney，2001[①]；Podsakoff et al.，2003[②]），本书作者实施了统计控制（statistical remedies）（Craighead et al.，2011）[③]。具体来说，为了检验未回收误差对抽样有效性的威胁，本书随机联系了 50 位此前未回复问卷的创业者，采用 t 检验对回收样本和未回收样本的性别、最高学历、创业前工作年限和以往创业经历进行了对比。结果显示，两组样本在性别、最高学历、创业前工作年限和以往创业经历方面均不存在显著差异，这说明未回收偏差不会给抽样有效性带来严重威胁。

三　样本信息

对于 202 份有效问卷，本书主要采用 SPSS20 软件，从创业者性别、创业时年龄、学历、国际新创企业所属行业类型和国际创业模式等方面对其进行了样本特征描述性分析，结果如表 4—1 所示。

从表 4—1 可以看出，本次调查的对象主要以男性为主（占比 73.8%），被调查者开始最近一次国际创业时的年龄大多在 26—35 岁之间（占比 45%），大部分为本科学历（占比 60.9%），创业前工作年限大部分在 3 年及以下（占比 61.4%），并且大多数被调查者是第一次开展创业活动（占比 51%）。调查对象所在的企业主要以第三产业为主，占比高

① M. K. Lindell and D. J. Whitney, "Accounting for common method variance in cross-sectional research designs", *Journal of Applied Psychology*, 2001, 86 (1), pp. 114 – 121.

② P. M. Podsakoff, S. B. MacKenzie, Jeong-Yeon Lee, and N. P. Podsakoff, "Common method biases in behavioral research: A critical review of the literature and recommended remedies", *Journal of Applied Psychology*, 2003, 88 (5), pp. 879 – 903.

③ C. W. Craighead, D. J. Ketchen, Jr., K. S. Dunn, and G. T. M. Hult, "Addressing common method variance: Guidelines for survey research on information technology, operations, and supply chain management", *IEEE Transactions on Engineering Management*, 2011, 58 (3), pp. 578 – 588.

达57.9%。且受访企业中约有一半（46%）的企业选择以投资型方式进入国际市场，选择契约型方式作为国际创业模式的新创企业（26.3%）略少于出口型新创企业（27.7%）。

表4—1　　　　　　　　　　　　　　　　样本信息

项目	类别	数量	百分比（%）	累积百分比（%）
性别	男	149	73.8	73.8
	女	53	26.2	100.0
开始此次国际创业时的年龄	25岁及以下	69	34.2	34.2
	26—35岁	91	45.0	79.2
	36—45岁	29	14.4	93.6
	46—55岁	11	5.4	99.0
	56岁及以上	2	1.0	100.0
最高学历	研究生及以上	54	26.7	26.7
	本科	123	60.9	87.6
	大专	19	9.4	97.0
	高中或中专	6	3.0	100.0
创业前工作年限	3年及以下	124	61.4	61.4
	4年—6年	37	18.3	79.7
	7年—9年	17	8.4	88.1
	10年及以上	24	11.9	100.0
以往创业经历	无	103	51.0	51.0
	一次	60	29.7	80.7
	两次	22	10.9	91.6
	三次及以上	17	8.4	100.0
行业类型	第一产业	46	22.8	22.8
	第二产业	39	19.3	42.1
	第三产业	117	57.9	100.0
国际创业模式	出口型	56	27.7	27.7
	投资型	93	46.0	73.7
	契约型	53	26.3	100.0

资料来源：数据处理所得。

第三节 量表的信效度检验

一 项目分析

（一）创业者特质量表项目分析

创业者特质量表的项目分析结果如表4—2所示。在该量表的全部11个题项中，所有题项的 CR 值①均达到了显著性水平，表明这些题项可以区分不同调查对象的反应程度，均予以保留。

表4—2 创业者特质量表项目分析表

题项	T 值	显著性	题项	T 值	显著性
A1	10.631 **	0.000	A7	3.744 **	0.000
A2	10.917 **	0.000	A8	6.548 **	0.000
A3	7.982 **	0.000	A9	7.983 **	0.000
A4	5.726 **	0.000	A10	9.007 **	0.000
A5	10.303 **	0.000	A11	8.150 **	0.000
A6	3.358 **	0.001			

注："**""*"分别表示在0.01、0.05水平（双侧）上显著。除非另有说明，全书同。

资料来源：数据处理所得。

（二）制度环境量表项目分析

制度环境量表的项目分析结果如表4—3所示。在该量表的全部9个题项中，所有题项的 CR 值均达到了显著性水平，表明这些题项可以区分不同调查对象的反应程度，均予以保留。

---

① CR 值即临界比值（critical ratio），是将所有被调查者的问卷得分总和按高低顺序排列，得分前27%者为高分组，后27%者为低分组，算出高低两组被调查者每个题项得分的平均值，并通过独立样本 T 检验计算二者差异的显著性水平，即可得到该题项的 CR 值。如果 CR 值达到显著水平小于0.05，即表示该题项能够鉴别不同调查者的反应程度，在调查中有意义，可以保留。

表4—3 制度环境量表项目分析表

题项	T 值	显著性	题项	T 值	显著性
B1	6.620 **	0.000	B6	6.540 **	0.000
B2	6.749 **	0.000	B7	7.380 **	0.000
B3	6.764 **	0.000	B8	3.548 **	0.001
B4	10.777 **	0.000	B9	6.095 **	0.000
B5	6.933 **	0.000			

资料来源：数据处理所得。

（三）创业者认知量表项目分析

创业者认知量表的项目分析结果如表4—4所示。在该量表的全部8个题项中，所有题项的 CR 值均达到了显著性水平，表明这些题项可以区分不同调查对象的反应程度，均予以保留。

表4—4 创业者认知量表项目分析表

题项	T 值	显著性	题项	T 值	显著性
C1	6.220 **	0.000	C5	9.346 **	0.000
C2	10.259 **	0.000	C6	9.628 **	0.000
C3	10.294 **	0.000	C7	10.653 **	0.000
C4	8.742 **	0.000	C8	9.421 **	0.000

资料来源：数据处理所得。

（四）国际创业自我效能量表项目分析

国际创业自我效能量表的项目分析结果如表4—5所示。在该量表的全部21个题项中，所有题项的 CR 值均达到了显著性水平，表明这些题项可以区分不同调查对象的反应程度，均予以保留。

表4—5　　　　　　　　　国际创业自我效能量表项目分析表

题项	T 值	显著性	题项	T 值	显著性
D1	7.549**	0.000	D12	9.608**	0.000
D2	7.488**	0.000	D13	12.505**	0.000
D3	7.935**	0.000	D14	11.605**	0.000
D4	8.443**	0.000	D15	13.396**	0.000
D5	6.840**	0.000	D16	9.524**	0.000
D6	9.570**	0.000	D17	11.459**	0.000
D7	8.302**	0.000	D18	11.523**	0.000
D8	10.211**	0.000	D19	10.821**	0.000
D9	7.066**	0.000	D20	11.248**	0.000
D10	8.123**	0.000	D21	9.836**	0.000
D11	11.081**	0.000			

资料来源：数据处理所得。

（五）国际创业绩效量表项目分析

国际创业绩效量表的项目分析结果如表4—6所示。在该量表的全部13个题项中，所有题项的 CR 值均达到了显著性水平，表明这些题项能够区分不同调查对象的反应程度，均予以保留。

表4—6　　　　　　　　　国际创业绩效量表项目分析表

题项	T 值	显著性	题项	T 值	显著性
E1	10.652**	0.000	E8	9.777**	0.000
E2	10.982**	0.000	E9	10.119**	0.000
E3	10.952**	0.000	E10	9.977**	0.000
E4	10.498**	0.000	E11	8.668**	0.000
E5	11.167**	0.000	E12	7.652**	0.000
E6	12.031**	0.000	E13	10.174**	0.000
E7	10.486**	0.000			

资料来源：数据处理所得。

二 效度分析

效度即有效性。量表的效度即为量表的题项可衡量所需测量的指标的正确程度。效度越高，量表的测量结果与所要考察的指标的内容符合度就越高。反之则相反。有效的量表不仅需要有较高的信度，还需要有较高的效度。效度主要包含结构效度、内容效度和准则效度三种类型。准则效度是指将测度量表的测度数据与准则变量的值进行对比进而判断测度数据是否有意义。准则效度分析需要以某种既定的理论为基础，选取一种指标或测量工具为准则，分析问卷题项与准则的关系。由于学术界对国际创业的研究尚不完善，很难找到与国际创业自我效能和国际创业绩效相关的合适准则，因此本书主要分析结构效度和内容效度。

（一）结构效度分析

结构效度是指问卷调查能够测度变量的结构或特质的程度，它反映的是现实与理论的一致性。本书采用巴特利特球形检验（Bartlett Test of Sphericity）和 KMO（Kaiser-Meyer-Olkin）检验进行探索性因子分析，检验问卷的结构效度，并运用主成分法抽取因子，对所抽取的因子运用最大方差法进行正交旋转，抽取特征值大于或等于 1 的因素。结构效度分析结果如下：

1. 创业者特质量表探索性因子分析

运用探索性因子分析方法对项目分析后的创业者特质量表中的 11 个题项进行结构效度检验的结果见表 4—7 所示。根据检验结果，KMO 检验值为 $0.77 > 0.5$，Bartlett 球形检验卡方值为 744.088，df 为 55，sig. 为 0，这表明此量表适合做因子分析。同时，因子分析结果形成了 4 个因子 11 个题项，每个题项的因子载荷都大于 0.6，累计解释总变异量为 71.108%，表明分析所得的 4 个成分能够很好地解释创业者特质维度。对于分析所得的 4 个主成分因子，本书将因子 1 归为外倾性，因子 2 归为成就需要，因子 3 归为冒险倾向，因子 4 归为情绪稳定性。可见，因子分析的结果基本印证了创业者特质量表的设计初衷。

表4—7 创业者特质量表探索性因子分析旋转成分矩阵

指标	题项	因子1	因子2	因子3	因子4
		外倾性	成就需要	冒险倾向	情绪稳定性
A9	我是个精力充沛的人	0.853			
A8	我喜欢有很多朋友	0.751			
A10	我是个非常主动的人	0.748			
A11	我有很强的好奇心	0.660			
A2	面对难题，我会非常兴奋、快乐		0.847		
A1	我喜欢对难题坚持不懈地努力		0.801		
A3	我很努力，所以常常得到我想要的		0.658		
A6	我所从事的业务以高风险的居多			0.928	
A5	面对难题，我喜欢尝试大胆的方案			0.841	
A4	该发生的总是会发生				0.882
A7	当事情出错时，我常觉得沮丧，想要放弃				0.853
特征值		3.916	1.475	1.291	1.139
解释变异量（%）：71.108		35.604	13.413	11.741	10.351

KMO样本充分性检验值：0.77

Bartlett球形检验卡方值：744.088；df：55；sig.：0.000

资料来源：数据处理所得。

2. 制度环境量表探索性因子分析

运用探索性因子分析方法对项目分析后的制度环境量表中的9个题项进行结构效度检验的结果如表4—8所示。根据检验结果，KMO检验值为0.84 > 0.5，Bartlett球形检验卡方值为963.444，df为36，sig.为0，这表明此量表适合做因子分析。同时，因子分析结果形成了3个因子9个题项，每个题项的因子载荷都大于0.8，累计解释总变异量为78.351%，表明分析所得的3个成分能够很好地解释制度环境维度。对于分析所得的3个主成分因子，本书将因子1归为管制环境，因子2归为规范环境，因子3归为认知环境，这一结果与制度环境量表的最初设计基本吻合。

表4—8 制度环境量表探索性因子分析旋转成分矩阵

指标	题项	因子1	因子2	因子3
		管制环境	规范环境	认知环境
B7	政府对国际创业者有特殊的鼓励政策	0.859		
B1	政府会为开发国外市场的企业提供特殊支持	0.834		
B2	如果国际创业失败，政府会给予一些补偿	0.833		
B4	开拓国外市场被视为成功的关键		0.827	
B5	进行国际创业是一个受人尊敬的职业道路		0.823	
B6	当地人对国际创业失败的态度是宽容和鼓励的		0.833	
B8	创业者知道如何寻找有关产品国外市场的信息			0.858
B3	公司知道如何应对和管理国际创业风险			0.836
B9	害怕失败会阻碍国际创业活动			0.835
特征值		3.608	2.237	1.974
解释变异量（%）：78.351		34.715	24.089	19.547

KMO 样本充分性检验值：0.84

Bartlett 球形检验卡方值：963.444；df：36；sig.：0.000

资料来源：数据处理所得。

3. 创业者认知量表探索性因子分析

运用探索性因子分析方法对项目分析后的创业者认知量表中的 8 个题项进行结构效度检验的结果如表4—9 所示。根据检验结果，KMO 检验值为 $0.832 > 0.5$，Bartlett 球形检验卡方值为 1551.226，df 为 105，sig. 为 0，这表明此量表很适合做因子分析。同时，因子分析结果形成了 3 个因子 8 个题项，累计解释总变异量为 67.632%，表明分析所得的 3 个成分能够很好地解释创业者认知维度。对于分析所得的 3 个主成分因子，本书将因子 1 归为意愿脚本，因子 2 归为能力脚本，因子 3 归为准备脚本。可见，因子分析的结果基本印证了创业者认知量表的设计初衷。

表4—9　　　　创业者认知量表探索性因子分析旋转成分矩阵

指标	题项	因子1	因子2	因子3
		意愿脚本	能力脚本	准备脚本
C4	我做事雷厉风行	0.891		
C7	我具有较好的知识储备	0.882		
C6	我经常全身心投入做一件事情	0.859		
C8	我能够迅速判断出问题所在		0.893	
C5	我能够很快适应新的环境		0.886	
C2	我拥有某种特殊产品或服务			0.855
C1	我拥有进行国际创业的专利或技术保护			0.835
C3	我能够轻松进入准备创业的领域			0.665
特征值		1.878	1.624	1.027
解释变异量（%）：67.632		12.522	10.829	6.847

KMO 样本充分性检验值：0.832

Bartlett 球形检验卡方值：1551.226；df：105；sig.：0.000

资料来源：数据处理所得。

4. 国际创业自我效能量表探索性因子分析

运用探索性因子分析方法对项目分析后的国际创业自我效能量表中的 21 个题项进行结构效度检验的结果如表4—10 所示。根据检验结果，KMO 检验值为 0.873 > 0.5，Bartlett 球形检验卡方值为 3702.483，df 为 210，sig. 为 0，这表明此量表非常适合做因子分析。同时，因子分析结果形成了 6 个因子 21 个题项，每个题项的因子载荷都大于 0.6，累计解释总变异量为 80.252%，表明分析所得的 6 个成分能够较好地解释国际创业自我效能。对于分析所得的 6 个主成分因子，本书将因子 1 归为警觉，因子 2 归为适应性，因子 3 归为创新，因子 4 归为国际财务管理，因子 5 归为国际营销，因子 6 归为风险承担，它们共同组成了国际创业自我效能的 6 个维度。综合分析结果可以认为，因子分析的结果基本验证了国际创业自我效能量表的最初设计思路。

表4—10　　　国际创业自我效能量表探索性因子分析旋转成分矩阵

指标	题项	因子1 警觉	因子2 适应性	因子3 创新	因子4 国际财务管理	因子5 国际营销	因子6 风险承担
D5	我能够在较短时间里对经营做出判断	0.744					
D6	我喜欢用不同的方法对某一事物进行思考和表达	0.742					
D1	我会投入较多的时间思考如何经营	0.734					
D3	我会对一闪而过的念头做出心理模拟和行动设想	0.686					
D2	我能够发现他人未能意识到的问题	0.674					
D4	我曾预见到某些蕴含商业潜质的事物	0.656					
D9	我能够与不同类型的人建立良好关系		0.824				
D7	我曾经在变化的情境中识别出可供利用的选择机会		0.798				
D10	我能够在陌生的环境中应对自如		0.779				
D8	我能够主动适应内外环境的要求		0.763				
D13	我相信公司会不断发明新产品和新服务			0.903			
D14	我相信公司会不断发现新市场			0.899			
D15	我相信公司能够在生产、营销和管理方面不断获得新发展			0.892			
D20	我相信公司能够改善跨越国界的财务系统和内部控制				0.881		
D21	我相信公司能够控制成本				0.872		

续表

指标	题项	因子1 警觉	因子2 适应性	因子3 创新	因子4 国际财务管理	因子5 国际营销	因子6 风险承担
D19	我相信公司能够进行准确的财务分析				0.869		
D17	我相信公司能够在国际市场上建立自己的地位					0.894	
D16	我相信公司能够完成今年设定的销售目标					0.866	
D18	我相信公司能够进行准确的国际市场分析					0.865	
D11	我相信公司能够为所做出的决策负责						0.882
D12	我相信公司能够在压力和冲突中正常运转						0.870
特征值		8.623	2.658	1.788	1.470	1.302	1.021
解释变异量（%）：80.252		41.013	12.658	8.515	7.002	6.2	4.864

KMO 样本充分性检验值：0.873

Bartlett 球形检验卡方值：3702.483；df：210；sig.：0.000

资料来源：数据处理所得。

5. 国际创业绩效量表探索性因子分析

运用探索性因子分析方法对项目分析后的国际创业绩效量表中的 13 个题项进行结构效度检验的结果如表 4—11 所示。根据检验结果，KMO 检验值为 0.923 > 0.6，Bartlett 球形检验卡方值为 1645.43，df 为 78，sig. 为 0，这表明此量表很适合做因子分析。同时，因子分析结果形成了 2 个因子 13 个题项，每个题项的因子载荷都大于 0.6，累计解释总变异量为 65.73%，表明分析所得的 2 个成分能够很好地解释国际创业绩效。对于分析所得的 2 个主成分因子，本书将因子 1 归为财务绩效，因子 2 归为非财务绩效。综合分析结果可以认为，因子分析的结果基本印证了国际创业绩效量表的设计初衷。

表4—11　　　　国际创业绩效量表探索性因子分析旋转成分矩阵

指标	题项	因子1 财务绩效	因子2 非财务绩效
E7	海外业务流动比率（＝流动资产合计/流动负债合计×100%）	0.818	
E1	海外市场利润增长率	0.802	
E2	海外业务销售增长率	0.801	
E8	海外市场资产负债率（＝负债总额/资产总额）	0.800	
E4	海外业务销售利润率（＝利润总额/营业收入）	0.793	
E6	海外市场投资回报率（＝年利润或年均利润/投资总额×100%）	0.788	
E5	海外市场总资产报酬率｛＝（利润总额＋利息支出）/平均资产总额｝	0.741	
E3	海外市场份额增长率	0.731	
E13	关键的海外市场知识和技术的获取		0.784
E10	在海外市场引入了更多的新产品、新技术或新流程		0.752
E11	新业务销售额占销售总额的比重		0.729
E12	员工承诺度		0.724
E9	海外经营人才增长率		0.655
特征值		6.984	1.561
解释变异量（%）：65.73		53.726	12.004

KMO 样本充分性检验值：0.923

Bartlett 球形检验卡方值：1645.43；df：78；sig.：0.000

资料来源：数据处理所得。

　　根据项目分析和因子分析的结果对各量表进行修订后，问卷各维度题项分布如表4—12所示。从表中可以看出，因子分析的结果与问卷最初的设计思路基本一致。在此基础上，可以对问卷的内容效度和信度进行分析，以验证问卷测量结果的可靠性。

表 4—12　　　　　　　　　　　问卷各维度题项分布

量表	维度	题项
创业者特质量表	外倾性	A8 ~ A11
	冒险倾向	A5 ~ A6
	成就动机	A1 ~ A3
	情绪稳定性	A4、A7
制度环境量表	管制环境	B1、B2、B7
	规范环境	B4 ~ B6
	认知环境	B3、B8、B9
创业者认知量表	准备脚本	C1 ~ C3
	意愿脚本	C4、C6、C7
	能力脚本	C5、C8
国际创业自我效能量表	警觉	D1 ~ D6
	适应性	D7 ~ D10
	风险承担	D11 ~ D12
	创新	D13 ~ D15
	国际营销	D16 ~ D18
	国际财务管理	D19 ~ D21
国际创业绩效量表	财务绩效	E1 ~ E8
	非财务绩效	E9 ~ E13

资料来源：根据调查问卷统计。

（二）内容效度分析

内容效度又称逻辑效度，其反映的是问卷题项与所要测度的题项的相关度，即测量问卷题项的契合度。对于问卷的内容效度，本书采用 Pearson 相关系数来考察，当 p 值小于 0.05 时，说明两个变量显著相关。

1. 创业者特质量表内容效度分析

创业者特质量表各维度的相关关系如表 4—13 所示。根据分析结果，该量表各维度之间、各维度与总量表之间的相关系数都在 0.520—0.885 之间，并且均在 0.01 水平上显著，这表明外倾性、冒险倾向、成就动机、情绪稳定性与创业者特质之间具有高度一致性，量表的内容效度良好。

表 4—13   **创业者特质量表各因素相关矩阵**

	外倾性	冒险倾向	成就动机	情绪稳定性	创业者特质
外倾性	1				
冒险倾向	0.613 **	1			
成就动机	0.537 **	0.629 **	1		
情绪稳定性	0.520 **	0.531 **	0.632 **	1	
创业者特质	0.859 **	0.885 **	0.867 **	0.812 **	1

资料来源：数据处理所得。

2. 制度环境量表内容效度分析

制度环境量表各维度的相关关系如表 4—14 所示，根据分析结果，该量表各维度之间、各维度与总量表之间的相关系数都在 0.299—0.862 之间，并且均在 0.01 水平上显著，这表明管制环境、规范环境、认知环境与制度环境之间具有高度一致性，量表的内容效度良好。

表 4—14   **制度环境量表各因素相关矩阵**

	管制环境	规范环境	认知环境	制度环境
管制环境	1			
规范环境	0.299 **	1		
认知环境	0.324 **	0.361 **	1	
制度环境	0.862 **	0.842 **	0.817 **	1

资料来源：数据处理所得。

3. 创业者认知量表内容效度分析

创业者认知量表各维度的相关关系如表 4—15 所示。根据分析结果，该量表各维度之间、各维度与总量表之间的相关系数都在 0.565—0.907 之间，并且均在 0.01 水平上显著，这表明准备脚本、意愿脚本、能力脚本与创业者认知之间具有高度一致性，量表的内容效度良好。

表4—15　　　　　　　　创业者认知量表各因素相关矩阵

	准备脚本	意愿脚本	能力脚本	创业者认知
准备脚本	1			
意愿脚本	0.587**	1		
能力脚本	0.565**	0.593**	1	
创业者认知	0.907**	0.860**	0.884**	1

资料来源：数据处理所得。

4. 国际创业自我效能量表内容效度分析

国际创业自我效能量表各维度的相关关系如表4—16所示。根据分析结果，该量表各维度之间、各维度与总量表之间的相关系数都在0.348—0.817之间，并且均在0.01水平上显著，这表明创新、国际营销、警觉、适应性、国际财务管理、风险承担与国际创业自我效能之间具有高度一致性，量表的内容效度良好。

表4—16　　　　　国际创业自我效能量表各因素相关矩阵

	创新	国际营销	警觉	适应性	国际财务管理	风险承担	国际创业自我效能
创新	1						
国际营销	0.607**	1					
警觉	0.470**	0.394**	1				
适应性	0.348**	0.401**	0.564**	1			
国际财务管理	0.604**	0.746**	0.403**	0.396**	1		
风险承担	0.704**	0.556**	0.506**	0.548**	0.535**	1	
国际创业自我效能	0.786**	0.760**	0.775**	0.724**	0.740**	0.817**	1

资料来源：数据处理所得。

5. 国际创业绩效量表内容效度分析

国际创业绩效量表各维度的相关关系如表4—17所示。根据分析结果，该量表各维度之间、各维度与总量表之间的相关系数都在0.604—0.941之间，并且均在0.01水平意义上显著，这表明国际创业绩效的财务绩效维度、非财务绩效维度和国际创业绩效具有高度一致性，量表的内容效度良好。

表 4—17   **国际创业绩效量表各因素相关矩阵**

	财务绩效	非财务绩效	国际创业绩效
财务绩效	1		
非财务绩效	0. 604 **	1	
国际创业绩效	0. 941 **	0. 837 **	1

资料来源：数据处理所得。

三　信度分析

信度即可靠性，它衡量的是对同一对象用同样的方法重复测量时所获得结果的一致性。信度分析有重测信度法、复本信度法、折半信度法和一致性系数法四种方法。为了证明问卷的可靠性和稳定性，本书采用克伦巴赫（Cronbach）所提出的一致性系数（α 系数）法对所有量表进行信度检验。

通过 SPSS20 进行可靠性度量可以得到如表 4—18 所示的各量表信度分析结果汇总表。由表可知，除冒险倾向和情绪稳定性两个维度以外，本书所涉及的 5 份量表及其量表内部的各维度信度系数全部在 0. 75 以上，具有较高的信度或内部一致性，同时也具有良好的稳定性，能够在一定程度上反映所要测量的问题。

表 4—18   **各量表信度分析结果汇总表**

量表	维度	题项	Cronbach α	信度效果
创业者特质	外倾性	4	0.760	好
	冒险倾向	2	0.695	相对能接受
	成就动机	3	0.751	好
	情绪稳定性	2	0.689	相对能接受
	创业者特质量表	11	0.782	好

续表

量表	维度	题项	Cronbach α	信度效果
制度环境	管制环境	3	0.892	很好
	规范环境	3	0.874	很好
	认知环境	3	0.845	很好
	制度环境量表	9	0.802	很好
创业者认知	准备脚本	3	0.788	好
	意愿脚本	3	0.820	很好
	能力脚本	2	0.794	好
	创业者认知量表	8	0.861	很好
国际创业自我效能	警觉	6	0.861	很好
	适应性	4	0.875	很好
	风险承担	2	0.948	非常好
	创新	3	0.963	非常好
	国际营销	3	0.927	非常好
	国际财务管理	3	0.966	非常好
	国际创业自我效能量表	21	0.926	非常好
国际创业绩效	财务绩效	8	0.932	非常好
	非财务绩效	5	0.831	很好
	国际创业绩效量表	13	0.925	非常好

资料来源：数据处理所得。

第五章

统计分析与假设检验

第一节　描述性统计分析

一　国际创业自我效能的现状

调查样本的国际创业自我效能得分在不同分数段的分布情况如图 5—1 所示。从图中可以看出，调查样本的国际创业自我效能总分呈现出正态分布的特点。

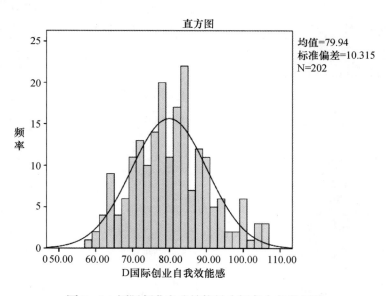

图 5—1　国际创业自我效能得分频率分布直方图

资料来源：数据处理所得。

通过描述性统计分析，得到调查样本国际创业自我效能现状的分析结果如表5—1所示：

表5—1 　　　　　　　　　国际创业自我效能及其各维度得分

	警觉	适应性	风险承担	创新	国际营销	国际财务管理	国际创业自我效能
N	202	202	202	202	202	202	202
均值	18.782	11.282	11.713	11.748	11.204	7.386	79.941
标准差	2.848	1.857	1.836	2.057	2.098	1.421	10.315
极小值	11	6	7	6	4	3	58
极大值	25	15	15	15	15	10	105

资料来源：数据处理所得。

从表5—1可知，国际创业自我效能的平均得分为79.941分（满分105分），这表明国际创业自我效能总体水平较高；但标准差为10.315，说明创业者的国际创业自我效能存在较大的个体差异。

从均值来看，国际创业自我效能的六个维度得分由高到低依次排列为：警觉、创新、风险承担、适应性、国际营销、国际财务管理，其中创新、风险承担、适应性、国际营销这4个维度之间的均值差异很小。从标准差来看，国际财务管理维度的标准差相对最低，约为1.421，说明在这一维度上个体差异最小；警觉维度的标准差相对最高，约为2.848，说明在这一维度上个体差异最大。

二 人口统计变量对国际创业自我效能的影响

本书运用差异显著性检验（独立样本T检验和单因素方差分析）的方法，分别检验了性别、开始此次国际创业时的年龄、最高学历、创业前工作年限和以往创业经历等人口统计变量对国际创业自我效能的影响，以验证这些人口统计变量的不同是否对国际创业自我效能有显著性的影响。检验结果如表5—2和表5—3所示。

表 5—2　　　　　　　　性别与国际创业自我效能的独立样本 T 检验

变量名称	得分均值		T 值	显著性
	男	女		
警觉	23.262	21.943	2.381*	0.018
适应性	15.389	14.868	1.270	0.206
风险承担	7.886	7.774	0.455	0.650
创新	11.893	11.113	2.086*	0.038
国际营销	11.262	11.076	0.554	0.580
国际财务管理	11.376	11.057	0.898	0.370
国际创业自我效能	81.067	77.830	2.246*	0.026

资料来源：数据处理所得。

表 5—3　　　　人口统计变量与国际创业自我效能的单因素方差分析

变量名称		开始此次国际创业时的年龄：A.25岁及以下；B.26—35岁；C.36—45岁；D.46—55岁；E.56岁及以上	最高学历：A.研究生及以上；B.本科；C.大专；D.高中或中专；E.初中及以下	创业前工作年限：A.3年及以下；B.4—6年；C.7—9年；D.10年及以上	以往创业经历（不论成败）：A.无；B.一次；C.两次；D.三次及以上
警觉	F 值	4.432**	3.680*	1.821	1.509
	Scheffe	—	D < A	—	—
适应性	F 值	4.129**	0.748	4.820**	3.230*
	Scheffe	—	—	A < D	—
风险承担	F 值	1.199	0.436	0.715	1.118
	Scheffe	—	—	—	—
创新	F 值	1.692	0.591	3.253*	1.033
	Scheffe	—	—	—	—
国际营销	F 值	0.651	2.537	0.280	2.010
	Scheffe	—	—	—	—
国际财务管理	F 值	1.442	0.821	1.382	0.769
	Scheffe	—	—	—	—
国际创业自我效能	F 值	3.155*	0.796	2.795*	2.911*
	Scheffe	—	—	—	—

资料来源：数据处理所得。

从表5—2可知，不同性别的调查对象在国际创业自我效能总体及其警觉和创新维度上存在显著差异，而在国际创业自我效能的适应性、风险承担、国际营销和国际财务管理维度上不存在显著差异。具体来说，男性的国际创业自我效能及其警觉性和创新能力显著高于女性，而在适应性、风险承担、国际营销和国际财务管理方面男性和女性并未表现出明显差异。

从表5—3可以看出，开始本次国际创业时的年龄与国际创业自我效能总体及其警觉和适应性维度存在显著相关。最高学历与国际创业自我效能的警觉性维度显著相关，但与国际创业自我效能总体相关不显著。根据Scheffe检验结果可以看出，最高学历在研究生及以上的创业者，其警觉性显著高于学历为高中或中专的创业者。创业前工作年限与国际创业自我效能及其适应性和创新维度显著相关。根据Scheffe检验结果可以看出，创业前工作年限在10年及以上的创业者，其适应性显著高于创业前工作年限在3年及3年以下的创业者。此外，以往创业经历与国际创业自我效能及其适应性维度显著相关。

三 国际创业模式与国际创业绩效的描述性统计

国际创业模式与国际创业绩效的描述性统计结果如表5—4所示。由表5—4可知，投资型模式、契约型模式和出口型模式所对应的国际创业绩效的均值依次递减。就极小值来说，出口型模式所对应的国际创业绩效最小，投资型模式所对应的国际创业绩效最大。且投资型模式所对应的国际创业绩效的极大值最大。同理，3种模式所对应的财务绩效和非财务绩效也呈现相同的规律。

表5—4　　　　　国际创业模式与国际创业绩效的描述性统计

		极小值	极大值	均值	标准差	方差
国际创业绩效	出口型模式	15	45	33.71	6.73	45.23
	契约型模式	21	65	42.48	6.26	39.21
	投资型模式	36	65	48.11	6.69	44.76

续表

		极小值	极大值	均值	标准差	方差
财务绩效	出口型模式	8	28	20.71	5.49	30.14
	契约型模式	8	40	26.05	4.49	20.18
	投资型模式	21	40	29.36	4.56	20.77
非财务绩效	出口型模式	6	18	13.00	2.64	6.98
	契约型模式	10	25	16.43	2.96	8.75
	投资型模式	11	25	18.75	2.89	8.38

资料来源：数据处理所得。

国际创业模式与国际创业绩效的散点分析结果如图5—2所示。从图5—2可知，国际创业3种模式与国际创业绩效呈现出来的趋势为：出口型模式、契约型模式和投资型模式所对应的国际创业绩效递增。

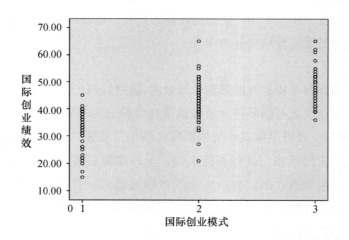

图5—2　国际创业模式与国际创业绩效散点图

资料来源：数据处理所得。

对应分析通过将一个联列表的行列中各元素的比例结构以点的形式展现在较低维的空间中，进而直观显示不同变量各类别间的对应关系。国际创业模式与国际创业绩效的对应分析结果如图5—3所示。图5—3直观地显示了国际创业模式与国际创业绩效的对应关系，其中模式1、模式

2 和模式 3 分别代表出口型模式、契约型模式和投资型模式。由图 5—3 可知，选取距离出口型模式最近的 5 个国际创业绩效点，所对应的值依次为：33、36、37、15、17，均值为 27.6；距离契约型模式最近的 5 个国际创业绩效点所对应的值依次为：51、42、44、49、38，均值为 44.8；距离投资型模式最近的 5 个国际创业绩效点所对应的值依次为 55、65、52、50、48，均值为 54。比较三种模式所对应的国际创业绩效的大小可知：出口型模式对应的国际创业绩效 < 契约型模式所对应的国际创业绩效 < 投资型模式所对应的国际创业绩效，这初步证明假设 H9 成立。

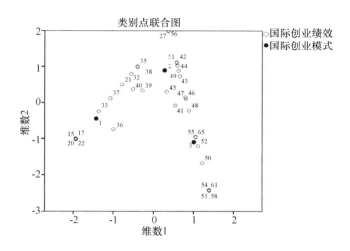

图 5—3 国际创业模式与国际创业绩效对应分析

资料来源：数据处理所得。

四 国际创业自我效能与国际创业模式的描述性统计

对国际创业模式与国际创业自我效能进行散点分析，结果如图 5—4 所示。由图 5—4 可知，国际创业模式与国际创业自我效能呈现一种对应趋势，即出口型模式、契约型模式和投资型模式所对应的国际创业自我效能递增。

国际创业自我效能与国际创业模式的对应分析结果如图 5—5 所示。从图 5—5 中可直观地观测到国际创业自我效能与国际创业模式的对应关系，其中模式 1、模式 2 和模式 3 分别代表出口型模式、契约型模式和投

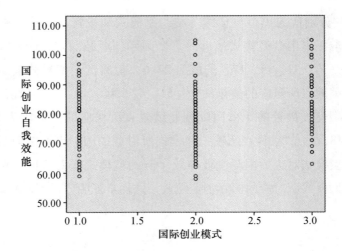

图5—4 国际创业自我效能与国际创业模式散点图

资料来源：数据处理所得。

资型模式。由图5—5可知，选取距离出口型模式最近的5个国际创业自我效能点，所对应的值依次为：76、73、86、82、62，均值为75.8；距离契约型模式最近的5个国际创业自我效能点所对应的值依次为：63、83、80、88、70，均值为76.8；距离投资型模式最近的5个国际创业绩

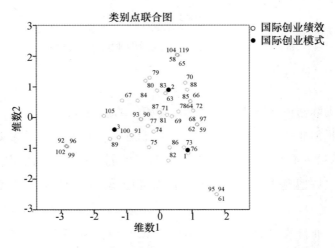

图5—5 国际创业自我效能与国际创业模式的对应分析结果

资料来源：数据处理所得。

效点所对应的值依次为 89、100、91、105、93，均值为 95.6。比较 3 种模式所对应的国际创业自我效能的大小可知：出口型模式对应的国际创业自我效能 < 契约型模式所对应的国际创业自我效能 < 投资型模式所对应的国际创业自我效能。即国际创业自我效能高的个体更倾向于选择投资型模式，而国际创业自我效能低的个体选择出口型模式的可能性更大，这初步证明假设 H10b 成立。

第二节　相关分析

相关分析常被用来研究变量之间的相互关系。学者们一般用相关系数（即 r 系数）来描述变量之间关系的强弱程度和方向。本书采用 Pearson 相关分析法对两个或多个变量进行分析，来衡量变量之间关系的密切程度。

一　创业者特质、制度环境与国际创业自我效能的相关分析

（一）创业者特质与国际创业自我效能相关分析

表 5—5 是创业者特质与国际创业自我效能及其 6 个维度的相关分析结果。根据结果可知，在 P < 0.01 的水平上，创业者特质及外倾性、冒险倾向、成就动机、情绪稳定性等均与国际创业自我效能显著正相关，假设 H1、H1a、H1b、H1c、H1d 得到证实。具体来说：

在 P < 0.01 的水平上，创业者特质与国际创业自我效能的 6 个维度均显著正相关，按照相关程度的强弱排序为：警觉 > 适应性 > 风险承担 > 国际财务管理 > 国际营销 > 创新。

在 P < 0.01 的水平上，创业者的外倾性与国际创业自我效能的 6 个维度均显著正相关，按照相关程度的强弱排序为：警觉 > 适应性 > 风险承担 > 国际财务管理 > 国际营销 > 创新。

在 P < 0.01 的水平上，创业者的冒险倾向与国际创业自我效能的 6 个维度均显著正相关，按照相关程度的强弱排序为：风险承担 > 适应性 > 警觉 > 国际财务管理 > 国际营销 > 创新。

在 P < 0.01 的水平上，创业者的成就动机与国际创业自我效能的 6 个

维度均显著正相关，按照相关程度的强弱排序为：国际财务管理 > 国际营销 > 适应性 > 警觉 > 风险承担 > 创新。

在 $P < 0.01$ 的水平上，创业者的情绪稳定性与国际创业自我效能的 6 个维度均显著正相关，按照相关程度的强弱排序为：适应性 > 警觉 > 风险承担 > 国际财务管理 > 国际营销 > 创新。

表 5—5　　　　创业者特质与国际创业自我效能的相关分析

	外倾性	冒险倾向	成就动机	情绪稳定性	创业者特质
创新	0.255 **	0.213 **	0.245 **	0.252 **	0.292 **
国际营销	0.322 **	0.281 **	0.476 **	0.253 **	0.330 **
警觉	0.468 **	0.424 **	0.324 **	0.496 **	0.556 **
适应性	0.423 **	0.451 **	0.397 **	0.499 **	0.533 **
国际财务管理	0.324 **	0.357 **	0.485 **	0.306 **	0.360 **
风险承担	0.376 **	0.463 **	0.257 **	0.333 **	0.408 **
国际创业自我效能	0.500 **	0.528 **	0.521 **	0.517 **	0.586 **

资料来源：数据处理所得。

（二）制度环境与国际创业自我效能的相关分析

表 5—6 是制度环境与国际创业自我效能及其 6 个维度的相关分析结果。根据结果可知，在 $P < 0.01$ 的水平上，制度环境与国际创业自我效能显著正相关。具体来说：

在 $P < 0.01$ 的水平上，制度环境与国际创业自我效能的 6 个维度均显著正相关，按照相关程度的强弱排序为：风险承担 > 国际营销 > 创新 > 适应性 > 警觉 > 国际财务管理。由此可以证明假设 H6 成立，即制度环境与国际创业自我效能显著正相关。

在 $P < 0.01$ 的水平上，除警觉外，制度环境的管制维度与国际创业自我效能的另外 5 个维度均显著正相关。

制度环境的规范维度与国际创业自我效能的国际营销和风险承担维度在 $P < 0.01$ 的水平上显著正相关，与国际创业自我效能的创新和国际

财务管理维度在 P < 0.05 的水平上显著正相关，而与国际创业自我效能的警觉和适应性维度不相关。

在 P < 0.01 的水平上，除国际财务管理维度外，制度环境的认知维度与国际创业自我效能的另外 5 个维度均显著正相关。

表5—6　　　　　　　　　制度环境与国际创业自我效能的相关分析

	管制环境	规范环境	认知环境	制度环境
创新	0.215 * *	0.155 *	0.235 **	0.259 **
国际营销	0.098 **	0.203 **	0.228 **	0.291 **
警觉	0.057	0.036	0.320 **	0.168 *
适应性	0.085 **	0.066	0.268 **	0.213 **
国际财务管理	0.182 * *	0.149 *	0.045	0.139 *
风险承担	0.234 **	0.298 **	0.362 **	0.402 **
国际创业自我效能	0.227 * *	0.139 * *	0.328 **	0.303 **

资料来源：数据处理所得。

二　创业者特质、制度环境与创业者认知的相关分析

（一）创业者特质与创业者认知的相关分析

表5—7 是创业者特质与创业者认知及各自维度的相关分析结果。根据结果可知，在 P < 0.01 的水平上，创业者特质与创业者认知显著正相关，同时，创业者的外倾性、冒险倾向、成就动机、情绪稳定性与创业者认知的准备脚本、意愿脚本、能力脚本均两两显著正相关，由此证明假设 H2 成立。

表5—7　　　　　　　　　创业者特质与创业者认知的相关分析

	准备脚本	意愿脚本	能力脚本	创业者认知
外倾性	0.488 **	0.421 **	0.521 **	0.551 **
冒险倾向	0.407 **	0.253 **	0.384 **	0.502 **

续表

	准备脚本	意愿脚本	能力脚本	创业者认知
成就动机	0.374 **	0.382 **	0.419 **	0.503 **
情绪稳定性	0.412 **	0.443 **	0.494 **	0.484 **
创业者特质	0.566 **	0.510 **	0.585 **	0.595 **

资料来源：数据处理所得。

（二）制度环境与创业者认知的相关分析

表5—8是制度环境与创业者认知及各自维度的相关分析结果。根据结果可知，在 $P < 0.01$ 的水平上，制度环境与创业者认知显著正相关。具体来说，除管制维度外，制度环境的规范维度、认知维度与创业者认知的准备脚本、意愿脚本、能力脚本均两两显著正相关，由此证明假设 H5 成立。

表5—8　　　　　制度环境与创业者认知的相关分析

	准备脚本	意愿脚本	能力脚本	创业者认知
管制环境	0.011	0.011	0.131	0.069
规范环境	0.332 **	0.332 **	0.322 **	0.359 **
认知环境	0.332 **	0.332 **	0.322 **	0.359 **
制度环境	0.209 **	0.209 **	0.293 **	0.270 **

资料来源：数据处理所得。

三　创业者认知与国际创业自我效能的相关分析

表5—9是创业者认知及其3个维度与国际创业自我效能及其6个维度的相关分析结果。

表5—9　　　　创业者认知与国际创业自我效能的相关分析

	准备脚本	意愿脚本	能力脚本	创业者认知
创新	0.385 **	0.475 **	0.423 **	0.441 **
国际营销	0.412 **	0.381 **	0.413 **	0.453 **

	准备脚本	意愿脚本	能力脚本	创业者认知
警觉	0.545 **	0.529 **	0.670 **	0.658 **
适应性	0.554 **	0.538 **	0.553 **	0.607 **
国际财务管理	0.453 **	0.427 **	0.375 **	0.459 **
风险承担	0.447 **	0.605 **	0.462 **	0.498 **
国际创业自我效能	0.661 **	0.676 **	0.697 **	0.743 **

资料来源：数据处理所得。

由表 5—9 可知，在 $P < 0.01$ 的水平上，创业者认知与国际创业自我效能的 6 个维度均显著正相关，按照相关程度的强弱排序为：警觉 > 适应性 > 风险承担 > 国际财务管理 > 国际营销 > 创新。由此可以证明假设 H3 成立，即创业者认知与国际创业自我效能显著正相关。

在 $P < 0.01$ 的水平上，创业者认知的准备脚本维度与国际创业自我效能的 6 个维度均显著正相关，按照相关程度的强弱排序为：适应性 > 警觉 > 国际财务管理 > 风险承担 > 国际营销 > 创新。

在 $P < 0.01$ 的水平上，创业者认知的意愿脚本维度与国际创业自我效能的 6 个维度均显著正相关，按照相关程度的强弱排序为：风险承担 > 适应性 > 警觉 > 创新 > 国际财务管理 > 国际营销。

在 $P < 0.01$ 的水平上，创业者认知的能力脚本维度与国际创业自我效能的 6 个维度均显著正相关，按照相关程度的强弱排序为：警觉 > 适应性 > 风险承担 > 创新 > 国际营销 > 国际财务管理。

四　国际创业自我效能、模式与绩效的相关分析

（一）国际创业自我效能与国际创业模式的相关分析

表 5—10 是国际创业自我效能与国际创业模式的相关分析结果。根据结果可知，在 $P < 0.01$ 的水平上，国际创业自我效能与国际创业模式显著正相关，由此可以证明假设 H10a 成立。具体来说，国际创业自我效能与国际创业模式的相关系数为 0.235。

表5—10　　　　　国际创业自我效能与国际创业模式的相关分析

		国际创业模式
国际创业自我效能	Pearson 相关性	0.235 **

资料来源：数据处理所得。

（二）国际创业模式与国际创业绩效的相关分析

表5—11是国际创业模式与国际创业绩效及其两个维度的相关分析结果。根据结果可知，在 P < 0.01 的水平上，国际创业模式与国际创业绩效显著正相关，由此可以证明假设 H8 成立。具体来说，二者的相关关系表现为：在 P < 0.01 的水平上，国际创业模式与国际创业绩效的相关系数为 0.632；国际创业模式与国际创业绩效的财务绩效维度和非财务绩效维度的相关系数分别为 0.553 和 0.597。

表5—11　　　　　国际创业模式与国际创业绩效的相关分析

		财务绩效	非财务绩效	国际创业绩效
国际创业模式	Pearson 相关性	0.553 **	0.597 **	0.632 **

资料来源：数据处理所得。

（三）国际创业自我效能与国际创业绩效的相关分析

表5—12是国际创业自我效能与国际创业绩效的相关分析结果。根据结果可知，在 P < 0.01 的水平上，国际创业自我效能与国际创业绩效显著正相关，由此可以证明假设 H11 成立。具体来说，二者的相关关系表现为：在 P < 0.01 的水平上，国际创业自我效能与国际创业绩效的相关系数为 0.378；国际创业自我效能与国际创业绩效的财务绩效维度和非财务绩效维度的相关系数分别为 0.333 和 0.353。

表5—12　　　　　国际创业自我效能与国际创业绩效的相关分析

		财务绩效	非财务绩效	国际创业绩效
国际创业自我效能	Pearson 相关性	0.333 **	0.353 **	0.378 **

资料来源：数据处理所得。

第三节　回归分析

相关分析研究的是不同变量间是否存在关系、关系的强度以及方向，而回归分析的目的则在于确定相关变量间的因果关系，明确自变量和因变量，并用数学模型来表现具体的因果关系。本书将采用逐步回归法和OLS回归法，进一步探讨各变量之间的关系。

一　创业者特质、制度环境对国际创业自我效能的回归分析

（一）创业者特质对国际创业自我效能的回归分析

创业者特质各维度与国际创业自我效能各维度之间的回归分析结果如表5—13所示。创业者的外倾性、冒险倾向、成就动机和情绪稳定性对国际创业自我效能及其各维度的回归系数的 T 值绝对值均大于2，且显著性水平均小于 0.05。检验回归效果的 F 统计量均在 P < 0.01 水平上显著，这说明总体回归效果显著。因此外倾性、冒险倾向、成就动机和情绪稳定性可以作为解释变量来解释国际创业自我效能及其各维度，是国际创业自我效能及其各维度的预测指标。回归系数均为正数，说明外倾性、冒险倾向、成就动机和情绪稳定性对国际创业自我效能及其各维度有正向预测作用，再次证明假设 H1、H1a、H1b、H1c、H1d 成立。

表5—13　创业者特质各维度与国际创业自我效能及其各维度的回归分析

变量名称	模型	R^2	Adjusted R^2	B	F	T
国际创业自我效能	（常量）	0.344	0.337	38.218	52.108 **	9.137 **
	外倾性			0.328		5.147 **
	冒险倾向			0.415		5.984 *
	成就动机			0.321		4.823 **
	情绪稳定性			0.355		5.344 **

续表

变量名称	模型	R^2	Adjusted R^2	B	F	T
警觉	（常量）	0.310	0.303	9.529	44.677**	6.632**
	外倾性			0.318		3.991**
	冒险倾向			0.339		4.352*
	成就动机			0.293		4.300**
	情绪稳定性			0.348		5.108**
适应性	（常量）	0.289	0.282	5.728	40.409**	5.351**
	外倾性			0.144		3.871*
	冒险倾向			0.235		4.056*
	成就动机			0.230		3.320**
	情绪稳定性			0.384		5.546**
风险承担	（常量）	0.169	0.161	3.621	20.233**	5.223**
	外倾性			0.198		3.013**
	冒险倾向			0.225		3.254*
	成就动机			0.279		3.728**
	情绪稳定性			0.193		2.575*
创新	（常量）	0.085	0.076	6.994	9.294**	6.287**
	外倾性			0.268		2.995**
	冒险倾向			0.203		2.243**
	成就动机			0.171		2.182*
	情绪稳定性			0.166		2.114*
国际营销	（常量）	0.115	0.106	5.993	12.874**	5.425**
	外倾性			0.232		3.307*
	冒险倾向			0.281		3.646*
	成就动机			0.194		2.881**
	情绪稳定性			0.260		3.371**
国际财务管理	（常量）	0.104	0.095	6.352	11.568**	6.118**
	外倾性			0.302		3.398*
	冒险倾向			0.215		2.573*
	成就动机			0.207		2.244*
	情绪稳定性			0.239		3.078**

资料来源：数据处理所得。

（二）制度环境对国际创业自我效能的回归分析

制度环境各维度与国际创业自我效能各维度之间的回归分析结果如表5—14所示。根据回归分析结果，制度环境的管制维度、规范维度和认知维度对国际创业自我效能及其各维度的回归系数的 T 值绝对值均大于 2，且显著性水平小于 0.05。检验回归效果的 F 统计量均在 P < 0.01 水平上显著，说明总体回归效果显著。因此管制维度、规范维度和认知维度可以作为解释变量来解释国际创业自我效能及其各维度，是其预测指标。回归系数均为正数，说明管制维度、规范维度和认知维度对国际创业自我效能及其各维度有正向预测作用，再次证明假设 H6 成立。

表5—14　　制度环境各维度与国际创业自我效能及其各维度的回归分析

变量名称	模型	R^2	Adjusted R^2	B	F	T
国际创业自我效能	（常量）	0.120	0.111	59.908	13.603 **	14.189 **
	管制环境			0.114		1.708 *
	规范环境			0.167		2.018 **
	认知环境			0.319		4.779 **
警觉	（常量）	0.106	0.097	18.583	11.851 **	13.036 **
	管制环境			0.224		3.315 **
	规范环境			0.269		3.682 *
	认知环境			0.325		4.839 **
适应性	（常量）	0.074	0.065	11.635	7.950 **	10.924 **
	管制环境			0.176		2.998 *
	规范环境			0.253		3.636 **
	认知环境			0.265		3.867 **
风险承担	（常量）	0.090	0.081	6.841	9.826 **	12.046 **
	管制环境			0.215		3.672 **
	规范环境			0.128		1.891 *
	认知环境			0.261		3.849 **
创新	（常量）	0.074	0.065	7.902	7.964 **	8.096 **
	管制环境			0.185		3.116 *
	规范环境			0.137		2.004 *
	认知环境			0.225		3.283 **

变量名称	模型	R^2	Adjusted R^2	B	F	T
国际营销	（常量）	0.087	0.077	7.024	9.424 **	7.180 **
	管制环境			0.192		2.883 *
	规范环境			0.187		2.745 **
	认知环境			0.213		3.138 **
国际财务管理	（常量）	0.023	0.014	9.585	2.377 **	10.141 **
	管制环境			0.154		2.357 *
	规范环境			0.182		2.644 **
	认知环境			0.146		2.083 *

资料来源：数据处理所得。

（三）创业者特质和制度环境对国际创业自我效能的回归分析

创业者特质和制度环境对国际创业自我效能及其各维度之间的回归分析结果如表5—15所示。根据回归分析结果，创业者特质和制度环境对国际创业自我效能及其风险承担、创新和国际营销维度的回归系数的T值绝对值均大于2，且显著性水平均小于0.05。检验回归效果的F统计量均在P<0.01水平上显著，说明总体回归效果显著。因此创业者特质和制度环境可以作为解释变量来解释国际创业自我效能及其风险承担、创新和国际营销维度，是其预测指标。回归系数均为正数，说明创业者特质和制度环境对国际创业自我效能及其风险承担、创新和国际营销维度有正向预测作用。

表5—15 创业者特质和制度环境对国际创业自我效能的回归分析

变量名称	模型	R^2	Adjusted R^2	B	F	T
国际创业自我效能	（常量）	0.370	0.364	30.860	58.432 **	6.414 **
	创业者特质			0.545		9.374 *
	制度环境			0.167		2.882 *
警觉	（常量）	0.311	0.304	9.112	44.819 **	5.404 **
	创业者特质			0.549		9.029 **
适应性	（常量）	0.291	0.284	4.940	40.914 **	3.938 **
	创业者特质			0.512		8.315 **

续表

变量名称	模型	R^2	Adjusted R^2	B	F	T
风险承担	（常量）	0.199	0.191	2.346	24.682 **	2.935 *
	创业者特质			0.361		5.517 **
	制度环境			0.186		2.840 **
创新	（常量）	0.122	0.113	5.003	13.858 **	3.910 **
	创业者特质			0.243		3.540 **
	制度环境			0.198		2.893 **
国际营销	（常量）	0.155	0.147	3.614	18.261 **	2.853 **
	创业者特质			0.274		4.080 **
	制度环境			0.222		3.303 *
国际财务管理	（常量）	0.106	0.097	5.845	11.744 **	4.799 **
	创业者特质			0.303		4.381 **

资料来源：数据处理所得。

同时，创业者特质对国际创业自我效能的警觉、适应性和国际财务管理维度的回归系数的 T 值绝对值大于 2，且显著性水平小于 0.01。检验回归效果的 F 统计量分别为 44.819、40.914、11.744，在 P < 0.01 水平上显著，说明总体回归效果显著。因此创业者特质可以作为解释变量来解释国际创业自我效能的警觉、适应性和国际财务管理维度，是其预测指标。回归系数为正数，说明创业者特质对国际创业自我效能的警觉、适应性和国际财务管理维度有正向预测的作用。上述事实再次证明假设 H1、H6 成立。

二　创业者特质、制度环境对创业者认知的回归分析

（一）创业者特质对创业者认知的回归分析

创业者特质各维度与创业者认知及其各维度之间的回归分析结果如表5—16 所示。创业者的外倾性、冒险倾向、成就动机和情绪稳定性对创业者认知及其各维度的回归系数的 T 值绝对值均大于 2，且显著性水平均小于 0.05。检验回归效果的 F 统计量均在 P < 0.01 水平上显著，说明总体回归效果显著。因此外倾性、冒险倾向、成就动机和情绪稳定性可以作为解释变量来解释创业者认知及其各维度，是创业者认知及其各维度

的预测指标。回归系数均为正数，说明创业者的外倾性、冒险倾向、成就动机和情绪稳定性对创业者认知及其各维度有正向预测的作用，再次证明假设 H2 成立。

表 5—16　　创业者特质各维度与创业者认知及其各维度的回归分析

变量名称	模型	R^2	Adjusted R^2	B	F	T
创业者认知	（常量）	0.355	0.349	21.180	54.786 **	6.307 **
	外倾性			0.454		6.811 **
	冒险倾向			0.415		5.589 **
	成就动机			0.337		4.367 **
	情绪稳定性			0.216		3.243 **
准备脚本	（常量）	0.296	0.289	9.771	41.903 **	4.503 **
	外倾性			0.371		4.016 **
	冒险倾向			0.292		3.345 *
	成就动机			0.448		6.436 **
	情绪稳定性			0.154		2.210 **
意愿脚本	（常量）	0.262	0.254	11.410	35.292 **	6.223 **
	外倾性			0.304		4.412 *
	冒险倾向			0.278		3.675 **
	成就动机			0.347		4.859 **
	情绪稳定性			0.237		3.324 **
能力脚本	（常量）	0.257	0.241	8.936	33.701 **	5.072 **
	外倾性			0.146		2.435 *
	冒险倾向			0.225		3.343 *
	成就动机			0.188		2.764 **
	情绪稳定性			0.203		3.078 **

资料来源：数据处理所得。

（二）制度环境对创业者认知的回归分析

制度环境各维度与创业者认知及其各维度之间的回归分析结果如表 5—17 所示。由表 5—17 可知，制度环境的管制维度、规范维度和认知维度对创业者认知及其各维度的回归系数的 T 值绝对值均大于 2，且显著性水平均小于 0.05。检验回归效果的 F 统计量均在 P < 0.01 水平上显著，总体回归效果显著。因此制度环境的管制维度、规范维度和认知维度可以作为解释变量来解释创业者认知及其各维度，是创业者认知及其各维度的预测指标。回归系数为正数，说明制度环境的管制维度、规范维度和认知维度对创业者认知及其各维度有正向预测作用，再次证明假设 H5成立。

表5—17　　　制度环境各维度与创业者认知及其各维度的回归分析

变量名称	模型	R^2	Adjusted R^2	B	F	T
创业者认知	（常量）	0.211	0.207	28.717	53.421 **	8.305 **
	管制环境			0.441		6.585 **
	规范环境			0.428		5.993 *
	认知环境			0.459		7.309 **
准备脚本	（常量）	0.148	0.144	14.650	34.767 **	6.593 **
	管制环境			0.364		5.177 **
	规范环境			0.358		4.856 *
	认知环境			0.385		5.896 **
意愿脚本	（常量）	0.206	0.198	11.847	25.859 **	5.777 **
	管制环境			0.225		3.364 *
	规范环境			0.390		5.899 **
	认知环境			0.143		2.158 *
能力脚本	（常量）	0.153	0.142	12.347	25.859 **	6.313 **
	管制环境			0.224		3.884 *
	规范环境			0.265		4.351 **
	认知环境			0.308		5.442 *

资料来源：数据处理所得。

（三）创业者特质和制度环境对创业者认知的回归分析

创业者特质和制度环境与创业者认知及其各维度之间的回归分析结果如表5—18所示。由表5—18可知，创业者特质和制度环境对创业者认知及其能力脚本维度的回归系数的 T 值绝对值均大于2，且显著性水平均小于0.01。此时修正的 R^2 分别为0.366和0.305，表明创业者特质和制度环境，能够联合解释创业者认知36.6%的变异及能力脚本30.5%的变异。检验回归效果的F统计量分别为58.902和45.082，P<0.01，总体回归效果显著。因此创业者特质和制度环境可以作为解释变量来解释创业者认知及其能力脚本维度，是创业者认知及其能力脚本维度的预测指标。回归系数为正数，说明创业者特质和制度环境对创业者认知及其能力脚本维度有正向预测的作用。

表5—18　　　　　创业者特质和制度环境对创业者认知的回归分析

变量名称	模型	R^2	Adjusted R^2	B	F	T
创业者认知	（常量）	0.372	0.366	12.221	58.902**	3.008**
	创业者特质			0.503		8.238**
	制度环境			0.201		3.290**
准备脚本	（常量）	0.271	0.268	8.968	74.495**	4.112**
	创业者特质			0.521		8.631**
意愿脚本	（常量）	0.348	0.337	7.126	38.471**	3.428**
	制度环境			0.314		2.857**
能力脚本	（常量）	0.312	0.305	6.053	45.082**	2.789**
	创业者特质			0.408		6.392**
	制度环境			0.254		3.969**

资料来源：数据处理所得。

与此同时，创业者特质对创业者认知的准备脚本维度的回归系数的T值绝对值大于2，且显著性水平小于0.01。此时修正的R^2为0.268，这表明创业者特质能够解释准备脚本26.8%的变异。检验回归效果的F统计量为74.495，P<0.01，总体回归效果显著。因此创业者特质可以作为解释变量来解释创业者认知的准备脚本维度，是准备脚本维度的预测指标。回归系数为正数，说明创业者特质对准备脚本维度有正向预测作用。另外，制度环境对创业者认知的意愿脚本维度的回归系数的T值绝对值大于2，且显著性水平小于0.01。此时修正的R^2为0.337，表明制度环境能够解释意愿脚本33.7%的变异。检验回归效果的F统计量为38.471，P<0.01，总体回归效果显著。因此制度环境可以作

为解释变量来解释创业者认知的意愿脚本维度，是意愿脚本维度的预测指标。回归系数为正数，说明制度环境对意愿脚本维度有正向预测的作用。上述事实再次证明假设 H2、H5 成立。

三 创业者认知对国际创业自我效能的回归分析

创业者认知各维度与国际创业自我效能各维度之间的回归分析结果如表5—19 所示。由表5—19 可知，创业者的准备脚本、意愿脚本和能力脚本对国际创业自我效能及其各维度的回归系数的 T 值绝对值均大于 2，且显著性水平均小于 0.05。检验回归效果的 F 统计量均在 P < 0.01 水平上显著，说明总体回归效果显著。因此准备脚本、意愿脚本和能力脚本可以作为解释变量来解释国际创业自我效能及其各维度，是国际创业自我效能及其各维度的预测指标。回归系数均为正数，这说明准备脚本、意愿脚本和能力脚本对国际创业自我效能及其各维度有正向预测的作用，再次证明假设 H3 成立。

表5—19　创业者认知各维度与国际创业自我效能及其各维度的回归分析

变量名称	模型	R^2	Adjusted R^2	B	F	T
国际创业自我效能	（常量）	0.574	0.569	26.291	133.821 **	7.848 **
	准备脚本			0.445		7.923 **
	意愿脚本			0.385		6.284 **
	能力脚本			0.411		7.326 **
警觉	（常量）	0.465	0.459	5.336	86.405 **	5.149 **
	准备脚本			0.423		6.732 **
	意愿脚本			0.402		6.127 *
	能力脚本			0.346		5.507 **
适应性	（常量）	0.404	0.398	3.268	67.326 **	4.582 **
	准备脚本			0.366		5.175 *
	意愿脚本			0.412		6.212 **
	能力脚本			0.303		4.571 **

续表

变量名称	模型	R^2	Adjusted R^2	B	F	T
风险承担	（常量）	0.373	0.367	4.208	59.193 **	5.821 **
	准备脚本			0.448		6.539 *
	意愿脚本			0.434		6.378 **
	能力脚本			0.249		3.664 **
创新	（常量）	0.281	0.274	4.264	38.839 **	4.916 **
	准备脚本			0.308		4.077 *
	意愿脚本			0.311		4.271 **
	能力脚本			0.287		3.944 **
国际营销	（常量）	0.227	0.219	4.363	28.997 **	4.753 **
	准备脚本			0.246		3.128 *
	意愿脚本			0.280		3.700 **
	能力脚本			0.257		3.398 **
国际财务管理	（常量）	0.214	0.206	2.986	27.022 **	4.765 **
	准备脚本			0.211		3.052 *
	意愿脚本			0.327		4.290 **
	能力脚本			0.190		2.498 *

资料来源：数据处理所得。

四　国际创业自我效能、模式与绩效之间的回归分析

（一）国际创业模式对国际创业绩效的线性回归

国际创业模式与国际创业绩效及其两个维度之间的回归分析结果如表 5—20 所示。由表 5—20 可知，在国际创业模式与国际创业绩效的回归分析中，国际创业模式对国际创业绩效的回归系数的 T 值为 11.528，大于 2，且显著性水平小于 0.01。检验回归效果的 F 统计量在 P < 0.01 水平上显著，说明总体回归效果显著。此时修正的 R^2 为 0.396，表明国际创业模式能够解释国际创业绩效 39.6% 的变异。因此，国际创业模式可以作为解释变量来解释国际创业绩效，是国际创业绩效的预测指标。回归系数为正数，说明国际创业模式对国际创业绩效有正向预测的作用。

表5—20   国际创业模式对国际创业绩效及其各维度的回归分析

变量名称	模型	R^2	Adjusted R^2	B	F	T
国际创业绩效	（常量）	0.399	0.396	27.198	132.902**	20.519**
	国际创业模式			0.632		11.528**
财务绩效	（常量）	0.306	0.302	16.835	88.136**	17.225**
	国际创业模式			0.553		9.388**
非财务绩效	（常量）	0.356	0.353	10.363	110.549**	17.847**
	国际创业模式			0.597		10.514**

资料来源：数据处理所得。

与此同时，国际创业模式对国际创业绩效的财务绩效和非财务绩效的回归系数在 P < 0.01 水平上 T 值均大于 2。检验回归效果的 F 统计量分别为 88.136 和 110.549，在 P < 0.01 水平上显著，总体回归效果显著。因此，国际创业模式可作为解释变量来解释国际创业绩效的财务绩效和非财务绩效的变异，并对其有正向预测的作用。这再次验证了假设 H8，并说明假设 H8a、H8b 成立。

（二）国际创业模式对国际创业绩效的 OLS 回归

本书将国际创业模式设为自变量，国际创业绩效设为因变量，考虑到产业类型对调查结果的影响，将产业类型设为控制变量。据此，本书设定的回归方程为：

国际创业绩效 $= \alpha_0 \times$ 国际创业模式 $+ \beta_0 \times$ 产业类型 $+ \gamma_0$

与此类似，本书依次设定财务绩效和国际创业模式的回归方程以及非财务绩效和国际创业模式的回归方程分别为：

财务绩效 $= \alpha_1 \times$ 国际创业模式 $+ \beta_1 \times$ 产业类型 $+ \gamma_1$

非财务绩效 $= \alpha_2 \times$ 国际创业模式 $+ \beta_2 \times$ 产业类型 $+ \gamma_2$

运用 Stata14 软件对国际创业模式与国际创业绩效的回归方程进行 OLS 回归分析，其中，出口型模式被设置为基准组，契约型和投资型模式被设为虚拟变量。结果如表5—21所示。由表5—21可知，在国际创业各模式对国际创业绩效的 OLS 回归分析中，在 P < 0.01 的水平上，契约型模式所对应的国际创业绩效比出口型模式所对应的国际创业绩效平均

高出 9.065，且回归系数的 T 值绝对值大于 2，回归系数达到显著性水平，这表明与出口型模式相比，契约型模式所对应的国际创业绩效更高。同理，在 P＜0.01 的水平上，投资型模式所对应的国际创业绩效比出口型模式所对应的国际创业绩效平均高出 14.54，且回归系数的 T 值绝对值大于 2，回归系数达到显著性水平，这表明与出口型模式相比，投资型模式所对应的国际创业绩效更高。进一步对比发现，以出口型模式为参照对象，投资型模式所对应的绩效高于契约型模式所对应的绩效。综上所述，将三种模式所对应的绩效按照从小到大的次序依次排列为：出口型模式＜契约型模式＜投资型模式，即出口型、契约型、投资型创业模式所对应的国际创业绩效依次递增，再次验证了假设 H9。与此类似，以财务绩效和非财务绩效为因变量，可以得出相同的结论，即出口型、契约型和投资型创业模式所对应的财务绩效和非财务绩效依次递增。

表 5—21　　　国际创业模式对国际创业绩效的 OLS 回归分析

	国际创业绩效	财务绩效	非财务绩效
契约型模式	9.065 **	5.438 **	3.635 **
	(7.52)	(6.15)	(6.82)
投资型模式	14.54 **	8.653 **	5.890 **
	(10.86)	(8.81)	(9.96)
常量	34.87 **	21.85 **	13.01 **
	(26.83)	(22.89)	(22.65)

资料来源：数据处理所得。

（三）国际创业自我效能对国际创业模式的回归分析

国际创业自我效能对国际创业模式的回归分析结果如表 5—22 所示。由表 5—22 可知，在国际创业自我效能与国际创业模式的回归分析中，国际创业自我效能对国际创业模式的回归系数的 T 值为 3.420，大于 2，且显著性水平小于 0.01。检验回归效果的 F 统计量在 P＜0.01 水平上显著，说明总体回归效果显著。此时修正的 R^2 为 0.051，表明国际创业自我效能能够解释国际创业模式 5.1% 的变异。因此国际创业自我效能可以作为解释变量来解释国际创业模式，是国际创业模式的预测指标。回归系数为正数，说明国际创业自我效能对国际创业模式有正向预测作用。这再次证明假设 H10a 成立。

表5—22　　　　国际创业自我效能与国际创业模式的回归分析

变量名称	模型	R^2	Adjusted R^2	B	F	T
国际创业模式	（常量）	0.055	0.051	0.644	11.698**	1.628
	国际创业自我效能			0.235		3.420**

资料来源：数据处理所得。

（四）国际创业自我效能对国际创业模式的 Probit 回归

本书以国际创业自我效能为自变量，国际创业模式为因变量，产业类型为控制变量，借助于 Stata14 软件，采用 Probit 模型对数据进行回归分析。Probit 模型是假设事件发生概率服从累计正态分布函数的二分类因变量模型。即在做国际创业模式的决策时假设国际创业主体面对每一种国际创业模式都面临选择与不选择的抉择，且国际创业主体对国际创业模式的选择依赖于可分辨的特征，旨在探究创业者的国际创业自我效能与所做的国际创业模式的选择概率之间的关系。Probit 回归结果如表5—23 所示。由表5—23 可知，创业者的国际创业自我效能程度的高低与国

表5—23　　　　国际创业自我效能对国际创业模式的 Probit 回归

	出口型模式	契约型模式	投资型模式
国际创业自我效能	−0.0179*	−0.0115	0.0296***
	（−1.72）	（−1.28）	（3.01）
产业类型	Yes	Yes	Yes
常量	0.634	0.871	−2.935***
	（0.75）	（1.17）	（−3.51）

注：此表中的"***""**""*"分别表示在 0.01、0.05、0.10 水平（双侧）上显著。

资料来源：数据处理所得。

际创业模式的选择紧密相关。具体来说，国际创业自我效能越高，创业者选择出口型模式的概率就越低，选择投资型模式的概率就越大。同理，国际创业自我效能越低的创业者选择出口型模式的概率就越大，而其选择投资型模式的概率就越低。这再次证明假设 H10b 成立。

（五）国际创业自我效能对国际创业绩效的回归分析

国际创业自我效能对国际创业绩效及其两个维度之间的回归分析结果如表 5—24 所示。由表 5—24 可知，在国际创业自我效能对国际创业绩效的回归分析中，国际创业自我效能对国际创业绩效的回归系数的 T 值为 5.772，大于 2，且显著性水平小于 0.01。此时修正的 R^2 为 0.138，表明国际创业自我效能能够解释国际创业绩效 13.8% 的变异。检验回归效果的 F 统计量为 33.313，P < 0.01，总体回归效果显著。同理可知，国际创业自我效能与国际创业绩效的财务绩效和非财务绩效维度的回归均在 P < 0.01 水平上显著，且修正的 R^2 分别为 0.107 和 0.120，即国际创业自我效能分别与国际创业绩效的财务绩效和非财务绩效显著正向相关。这些再次验证了假设 H11，也说明假设 H11a、H11b 均成立。

表 5—24　　　国际创业自我效能对国际创业绩效的回归分析

变量名称	模型	R^2	Adjusted R^2	B	F	T
国际创业绩效	（常量）	0.143	0.138	16.894	33.313 **	3.926 **
	国际创业自我效能			0.378		5.772 **
财务绩效	（常量）	0.111	0.107	10.536	24.988 **	3.505 **
	国际创业自我效能			0.333		4.999 **
非财务绩效	（常量）	0.124	0.120	6.359	28.423 **	3.455 **
	国际创业自我效能			0.353		5.331 **

资料来源：数据处理所得。

第四节　中介效应分析

自变量作用于因变量的中介即为中介变量，中介变量揭示自变量对因变量的作用机理。假设 X 为自变量，Y 为因变量。自变量 X 通过变量 Z 作用于因变量 Y，则变量 Z 即为中介变量。对于中介效应的检验，本书主要借鉴温兆麟等（2004）[①] 构建的验证中介效应的步骤模型。

本章的相关分析结果显示，创业者认知不仅与国际创业自我效能显著相关，同时也与创业者特质、制度环境显著相关。这表明创业者特质、制度环境、创业者认知与国际创业自我效能之间可能存在某种特定的作用关系。同理，国际创业模式不仅与国际创业绩效相关，还与国际创业自我效能显著相关。这表明国际创业模式、国际创业自我效能和国际创业绩效之间也可能存在某种特定的作用关系。为了厘清上述变量之间的作用机理，结合本书的研究假设，同时考虑到人口统计变量对国际创业自我效能的影响及行业类型对国际创业绩效的影响，本书将对以上变量之间可能存在的中介效应做进一步的检验。

一　创业者认知对创业者特质与国际创业自我效能的中介效应

本书以创业者特质为自变量，以国际创业自我效能为因变量，以创业者认知为中介变量，以性别、开始本次国际创业时的年龄等人口统计变量为控制变量，检验创业者认知是否在创业者特质、制度环境对国际创业自我效能的影响中起到中介作用。

创业者特质、创业者认知与国际创业自我效能的回归分析结果如表5—25 所示。在表 5—25 中，模型 1 是控制变量与因变量国际创业自我效能之间的回归分析。

[①]　温兆麟、张雷、侯杰泰、刘红云：《中介效应检验程序及其应用》，《心理学报》2004 年第 5 期。

表 5—25 创业者认知对创业者特质与国际创业自我效能的中介效应检验

变量类别	变量	因变量			
		模型 1：国际创业自我效能	模型 2：国际创业自我效能	模型 3：创业者认知	模型 4：国际创业自我效能
控制变量	性别	− 0.066	0.009	0.028	− 0.008
	创业时的年龄	0.130	0.059	0.223 **	− 0.075
	最高学历	− 0.111	− 0.155 **	− 0.098	− 0.096 *
	创业前工作年限	0.116	0.085	0.007	0.081
	以往创业经历	0.095	0.061	0.044	0.035
自变量	创业者特质		0.587 **	0.543 **	0.262 **
中介变量	创业者认知				0.597 **
R^2		0.096	0.418	0.407	0.629
$AdjustedR^2$		0.073	0.400	0.389	0.616
F-value		4.168 **	23.354 **	22.288 **	47.041 **

资料来源：数据处理所得。

模型 2 是控制变量、自变量创业者特质与因变量国际创业自我效能之间的回归分析。模型 2 的回归结果显示：创业者特质与国际创业自我效能之间的回归系数为 0.587，P < 0.01，即二者之间存在较强的正相关关系。这说明创业者特质对国际创业自我效能具有显著正向影响，再次验证了假设 H1。

模型 3 是控制变量、自变量创业者特质与中介变量创业者认知（此处代表因变量）之间的回归分析。模型 3 的回归结果显示：创业者特质与创业者认知之间的回归系数是 0.543，P < 0.01，即二者之间具有较强的正相关关系。这说明创业者特质对创业者认知有显著正向影响，假设 H2 再次得到实证结果的支持。

模型 4 是控制变量、自变量创业者特质、中介变量创业者认知与因变量国际创业自我效能之间的回归分析。模型 4 的回归结果显示：在回归模型中加入创业者认知变量时，创业者认知与国际创业自我效能的回归系数为 0.597，P < 0.01。同时，创业者特质与国际创业自我效能的回

归系数为 0. 262，P < 0. 01，但与模型 2 相比，系数值有所降低，这说明
创业者认知在创业者特质与国际创业自我效能之间存在部分中介效应，
研究假设 H4 得到实证结果的支持。

二 创业者认知对制度环境与国际创业自我效能的中介效应

制度环境、创业者认知与国际创业自我效能的回归分析结果如表 5—
26 所示。在表 5—26 中，模型 1 是控制变量与因变量国际创业自我效能
之间的回归分析。

表 5—26 创业者认知对制度环境与国际创业自我效能的中介效应检验

变量类别	变量	因变量			
		模型 1：国际创业自我效能	模型 2：国际创业自我效能	模型 3：创业者认知	模型 4：国际创业自我效能
控制变量	性别	− 0. 066	0. 033	0. 045	0. 003
	创业时的年龄	0. 130	0. 099	0. 262 **	− 0. 075
	最高学历	− 0. 111	− 0. 182 **	− 0. 120	− 0. 102 *
	创业前工作年限	0. 116	0. 145	0. 061	0. 104
	以往创业经历	0. 095	0. 110	0. 089	0. 051
自变量	制度环境		0. 463 **	0. 409 **	0. 191 **
中介变量	创业者认知				0. 666 **
	R^2	0. 096	0. 297	0. 287	0. 613
	AdjustedR^2	0. 073	0. 276	0. 265	0. 599
	F-value	4. 168 **	13. 746 **	13. 092 **	43. 961 **

资料来源：数据处理所得。

模型 2 是控制变量、自变量制度环境与因变量国际创业自我效能之
间的回归分析。模型 2 的回归结果显示：制度环境与国际创业自我效能
之间的回归系数为 0. 463，P < 0. 01，即二者之间存在正相关关系。这说
明制度环境对国际创业自我效能具有显著正向影响，再次验证了假设 H6。

模型 3 是控制变量、自变量制度环境与中介变量创业者认知（此处
代表因变量）之间的回归分析。模型 3 的回归结果显示：制度环境与创

业者认知之间的回归系数是 0.409，P < 0.01，即二者之间具有较强的正相关关系。这说明制度环境对创业者认知有显著正向影响，假设 H5 又一次得到实证结果的支持。

模型 4 是控制变量、自变量制度环境、中介变量创业者认知与因变量国际创业自我效能之间的回归分析。模型 4 的回归结果显示：在回归模型中加入创业者认知变量时，创业者认知与国际创业自我效能的回归系数为 0.666，P < 0.01。同时，制度环境与国际创业自我效能的回归系数为 0.191，P < 0.01，但与模型 2 相比，系数值有所降低，这说明创业者认知在制度环境与国际创业自我效能之间存在部分中介效应，研究假设 H7 得到实证结果的支持。

三　国际创业模式对国际创业自我效能与国际创业绩效的中介效应

国际创业模式对国际创业自我效能与国际创业绩效的中介效应检验结果如表 5—27 所示。在表 5—27 中，模型 1 是控制变量产业类型与因变量国际创业绩效之间的回归分析。

表 5—27　国际创业模式对国际创业自我效能与国际创业绩效的中介效应检验

变量类别	变量	因变量			
		模型 1：国际创业绩效	模型 2：国际创业绩效	模型 3：国际创业模式	模型 4：国际创业绩效
控制变量	产业类型	− 0.087	− 0.088	0.019	− 0.099
自变量	国际创业自我效能		0.380 **	0.235 **	0.245 **
中介变量	国际创业模式				0.577 **
	R^2	0.006	0.151	0.056	0.465
	AdjustedR^2	0.001	0.142	0.046	0.457
	F – value	1.231	17.641 **	5.858 **	57.3 **

资料来源：数据处理所得。

模型 2 是控制变量产业类型、自变量国际创业自我效能与因变量国际创业绩效间的回归分析。模型 2 的回归结果显示：国际创业自我效能与国际创业绩效间的回归系数为 0.38，在 0.01 的水平上显著，这说明国际创业自我效能对国际创业绩效具有显著正向影响，再次验证了研究假设 H11。

模型 3 是控制变量产业类型、自变量国际创业自我效能与中介变量国际创业模式（此处代表因变量）之间的回归分析。由模型 3 的回归结果可知：国际创业自我效能与国际创业模式之间的回归系数是 0.235，在 0.01 的水平上显著。这说明国际创业自我效能与国际创业模式显著正向相关，再次验证了研究假设 H10a。

模型 4 是控制变量产业类型、自变量国际创业自我效能、中介变量国际创业模式与因变量国际创业绩效之间的回归分析。模型 4 的回归结果显示：在回归模型中加入国际创业模式变量时，中介变量国际创业模式与国际创业绩效间的回归系数为 0.577，在 0.01 的水平上显著。与此同时，国际创业自我效能与国际创业绩效的回归系数为 0.245，在 0.01 的水平上显著。与模型 2 相比，国际创业自我效能与国际创业绩效的回归系数有所降低，这说明国际创业模式在国际创业自我效能与国际创业绩效之间存在部分中介效应。因此假设 H12 成立。

第五节　实证分析结果

国际创业自我效能是创业者对自身能够完成国际创业任务，实现国际创业目标的能力的信念。本章在现有文献的基础上结合中国企业的具体情况开发了国际创业自我效能量表，并对国际创业自我效能量表进行了探索性因子检验，发现国际财务管理、国际营销、风险承担、适应性、创新和警觉 6 个维度可以有效测度中国创业者的国际创业自我效能。此外，本书结合企业的内外部条件，将国际创业模式划分为出口型、契约型和投资型 3 种类型。通过本章的实证分析，可以将本书的研究假设验证情况汇总如表 5—28 所示。

表 5—28　　　　　　　　　　　研究结论汇总表

假设	假设内容	验证结果
H1	创业者特质与国际创业自我效能显著正相关	支持
H1a	创业者的外倾性与国际创业自我效能显著正相关	支持
H1b	创业者的成就需要与国际创业自我效能显著正相关	支持
H1c	创业者的冒险倾向与国际创业自我效能显著正相关	支持
H1d	创业者的情绪稳定性与国际创业自我效能显著正相关	支持
H2	创业者认知与创业者特质显著正相关	支持
H3	创业者认知与国际创业自我效能显著正相关	支持
H4	创业者认知在创业者特质与国际创业自我效能之间起中介作用	部分中介
H5	制度环境与创业者认知显著正相关	支持
H6	制度环境与国际创业自我效能显著正相关	支持
H7	创业者认知在制度环境与国际创业自我效能之间起中介作用	部分中介
H8	国际创业模式与国际创业绩效显著正相关	支持
H8a	国际创业模式与国际创业财务绩效显著正向相关	支持
H8b	国际创业模式与国际创业非财务绩效显著正向相关	支持
H9	出口型、契约型、投资型创业模式所对应的国际创业绩效依次递增	支持
H10a	国际创业自我效能与国际创业模式显著正相关	支持
H10b	创业者国际创业自我效能越高，其选择投资型模式的可能性越大；创业者国际创业自我效能越低，其选择出口型模式的可能性越大	支持
H11	国际创业自我效能与国际创业绩效显著正相关	支持
H11a	国际创业自我效能与国际创业财务绩效显著正向相关	支持
H11b	国际创业自我效能与国际创业非财务绩效显著正向相关	支持
H12	国际创业模式在国际创业自我效能和国际创业绩效之间起中介作用	部分中介

资料来源：根据数据分析结果整理所得。

　　从表 5—28 可知，实证研究证明了所有研究假设。因此，可将本章的实证结果总结如下：

　　第一，创业者特质、制度环境与国际创业自我效能具有显著正相关关系；

　　第二，创业者特质、制度环境与创业者认知具有显著正相关关系；

第三，创业者认知对创业者特质和制度环境与国际创业自我效能起部分中介作用；

第四，国际创业模式与国际创业绩效及其两个维度均显著正向相关；

第五，不同的国际创业模式所对应的国际创业绩效不同，各国际创业模式所对应的绩效按照从大到小的排序依次为：投资型模式＞契约型模式＞出口型模式；

第六，国际创业自我效能与国际创业模式呈显著正相关关系，且国际创业自我效能的高低对国际创业模式的选择有显著影响，即：国际创业自我效能高的创业者更倾向于选择投资型模式开展国际业务，而国际创业自我效能低的创业者更倾向于选择出口型模式开展国际业务；

第七，国际创业自我效能与国际创业绩效及其两个维度呈显著正相关关系；

第八，国际创业模式对国际创业自我效能与国际创业绩效起部分中介作用。

下面对本章的实证结果做更详细的说明。

一 人口统计变量对国际创业自我效能的影响

根据本章的分析结果，性别、开始国际创业时的年龄、创业前工作年限和以往创业经历对国际创业自我效能都有显著影响。

男性的国际创业自我效能高于女性，主要表现在警觉和创新维度。按照人们的历史经验，男性由于从原始社会以来就承担着打猎、保护家族与种群不受伤害等责任，从而形成了相对于女性来说更加关注外界环境的变化，能够及时发现机会与威胁，以及形成爱冒险、愿意冒险的性格，这可能是男性的国际创业自我效能高于女性的原因之一。

开始国际创业时的年龄对国际创业自我效能及其警觉和适应性维度有显著影响，最高学历与国际创业自我效能的警觉性维度显著相关。根据 Scheffe 检验结果可以看出，最高学历在研究生及以上的创业者，其警觉性显著高于学历为高中或中专的创业者。这可能是由于高学历的创业者往往意味着更多的知识储备与更广的文化积累，相对于低学历的创业者对外部环境的变化更敏感，善于捕捉与发现不易被人发现的潜在机会与威胁。

创业前工作年限对国际创业自我效能有显著影响。根据单因素方差分析的 Scheffe 检验结果，创业前拥有 10 年及以上工作经验的创业者比只有 3 年及以下工作经验的创业者在国际创业自我效能和创新维度上得分更高、表现更好。一般来说，拥有多年工作经验的个体在过往的工作实践中，对国际创业所涉及的各项活动有更多的了解，对所涉及的业务领域更熟悉，并且拥有更广阔的人脉，因此对于国际创业的信心更加充足。

以往创业经历对国际创业自我效能也有显著影响，这可能是因为曾经从事过创业活动的个体不论成功与否，都积攒了一些宝贵经验，面对国际创业中可能遇到的种种困难与挑战，他们更有可能从过去的实战经验中获得正确处理事务的启示，更加能够保持镇定从容的心态，从经验与沉淀中获得战胜困难的启示。因此，拥有多次创业经历者对国际创业的成功更有信心。

二 创业者特质与制度环境的作用

本章研究发现，创业者特质与国际创业自我效能及其 6 个维度均有显著正相关关系。这里所说的创业者特质，主要是指成就需要、冒险倾向、情绪稳定性和外倾性。也就是说，具有更高成就需要、冒险倾向、情绪稳定性和外倾性的个体，其国际创业自我效能更高。

国际创业是一种自主的职业选择，对创业者自身的素质要求较高，在从事这一活动时，创业者能够获得更高的成就感。因此，具有高成就需要的个体选择能够充分考验并展示其才能，实现其成就欲望的职业，并出于对自身较高的期许和对成功的强烈渴望，能够更好地扮演创业者的角色。对待国际创业这一艰巨挑战，他们也更有可能为了实现既定的目标而努力拼搏，创造各种有利条件，克服各种困难与风险，从而对自身创业能力有更大的自信。与此同时，具有高冒险倾向的个体，在面对国际创业过程中的种种不确定性风险，更有可能保持冷静的头脑，并且他们对于风险的高承受力可以使其能够承受一定的打击或损失，从而用最小的代价换取更大的成功。有信心承担风险并在风险中看到机会，这可能是高冒险倾向的个体具有更高国际创业自我效能的原因。本书的实证研究结果也表明，外倾性、情绪稳定性与国际创业自我效能呈正相关。对于国际创业这一特定活动，外向、情绪稳定的个人特质有助于创业者处变不惊，以开阔的心态和理性的思维正视问题，避免情绪化决策带来的不利影响。外向性的特质也有助于创业者取得外界的支持和理解，从而更有利于创业活动的成功。

本章的实证分析表明，制度环境与国际创业自我效能及其 6 个维度均有显著正相关关系。这里所说的制度环境，主要包括管制环境、规范环境和认知环境 3 个方面。从本书的实证分析可以看出，管制环境与国际创业自我效能在 0.01 置信水平上显著正相关。由于政府对于各行业的政策各不相同，管制环境将影响创业者对于产业的选择。如果创业者认为没有适合进行国际创业的行业，则其国际创业自我效能将很低。规范环境涉及创业者所在地区的人们对国际创业行为的评价，这将直接决定创业者的社会地位，从而影响创业者做出是否进行国际创业的决策。在社会大众普遍认可国际创业行为的地方，创业者的国际创业自我效能较高。认知环境可以衡量创业者对如何进行国际创业的知晓程度。因此，认知环境越完善，表明创业者就越清楚该如何通过各种渠道或方式进行创业，其对创业成功的信心越强，即国际创业自我效能越高。

三 创业者认知的作用

本章研究发现，创业者特质、制度环境与创业者认知之间存在显著正相关关系，并且创业者特质和制度环境对创业者认知具有正向预测作用。这意味着创业者特质和制度环境能够影响创业者对机会、对新企业创立与成长的判断，从而间接影响创业者对于自身创业能力的信心。同时，由于创业者所处的制度环境会影响人们对于国际创业的感知和看法，以及人们在处理创业过程中遇到的问题的方法。因此，作为社会人的创业者，自然也会受到制度环境的影响，从而对自身创业能力做出相应的判断。

本章的分析显示，创业者认知是国际创业自我效能的正向预测指标。自我效能本身就是认知领域的一个概念，认知是个体赋予自身感觉与印象的有意义的解释过程。创业者的准备脚本使创业者具备了进行国际创业所需的人、财、物，而意愿脚本和能力脚本又使创业者具备了进行国际创业所需的思维与判断力，三者的组合无疑有助于创业者在国际创业过程中正确看待与解决问题，从而提升创业者的国际创业自我效能。

本章还发现，在控制性别、开始此次国际创业时的年龄、创业前工作年限等人口统计变量的情况下，创业者认知在创业者特质、制度环境与国际创业自我效能的关系中起到部分中介作用。也就是说，创业者特质、制度环境既能直接影响国际创业自我效能，同时也能通过创业者认知对国际创业自我效能产生影响。创业者特质与外部环境的变化除了直接作用于国际创业自我效能，对其产生显著影响，更会通过创业者自我肯定或否定的认知过程，对国际创业自我效能产生间接影响。总的来说，不论是创业者特质还是创业环境因素，都可以通过创业者认知的传导对国际创业自我效能产生影响。

四　国际创业自我效能、模式与绩效的关系

本章通过有关国际创业自我效能与国际创业模式的相关分析与回归分析发现，国际创业自我效能与国际创业模式的相关性显著，且国际创业自我效能对国际创业模式有正向预测的作用。对国际创业自我效能与国际创业模式进行的 Probit 回归表明，国际创业自我效能会影响创业者对国际创业模式的选择。不同程度的国际创业自我效能对应不同的国际创业模式，即国际创业自我效能越高的创业者，其选择投资型模式的概率越大；反之，其选择出口型模式的概率越大。

本章的相关分析表明，国际创业模式与国际创业绩效及其两个子维度财务绩效和非财务绩效均在 0.01 的显著性水平上高度相关，这与部分学者的研究结论一致，即国际创业模式与国际创业绩效显著正向相关。这充分说明，国际创业模式可以很好地预测国际创业绩效及其 2 个子维度。

由于不同的国际创业模式代表着不同的控制力和风险，其所对应的国际创业绩效往往也不同。相对于出口型模式和契约型模式，投资型模式下国际创业组织所拥有的控制力较高，对国际市场上的资源认同较高，且在国际市场上经营的风险更大，因此投资型模式为组织带来的收益相

对较高。这些研究的观点与本书的研究结果相似，即出口型、契约型、投资型创业模式所对应的国际创业绩效依次递增，各模式所对应的国际创业绩效按照从大到小的顺序排列依次为：投资型模式 > 契约型模式 > 出口型模式。

国外很多学者在探讨创业自我效能与创业意向的关系时发现，创业效能高的人选择创业的概率更大。在已经开展国际创业活动之后，创业者的决策与国际新创企业的经营管理紧密相关，进而影响其国际创业绩效。本章对国际创业自我效能与国际创业绩效进行的相关分析与回归分析发现，国际创业自我效能与国际创业绩效显著正向相关，国际创业自我效能与国际创业绩效的财务绩效和非财务绩效维度也显著正向相关。

国际创业模式的选择是创业者识别商机并为了更好地把握商机而对组织资源进行控制和冒险的程度。由本章的中介效应分析可知，在以产业类型作为控制变量时，在 P < 0.01 的水平上，国际创业模式对国际创业自我效能和国际创业绩效起到部分中介作用。也就是说，国际创业自我效能不仅可以直接影响国际创业绩效，还能通过国际创业模式作用于国际创业绩效，该结论扩展了对国际创业模式的认识。

第 六 章

基于"互联网＋"的中国
企业国际创业平台

在目前互联网快速发展的背景下，基于"互联网＋"的中国企业国际创业平台主要有三大类：网络投融资创业平台、虚拟孵化平台和网络交易平台。国际创业平台尤其是虚拟孵化平台和网络交易平台为很多创新型中小企业创造了国际化经营的机会，为社会提供了大量就业岗位。这些企业作为中小企业走出国门的领头羊，可以带领更多同类型企业发现潜在的海外利基市场，提升中国企业的整体实力和国际竞争力。

第一节　网络投融资创业平台

网络投融资创业平台是指通过互联网技术搭建的进行投融资服务的平台，其主要功能是充当网络投融资的媒介，以较低的成本，满足不易获得创业初始资金的企业特别是中小微型企业的资金需求。网络投融资平台涉及的客户覆盖面广，投融资效率高，操作简便，可以通过市场力量实现最优的资金配置。目前主流的网络投融资平台主要有三种：P2P信贷、众筹和电商小贷。

一　P2P信贷平台

P2P信贷平台是指在特定的网络环境中，为资金供需双方建立直接信贷关系的平台。互联网在平台中建立一套具体的规则，平台就融资金额、还款期限、风险收益、利率等方面对资金供求方进行匹配，成功匹配的交易双方会在平台的监督下签署具有法律效力的电子合同。P2P 信贷平台主要有三种典型的运营模式，一是无担保模式，在这种模式下，若出现违约的情况，平台不负责支付贷款人事先提供的本金；二是担保模式，这种模式的优势在于平台会与保险公司签署合作协议，并保证如果借款人到期未支付本息，平台会补偿贷款人的本金；第三种是债权化模式，平台只提供资金供求的基本信息，交易双方通过线下与平台合作的实体金融机构办理具体的手续。

二　众筹融资平台

众筹融资平台的典型代表是 2009 年在美国创立的 Kickstarter，它是目前全球规模最大、最知名的众筹融资平台，它通过互联网为项目发起人募集项目资金，支持有潜力的创业者发起具有创新性的项目，主要以电子产品和文娱项目居多，如电影、小说、科技产品、游戏等。项目上线后，公众可以向自认为有价值的项目提供资金支持，项目发起人（筹资者）通过实物（如项目成品）、服务和媒体等不涉及金钱的内容回馈投资者，平台不允许筹资者以资金形式回报投资者。

2011 年，众筹融资平台被引入中国，它采用社交网络的互动形式，向投资者公开创意项目的详细信息，筹资成功的项目还可以用实物回报投资者。这种模式利用互联网的传播优势，充分体现了网络投融资平台的价值内涵。其优点包括：第一，融资成本低。对于一个拥有创意项目和产品构想的创业者来说，想让项目成为产品，刚开始肯定会面临融资难的挑战。在众筹融资平台上，筹资者先提交项目方案，待平台审核通过上线后，向公众宣传推广自己的项目以获得资金支持，融资成功后，发起人承诺以项目相关产品、感谢物资等方式作为回报。若项目能获得大多数人的青睐，便能以较低成本甚至零成本获得项目的初始资金。第二，准入门槛低。众筹平台对筹资者的资质和信用要求不高，发起人申请项目的流程和手续也比较简单。美国知名众筹融资平台 Kickstarter 的平均投资金额不足 100 美元，英国股权众筹融资平台 Crowdcube 的人均投资额通常在 2000 到 5000 英镑之间。众筹融资平台参与门槛低，投资者只用花费不多的资金便能为自己喜欢的项目提供支持，可以将社会公众的闲散资金聚集到一起，为有潜力的项目创造价值。第三，提前调研市场需求。发起人通过项目和产品的展示与公众进行互动，可以提前掌握真实的市场需求信息，对潜在的市场规模进行预估。与传统的市场调研方式相比，这种提前试水潜在市场的方式的结果更加可靠、成本更加低廉。

然而，众筹融资平台也有明显的缺点。一是融资规模较小。众筹平台在中国属于新生事物，很多人根本不熟悉众筹的融资方式，大多数人还是会去购买看得见、摸得着的产品，面对概念和文化产品，由于信任感的缺失，不会轻易投资。二是项目种类单一。众筹平台主要支持的项目有平面设计类、影视娱乐类、网络游戏类、摄影摄像类、文字创意类等，几乎没有非营利性的项目，对于新项目而言，过于重视盈利，不利于初期的发展。三是产品同质化。中国公众多数都缺乏对知识产权的保护意识，概念产品的一个想法若被传播到网络中，便会引发大量的模仿现象，真正用心去做创新创意产品的人非常少。另外，很多平台不断降低项目或产品的准入门槛，对其进行过度的包装与宣传推广，以吸引投资者的眼球，这也导致了创新产品越来越少。

三　电商小贷平台

电子商务平台拥有大量、真实、详细的企业交易信息，利用这种便利，搭建网络投融资平台，为平台上的小微企业提供低成本、高效的贷款服务。平台可以对接受贷款的企业的交易信息进行动态、实时监控，收集企业在经营状况、信用情况等方面的详细数据，能够有效防范违约风险。此外，这种平台可以通过与之合作的第三方支付平台进行转账汇款，操作简便，到账速度快，非常受中小型电子商务企业的欢迎。

与传统线下平台相比，电子商务企业的网络融资平台在资金配置效率、融资渠道、交易成本、数据信息、系统技术等方面具有优势。电商小贷这种模式发展迅速，其流程包括五步：贷款人向平台提出贷款申请；平台对申请人提供的信息和数据进行审核；平台通过远程视频与申请人进行沟通并确认身份；基于申请人的数据对其进行资信评估；向通过审核的申请人发放网络贷款。

电商小贷平台的风险控制主要分为事前、事中和事后三个阶段。事前根据贷款人在电商平台的经营数据与第三方认证数据，对贷款人的经营状况进行全面评估，确定其偿还债务的能力；事中主要通过自有的数据分析平台对贷款人的过往交易记录和现金流进行实时监控，为风险防范提供有力的数据支持；事后平台会利用网络对贷款人的经营情况和可能出现的异常行为进行监控，若发现有影响正常还款的情况，会提出警告和提示，建立事后监控、线上店铺下线暂停运营的风险控制机制。

四　发展现状

（一）规模快速增长

2008 年以来，中国的在线银行、P2P 信贷、第三方支付等网络投融资平台的交易规模实现了快速增长。截至 2016 年，互联网金融平台已超过 8000 家，互联网金融的活跃用户超过 6 亿人，互联网金融消费交易规模达 720.7 亿元，第三方支付的交易额超过 23 万亿元。[1] 第一网贷发布的《2017 年全国 P2P 网贷行业快报》显示，2017 年，全国 P2P 网贷行业成交额 3.89 万亿元，比 2016 年增长 38.87%；平均综合年利率 8.57%，比 2016 年降低 0.49 个百分点；平均期限 8.19 个月，比 2016 年延长 26.39%；日均参与人数 68.21 万人，比 2016 年增加 48.73%；贷款余额 1.72 万亿元，比上年增长 42.83%。[2] 截至 2018 年 1 月底，P2P 信贷平台正常运营数量为 1906 家，P2P 网贷行业历史累计成交量达到了 64421.4 亿元。

（二）行业竞争加剧

在互联网技术爆发和"互联网＋"战略提出之前，进入传统金融行业的成本和门槛较高，率先搭建网络投融资平台具有一定垄断优势。如今，互联网大行其道，只要精通网络技术，具备进入这一行业的基本软硬件条件，就能够打破垄断，形成多方竞争的格局。网络投融资平台一

---

[1]　《2016 年中国互联网金融行业发展现状及发展趋势分析》（http：//www.chyxx.com/industry/201611/472407.html）。

[2]　《去年网贷成交额 3.89 万亿，"快偏乱"三大顽疾被有效遏制》（http：//finance.ce.cn/rolling/201801/02/t20180102_27512477.shtml）。

方面要应付同行业竞争者产品和模式的革新，另一方面还面临着非金融行业竞争者的入侵。计算机技术的快速普及与发展，优化了社会的组织形态和运作模式，改变了企业的商业模式和个人的生活、消费习惯，甚至到了颠覆的程度。新生事物都是建立在社会需求之上的，未来的网络投融资平台会在产品类型、运作模式、组织形态等方面不断实现创新，以应对竞争态势，寻求更多的市场机会，行业的内外部竞争程度会逐渐加强。

（三）模式不断创新

2013 年以来，随着人们对互联网技术向金融领域渗透过程中体现出的低成本与高效率等优势的认识的深入，中国互联网投融资平台的模式也在不断地创新与丰富。目前，中国网络投融资平台主要有 6 种模式：P2P 信贷、大数据金融、众筹、第三方金融平台、第三方支付平台和传统金融业务的网络化。银行开展的网络借贷业务已经由传统的"线下申请与审批、线上发放"，通过"银行 + 电子商务平台"，创新发展出了"银行自建电子商务平台"。第三方支付平台也由独立运作发展到了平台与基金、保险、担保等机构合作的新型模式。P2P 借贷则由仅提供信息的中介服务平台创新地发展到与担保机构合作、线上与线下相结合以及债券转让等模式内容。

五 典型案例

点名时间成立于 2011 年，是中国首家众筹融资平台，其服务对象所涉及的领域主要包括设计类、影视娱乐类、电子科技类、音乐类、动漫动画、摄影作品等。点名时间的运作模式如图 6—1 所示。由图 6—1 可知，项目发起人通过实名在平台上注册成为会员，并提交个人基本资料和项目的详细信息到平台上，项目信息中应该包含预期筹集金额（>1000 元）、筹资期限（15 天—60 天）、为投资者提供的回报等内容；平台的工作人员会对发起人提交的个人资料和项目信息进行审核；若审核未通过，项目无法发布在平台上；若项目通过了审核，则筹资者可以将项目的详细信息发布在平台上。需要注意的是，该项目如果在筹资期限内获得了超过预设金额的资金，则该项目筹资成功，平台从中收取

10% 的手续费，但从 2013 年 7 月开始，平台不再收取手续费。点名时间的运作模式主要采取奖励制和预先购买模式，筹资者一般以实物或其他非资金方式作为回报，平台没有相关部门的监管。

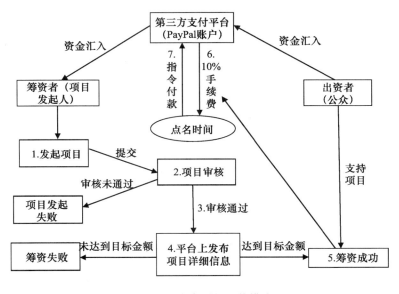

图 6—1　点名时间运作模式

资料来源：作者自行绘制。

　　国内除了个别规模较大的网络投融资平台设有严格的出资者审核标准以外，大多数平台没有对参与者设立明确的准入门槛。有的平台主要通过职业类型、过往投资案例和业绩来筛选出资者，而对其财务水平与出资金额都没有具体限制，甚至有一些平台对所有出资者开放，没有任何约束条件。例如，点名时间平台没有具体的审核流程和具体要求，对出资者与筹资者的背景、过往投资经验、财务能力等没有加以限制，只要年满 18 周岁并拥有 PayPal 账户，即可在平台进行投融资活动。另外，平台只是规定达到预设金额才算筹资成功，要求"筹资总金额合理，达成率高"，并没有对项目需要的资金数额进行专业性的评估。目前，没有任何法律专门对这种问题进行监管。

　　中国的金融行业发展时间较短，与之相关的网络投融资平台的金融监管很不成熟，再加上与传统金融行业在业务范围、操作流程、运行机制等方面有很多不同的地方，网络融资业务是否需要符合相关规定，以及实际操作过程中如何进行金融监管还尚未明确。在项目资金安全方面，点名时间主要依靠项目发起人的信用度（知名度）来确定项目是否能够通过审核。若筹资者发起了虚假项目，或者筹资者取得资金后变更资金用途甚至擅自挪用资金而导致项目无法按期完成，就会直接导致投资者的利益损失，众筹平台的信用风险也会增加。在项目进程方面，中国缺乏具体的法律条文规定，项目发起人在一定时间内要向投资人公布筹资进程和项目发展状况。尽管有些项目公开了后续发展情况，但是缺乏有关监管部门的管理或专业机构的证明，这会使投资人难以信任项目以及平台。2016 年 10 月，中国人民银行等部门印发《通过互联网开展资产管理及跨界从事金融业务风险专项整治工作实施方案》，开始对通过互联网开展资产管理业务整治工作提出明确要求，要坚持持牌经营金融业务，要实现监管全覆盖，避免发生金融欺诈及系统性金融风险。根据工作部署，2018 年 6 月底前，P2P 网贷平台必须完成整改验收、备案登记工作。

众筹融资平台上的大多数项目都没有专利权，无法受到知识产权相关法律的保护。当筹资者在平台上对项目的各种细节进行详细描述时，其实在无形中将自己的创意公之于众了，可能会有不法分子或另有所图的人借用筹资者的创意或想法为自己牟利。而如果仅仅对创意或者项目进行非常简单的描述和展示，则有可能筹集不到项目所需的资金，无法完成融资任务。如此一来，发起人的智力成果得不到法律保障，任务也无法完成，平台设立的初衷也就失效了。点名时间和部分国内众筹平台往往只在平台上展示创业项目的一部分信息，甚至有一些项目的名称残缺不整，对项目的描述也是寥寥几句，这样虽然保护了筹资者的创意项目，但是公众难以了解创意项目的详细信息，不利于支持者做出合理的投资选择，对双方都会造成不利影响。

第二节　虚拟孵化平台

近年来，国内外涌现出了许多新型孵化组织，其中基于互联网的孵化平台被称为虚拟孵化平台，它是指通过现代信息交流手段、以互联网为技术平台的一种孵化形式，主要为企业提供孵化管理、信息收集、项目管理、专业咨询、技术援助、人才培训、合作交流等方面的服务。"互联网＋"的提出，为虚拟孵化平台的发展带来了全新的机遇。

一　参与主体

在"互联网＋"的背景下，虚拟孵化平台以创业企业为服务中心，由投融资机构、政府组织、高校与科研院所、其他中介组织以及相关产业作为创业辅助组织共同组成。虚拟孵化平台的主体如表6—1所示。在共同搭建的遍布全球的互联网资源库中，中国企业可以利用国外虚拟孵化平台的各类资源，国外企业同样可以使用中国虚拟孵化平台的资源。通过云存储、大数据分析等技术，基于互联网的孵化平台把以前基于物理空间存在的资本、技术、政策、信息等服务移植到虚拟网络中，提高了孵化服务的质量和效率，实现了新创企业、科研部门、政府部门与其他中介组织的多方共赢。

表6—1　　　　　　　　　　虚拟孵化平台的参与主体

参与主体	具体类型
新创企业	入驻企业（一般为科技型中小企业）
依托产业	为企业提供资金与市场的产业和行业
大学科研院所	大学、研究所、科研中心
相关政府部门	制定孵化政策的政府组织
投融资机构及其他中介组织	风险投融资机构、会计与法律事务所等

资料来源：作者根据相关资料整理。

二　运作模式

在"互联网＋"的背景下，以新创企业为服务对象的上述参与主体共同构成了一个系统，这个系统既可以保证各参与主体之间的协同发展，又可以满足企业基于云存储技术的创业活动和"一站式"孵化的需求，其运作模式如图6—2所示。由图6—2可知，虚拟孵化平台将相关产业资源、大学和科研机构的成果、有关政府部门、社会团体、中介组织等资源通过网络联系在一起,实现了资源的有效整合。信息技术与网络的发展提高了新技术的应用频率,所有的资源都被置于国际化的网络中,平台能够不以实体空间和物理设施为载体,各方主体拥有的资源可以被建立在虚拟网络空间之中,即使各主体之间的物理距离较远,参与者还是可以通过平台构建的网络来使用共享资源。平台高效整合了系统内外部各种有形和无形的资源,提高了企业的创业效率和存活率。

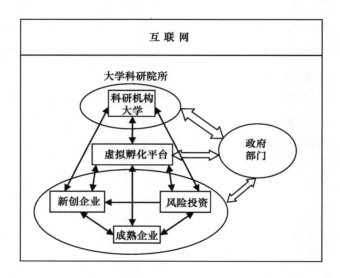

图6—2　虚拟孵化平台运作模式

资料来源:作者自行绘制。

三　发展现状

与实体孵化器相比,中国的虚拟孵化器发展速度相对较慢。目前中国已有部分省市建成了区域性的虚拟孵化平台,如深圳的奕投孵化器、河南省政府与产学研机构合作构建的孵化网络等。此外,很多发达地区出现了一些有别于传统形式的孵化组织,如基于传媒企业网络建立的孵化形式有"创业邦"和"创业家"。它们是以信息交流媒介、媒体或杂志企业的网络或者通信设备为依托载体,甚至通过跨行业网络建立起来的,不再依赖实体空间而存在。这些新型孵化组织与虚拟孵化平台有很多相似之处却又不完全相同，但是它们的本质和建立初衷基本相同。在"互联网＋"的大背景下，实体孵化平台正逐渐向虚拟孵化平台转化、发展。中国虚拟孵化平台的发展主要有以下特征：

（一）盈利难

中国的虚拟孵化平台大多处于亏损状态，作为民营虚拟孵化器典型代表的 3W 咖啡和车库咖啡，一直处于现金净流出的状态，亏损的部分主要由股东资助与政府补贴填补（平均每年 10 万元左右）。虽然虚拟孵化平台不同于投资型的孵化平台，但是初期如果没有现金流，也难以维持正常运营。这类孵化平台可以通过收取手续费、出售虚拟商品、发布广告等方式获取一定的收入。相关调查显示，不考虑前期的投入成本，虚拟孵化平台基本处于现金净流出或者基本平衡的状态。

（二）数量少

综合数据显示，中国科技企业孵化器自 1987 年创办以来，快速发展，尤其在 2005 年以后呈加速发展趋势，孵化器数量由 2005 年的 500 多家增至 2015 年的 2000 多家。预计到 2020 年，中国的孵化器将接近 5000 家。尽管如此，中国虚拟孵化平台的数量可以用"微乎其微"来形容。非常具有创新能力的虚拟孵化器仅有 100 家左右，入驻虚拟孵化器的创业企业只有 1000 多家[①]。能够从这些新型创业平台成功孵化并持续发展的企业数量更是少之又少，具有一定知名度的企业包括：从 3W 咖啡毕业的似颜会；微软云加速器培育的糖护士和梯子网；联想之星孵化的乐逗和豆果等。

（三）需求小众化

自 2000 年以来，很多孵化组织一边进行企业孵化模拟活动，一边联合一切可用到的资源构建区域孵化网络，使用更加创新的方式对企业进行孵化，引入社会非营利组织和政府部门，将政府资源与民间资源聚集到平台中，帮助新创企业及时、有效地接收到最新的商业资讯，提高企业创业的成功率。传统孵化平台可以满足初创企业大众化与多样化的需求，因为平台仅需提供两成的核心功能，便能使八成创业者维持企业的

---

① 艾媒咨询：《2016 年中国孵化器市场发展概况》（http://www.iimedia.cn/41550.html）。

基本运营。新经济形势下，初创企业的需求呈现小众化、碎片化、散点式分布的特征，企业规模与所属行业类型不同，其孵化需求也会存在差异，具有个性化与多样化的特点。核心孵化功能的大众化与创业需求的小众化之间存在一定程度的矛盾，虚拟孵化平台需要开发更先进、更便于操作的应用技术，构建能够有效对接全球化资源的网络。然而，目前中国这些应用技术的开发还处在摸索阶段，解决这类矛盾仍需时日。

（四）平台类型多样化

目前，中国很多城市的地方政府同当地的社会团体合作，共同为新创企业构建了适用于特定类型企业的虚拟孵化平台，如科研技术合作中心、专利成果鉴定与转化中心、中小企业信息交换平台等。这些平台种类丰富，建立宗旨是满足不同类型企业的多样化需求，但是实际运营效果并不理想，需要突破学科和相关产业之间的障碍，促进区域间的创新资源自由流动，在中介组织、科研机构、政府部门与企业之间建立统一的资源整合接口，以促进各方资源更自由地在系统内流动。

四 典型案例

作为中国首个云创业加速器，微软云加速器虚拟孵化平台成立于2012 年，宗旨是深入到中国的创业生态链中，鼓励更多互联网行业的创业者使用微软云计算平台进行技术研发与创新活动，同时为中小企业提供全方位的创业支持服务，以帮助有潜力的创业者实现梦想。该加速器是微软 Biz Spark 新创企业扶植计划的一个拓展，每一家入驻的初创公司都将免费使用该计划所提供的微软公司的软件以及 Windows Azure 云服务。新创企业申请之后，经过层层选拔和测试进入微软云加速器，使用免费的办公空间，接受行业与技术专家组成的导师团队的指导与培训，同时可以获得多方面融资机会对接和多种创业资源。

中国虚拟孵化平台的安全隐患主要是核心能力的泄露风险，其原因在于虚拟孵化平台的设立初衷是实现知识、技术、信息等资源的共享，以帮助初创企业解决初期的资金、设施、创业资源等方面的难题。在资源流动、共享的过程中，各参与主体互相都有机会接触到对方的核心能力，如技术专利、管理方式、投资诀窍等。当项目或企业服务的任务完成后，各主体可能会转向其他的虚拟网络孵化平台，这可能会造成核心资源的泄露与传播。

虽然微软云加速器在安全性方面做出了很多举措，但是在初始运营阶段，还是出现了一些安全隐患：第一，通过云计算和云存储建立起来的虚拟空间，伴随着业务模式和技术方面的创新和改良，随着创业企业的进驻，各方资源在平台内自由流动，信息数量庞大，其在交换的过程中不断变化，增加了信息安全风险；第二，随着云计算领域业务量的增加，对在线服务交付的攻击也层出不穷，技术的创新也会使黑客攻击的形式更多样化，平台内部共享的各主体基本信息和一些机密文件都是非常有价值的，是很多企业非常想获得又无法通过自己的能力获取的，因此存在他人通过网络攻击来盗用平台内部关键数据的风险；第三，法律、管理、所处行业的不同，可能会产生系统不兼容的问题，因为每个国家都有自己的法律法规，都要对在线环境的交付和使用进行控制，因此平台会面临复杂的兼容性挑战。

虚拟孵化平台的经济行为具有市场性和知识密集性的特点，国内相关法律法规的制定和实施存在一定的滞后性，在实践的过程中，缺乏具体的法律条文作为参考，在实际操作过程中可能会存在违法的风险。目前，中央及地方政府发布了一部分支持传统孵化平台的优惠和补贴措施，但是多数优惠政策如税收减免、房租补贴、风险补偿、资金支持等都是针对特定类型的孵化器平台。例如，只有具有国家级别的孵化平台才可以享受房产税、国家土地使用税和日常营业税等方面的优惠政策。多数政策主要还是针对实体孵化平台的，虚拟孵化平台相关的政策还不是很明朗，没有针对各参与主体建立详细的规章制度，政府也没有通过法律手段对平台进行管理，政策和法律环境还有待完善。微软云加速器在中国成功落地，克服了以下挑战。中国网络环境复杂，不同省份的人口分布、用户习惯和政策法规不同，建立具有统一标准的端口和设施难度较大；收集和分析用户数据需要得到明确的政策法规的支持，而目前国内还没有完善的法律体系保证平台的顺利构建和运营。此外，与欧美国家的政府不同，中国政府通常将孵化平台作为政府部门的延伸机构，直接参与平台的管理与运营，这在一定程度上阻碍了其向市场化的方向发展。

虚拟孵化平台中的各参与主体通过提供不同类型的资源而被聚集到一起,尤其是在互联网的作用下,合作主体可能来自于不同国家或地区。一方面,不同的企业文化、社会背景、管理方式会给合作方带来沟通上的障碍;另一方面,企业不仅会有核心能力(如技术、生产工艺)泄露的风险,而且也会质疑合作方提供的资源的真实性。因此,与传统孵化平台相比,虚拟孵化网络中的信任基础较难形成,从而影响孵化结果。微软云加速器成立时间不长,其孵化网络的发展不太成熟,平台的投融资能力与构建校友网络的能力较弱,不能满足创业企业的迫切需要。很多平台的服务模式和内容不够丰富,目前只能提供一些最基本的服务,如项目或产品申报、代理服务、产品的宣传与推广等。内部的运营和管理人员虽然有很多海归人士,但是并未受过专业培训,在虚拟孵化平台的管理方面经验较少,从业时间较短。据调查部分在孵企业反映,平台为企业安排的创业导师授课的内容与实际经验结合的不紧密,多数企业更倾向于有丰富创业经验和做过风险投资的导师来为他们讲课。总体来看,平台为企业配备的咨询服务缺乏更强的专业性与指导性,各参与主体之间很难建立强有力的信任感。

第三节　网络交易平台

网络交易平台主要包括跨境电子商务平台与地方性交易服务平台。跨境电子商务平台如阿里巴巴的天猫商城,可以帮助企业,尤其是中小企业以更高效、更低成本的方式将商品卖给国外的消费者,是一种特殊的国际贸易方式,也是一种利用互联网平台进行国际创业的行为。跨境电子商务平台可以帮助企业节省交易成本、扩大海外销售额,从而进行后续的海外扩张,使企业在海外市场创业成为可能。同理,由地方政府与企业、社会团体合作建立的在线信息和交易服务平台能够为企业国际创业提供创业服务和支持,因此也被纳入网络交易平台的范畴。

一　跨境电子商务平台

随着使用网络的人数越来越多,通过网络交易平台进行国际贸易的创业者规模也在逐渐扩大,跨境电子商务平台属于这类创业平台的典型代表。平台上处于不同关境的交易双方通过订单达成交易，使用第三方支付平台进行支付结算，最后通过跨境物流将商品送至买方手中。近年来，中国跨境电商行业发展迅速，交易模式和平台类型也不断丰富，不仅有企业自营和自建的平台，还有很多大型跨境网络交易平台，很多中小企业通过这些平台向海外消费者出口中国本土的产品，从而进行国际创业。中国的跨境电子商务平台主要分为通关服务平台、公共服务平台和综合服务平台三大类，它们在功能、服务对象、典型代表及建设意义等方面的对比分析如表6—2所示。

表6—2　　　　　　　　中国三类跨境电子商务平台对比

	通关服务平台	公共服务平台	综合服务平台
功能	为外贸企业贸易通关提供便利服务	搭建各地方政府的职能部门之间的公共信息平台；对接外贸企业和政府职能部门各环节的工作	为外贸企业提供金融、通关、物流、退税、外汇等环节的"一站式"代理服务
监管部门	海关总署、地方海关	国检局、国税局、外管局、外经贸委、商委等政府部门	由企业建设
服务对象	传统中小型外贸企业、跨境进出口电商企业	传统中小外贸企业、跨境进出口电商企业、进出口规模较大的外贸企业小订单业务	传统中小型外贸企业、中小型跨境电商企业、跨境电商平台卖家
典型代表	杭州"跨境一步达"、杭州关区区域大通关平台、跨境贸易电子商务通关服务平台	浙江省大通关公共服务平台、北京跨境贸易电子商务公共服务平台	广州"海外通"、宁波"跨境购"、青岛"跨境达"
建设意义	利用信息化手段，简化报关流程，为跨境收付汇提供便利。	沟通政府职能部门，对接海关通关服务平台，是政府职能部门面向外贸企业的服务窗口	为中小型外贸企业和个人卖家提供一站式服务，为降低外贸门槛和风险提供便利和解决方案

资料来源：本书作者研究整理。

二 地方性交易服务平台

除了跨境电商平台，由地方政府主导建立的一些地方性网络交易服务平台也属于一类特殊的国际创业平台，如浙江的义乌全球网货中心、广东的广货网上行和粤商网、四川南充的中法交易平台等。其中，义乌全球网货中心由当地政府和国内首屈一指的网络交易平台——敦煌网合作建立，通过集聚义乌市本地的商务及商品信息，搭建一个在线的虚拟仓库与线下实体仓库及物流相结合的外贸货源中心。平台通过互联网、云计算、云存储等技术手段将这个义乌本地商品的货源中心与国内外各大电商平台的端口连接起来，通过各大电商平台的巨大流量和大量点击率将本地商品推广到国内外市场。该平台的产品一律通过厂家直销的方式销售到全球各地，买家在平台上实现网络下单，发达的仓储物流系统会在最短的时间内将物品送达。这类平台通常由政府牵头建立，成立的宗旨是推动地方电子商务平台的发展，推进信息化创业平台的建立，在国内厂商和国外消费者之间建立一个信息交流和贸易的平台，帮助企业以更低的成本、更丰富的渠道从事海外业务。

三 发展现状

(一) 增长速度快

中国的网络交易平台主要有两大类，一类是大中型跨境电商平台，如阿里巴巴集团的天猫、聚划算和全球速卖通、兰亭集势、大龙网、DX等；另一类是地方政府与电商企业合作建立的网络交易平台，如义乌全球网货中心、粤商在线等。最早一批跨境电商平台诞生于1998年，这些平台主要提供信息发布和交易服务。随着行业的发展，以敦煌网为代表的平台诞生，这批平台逐渐向交易平台方向转变，开始收取交易佣金。2013年，很多平台企业开始涉足跨境物流、支付结算、投资融资等领域，逐渐扩大服务范围，集聚各方资源。从2006年开始，国内各大跨境平台先后成立，这些企业最大化地缩减了产业链的中间环节，从产品进销差价中赚取了丰厚利润，近几年获得了快速发展。据艾媒咨询发布的《2017—2018 年中国跨境电商市场研究报告》显示，2017 年中国跨境电商交易规模达 7.6 万亿元人民币，增速可观。2020 年有望达 12 万亿元，这意味着中国跨境电商交易额年均增速将超过 20%。2017 年中国海淘用户规模升至 0.65 亿人次，未来预计仍能维持较高增速。未来五年，跨境电商将成为主要的外贸模式之一。2015 年，中国跨境电商交易额占进出口总额比重达 19.5%，这意味着跨境电商已成为重要的外贸模式。2020 年，这个比重有望达到 37.6%。① 在互联网大行其道的背景下，本着为中国企业尤其是中小企业服务的宗旨，政府为了鼓励跨境电商平台的发展发布了各项新规定与新政策，此举必定会推动网络交易平台的持续发展。此外，部分沿海城市的市政府为了促进外贸电商的发展，制定和发布了一些扶持性政策，并联合国内大型跨境电商打造更加开放的网络交易平台。如 2013 年 8 月建立的义乌市全球网货中心，旨在将义乌本地数万家中小型商户生产的大量商品推广至国内的大型网络交易平台，帮助本地小企业走出国门。

（二）交易产品与市场多元化

跨境电商企业销售的产品品类正在从便捷运输产品向大型产品扩展，便捷运输产品主要有服装、3C 产品、家居园艺、汽车配件、珠宝等，大型产品主要有家居产品和汽车。根据 eBay 的数据显示，2016 年，该平台上增速最快的产品类型包括家居园艺、汽车配件和时尚产品等。另外，一些新兴市场正在成为跨境电商零售出口产业的新动力。俄罗斯、巴西、印度等国家的本土电商企业很不发达，但消费需求非常旺盛，中国制造的产品外形美观、价格便宜，在这些国家非常受欢迎。在线跨国交易在中东欧、拉丁美洲、中东与非洲等国家和地区的渗透率较低，存在市场缺口和潜在的消费需求。东南亚国家和地区同样具有不容小视的市场潜力。例如，印度尼西亚作为东南亚地区人口规模最大的国家，其人口数量在全球范围内排到了前五名，消费潜力巨大，目前国内外有很多电商平台如亚马逊、乐天均开始进入印尼市场。在此背景下，中国—东盟跨境电子商务平台也已于 2016 年 9 月启动。

---

① 《跨境电商成为外贸新增长点》（http://www.ce.cn/cysc/tech/gd2012/201704/06/t20170406_21748043.shtml）。

(三) 政策支持持续发力

2015 年以来，在外贸景气度持续下降的大环境下，国内跨境电商出现爆发式增长，行业高增速诞生了一批专注于进出口的跨境电商企业，如傲基电商、有棵树、兰亭集势等，成长潜力十足。受益于国内以及国外电商的发展需求，国内政策持续支持跨境电商发展，政策加码为跨境电商企业孕育发展提供了温床。而在发展过程中，跨境电商出现了一系列的弊病。在出口端，国内企业缺乏完整的供应链，类似于国内电商发展前期，出口的物流、支付以及精准营销方面存在较大的改善空间。

四 典型案例

兰亭集势成立于 2007 年，注册资金 300 万美元，并于 2013 年 6 月 6 日在美国纽约交易所成功上市。公司成立之初即获得美国硅谷和中国著名风险投资公司的注资，成立高新技术企业，是中国外贸销售额排在首位的网络交易平台，公司总部位于北京，全国各地的员工数目超过了 1000 人。兰亭集势拥有一系列长期合作的供应商，并拥有自己的数据库和长期合作的物流公司，其用户来自全球 200 多个国家或地区，平均每天的国外客户访问量超过了 100 万。数千万来自世界各地的客户在平台上注册成为会员，超过 95% 的产品销往国外的各个国家。其中，欧洲和北美洲国家和地区是其主要的目标市场。兰亭集势涵盖了包括服装、电子产品、玩具、饰品、家居用品、体育用品等 14 大类，共 6 万多种商品。经过几年的发展，公司在中国广东、上海、浙江、江苏、福建、山东和北京等省市均有大量供货商，并积累了良好的声誉。许多品牌包括纽曼、爱国者、方正科技、亚都、神舟电脑等也加入兰亭集势销售平台，成为公司的合作伙伴或者供货商。①

兰亭集势主要向海外消费者提供居家用品和婚纱制品，其独特的厂家直销和自营模式为获取可观的海外市场份额贡献很大。兰亭集势目前的突出问题是利润比较单薄，基本上是来自较低的生产制造费用与转手

---

① 《兰亭集势百度百科》（https：//baike. baidu. com/item/% E5% 85% B0% E4% BA% AD% E9% 9B% 86% E5% 8A% BF/11050499？ fr = aladdin）。

的价格差，主要从控制成本上来获取利润。兰亭集势主要通过社会化营销、搜索引擎优化、展示广告、邮件营销、网站联盟等方式进行产品的营销推广。搜索引擎是兰亭集势的第一大流量入口，合作网站上的广告横幅和关键词搜索都可以为平台带来潜在的客户资源，客户对横幅的每一次点击会为合作网站带来一笔收入。为了提高品牌知名度和产品曝光率，兰亭集势组建了一支专门从事社会化营销业务的团队，通过国内外各大社交网站对产品进行推广。在合作网站上投放广告横幅，购买排名靠前的展示位置会增加广告费用，加上多种营销方式的存在，使得兰亭集势负担了一笔很大的营销费用，增加了日常运营的风险。

中国很多大型网络交易平台经营的产品种类同质化现象严重，且存在大量的"山寨品"，这样不仅会引发价格战，而且极有可能涉及侵犯知识产权的问题。跨境电子商务的物理空间跨度大，具有特殊性，这一点决定了产品种类的趋同性。轻量级、不易损坏、价值较高的产品，如服装、电子、首饰类产品成为平台上的首选产品。通常这类产品的附加值都不高，一旦在线上出现就会引起其他商家的注意，销量好的产品必然会引起竞争者的仿制，由此产生了产品的同质化，因此消费者会货比三家，首创产品的企业不再具有垄断优势，增加了同行之间的竞争程度和营销成本。与中国不同，国外的消费者将产品的质量放在首位，也较为重视产品的知识产权，因此，对产品比较挑剔，若网络交易平台上出现了大量的仿制品，将不利于产品销往国外。例如，在兰亭集势平台上销售的中国产品大多来自于中小厂家，并且同质化非常严重，商家若想获利必然会引起价格战。婚纱作为兰亭集势业绩高速增长的核心产品，本身具有重复购买率极低的特点，若想实现盈利，必然会花费大量成本做营销推广，以吸引新用户。随着越来越多的网络交易平台的建立，同类产品的供应量增加，价格战愈演愈烈。兰亭集势的主打产品海外市场份额虽然具有一定的优势，但还是有很多消费者不知道或不了解这个平台，海外品牌的形成仍需时日。

与国内传统跨境电商平台不同，兰亭集势在供应模式上进行了创新，直接掌控了从中国制造工厂到海外消费者的产业链。公司内部设有专家团队，砍掉所有中间利益主体，与厂家沟通订单、生产与制造的事务，要求厂家尽量缩短生产周期，实现个性化产品的定制与标准化产品的批量生产。兰亭集势最大的优势和创新之处在于，平台上的大部分产品都是点对点直接从厂家提货，对于个性化的定制产品，会让厂家按照订单上的客户需求来制作，制作进度会被显示在网站上，方便客户随时查看，这样的定制产品的生产时间通常在一到两周内。此外，平台还会根据产品的受欢迎程度要求供应商提前将产品生产出来，提高了存货的流通效率。

第 七 章

基于国际创业自我效能的中国
企业国际创业模式选择

第一节 案例选取与企业简介

一 案例选取依据

本章研究中国企业如何进行国际创业及如何选择不同的国际创业模式，属于探索性研究，且聚焦当前发生的不可控的企业行为。案例分析可以深入地揭示某一类企业在创业之初选取的模式类型以及创业成功后的发展策略，因此，本章采用案例研究法（Yin，2003）[①]。由于不同的国际创业模式分别适用于不同的情形，不能用单一的案例进行研究，而应遵循多案例的复制逻辑（replication logic），且不同的案例由于可预知的原因会产生不同的结果，形成差别复制（theoretical replication），因此，本章选择了跨案例研究法。跨案例研究法既可以对相同的分析过程进行重复验证，也可以对各自案例的结论进行交替验证（Eisenhardt and Graebner，2007）[②]。因此，近些年来，跨案例研究法已经成为国际创业领域中的主流研究方法之一。为了提高外部效度（external validity），增强研究结论的普适性，综合考虑研究的有效性与适用性，本书在案例的选

[①] R. K. Yin, *Case Study Research*, Thousand Oaks: Sage Publications, 2003.

[②] K. M. Eisenhardt and N. E. Graebnor, "Theory building from cases: Opportunities and challenges", *Academy of Management Journal*, 2007, 50 (1), pp. 25 – 32.

取上重点考虑了以下两方面：

一方面，所选取的案例为国际创业企业。根据本书对国际创业概念的界定，本章仅考虑那些成立 6 年内进行了国际化经营且海外销售额占比达到 25% 以上的企业。

另一方面，本章将根据研究结果对中国新创企业国际创业模式选择提出建议。为了使研究结论与所提建议更加可靠，案例的选取应坚持以下原则：一是规避行业差异带来的不确定性，因此，所选取的企业应分别来自不同的行业；二是规避规模差异带来的不确定性，选取的案例企业应规模各异，但对企业规模不做具体限制；三是规避地域差异带来的不确定性，在筛选案例时，尽量选择位于不同城市的企业。最终，本章选取了天士力国际营销控股有限公司（以下简称"天士力国际"）、浙江利欧股份有限公司（以下简称"浙江利欧"）和基伍集团股份有限公司（以下简称"基伍集团"）三家企业，如表7—1所示。这三家企业不仅符合国际创业的概念界定，且都是在各自领域内发展较好、业绩突出，具有代表性的企业，选取它们进行案例研究更具有说服力。为了确保概念效度（construct validity），本书从多个渠道收集案例企业的相关信息，包括企业网站、员工访谈、内部出版物及相关研究文献等，构成了强有力的证据三角形。

表7—1　　　　　　　　　　　　案例企业基本情况

企业名称	天士力国际	浙江利欧	基伍集团
所属行业	医药	日用家居	手机
成立时间	2003 年	2001 年	2003 年
公司地址	天津	台州	深圳
海销时间	2003 年	2001 年	2003 年
海销比例	80%	75%	100%
主营业务	保健药品	水泵及园林机械	手机

资料来源：根据天士力国际、浙江利欧及基伍集团的官方网站信息整理而成。

二 案例企业简介

天士力国际于 2003 年在天津成立，2007 年更名为天津天士力国际营销控股有限公司。公司致力于中药及保健药品的生产、研发与销售。为了将产品远销海外，天士力从成立之初就积极开发海外市场，经过多年的发展，现已形成覆盖亚洲、欧洲、美洲、非洲和俄罗斯的市场布局。取得这些成绩与公司对人才的重视息息相关。为了提升整体员工素质与技能，公司在 2007 年就成立了人才培养梯队，形成了立足于全球的人才战略模式。在全体员工的共同努力下，天士力国际的销售业绩自 2010 年起逐年翻番，平均每月增长率达到 20%。与此同时，公司在海外市场已成立 21 家分公司和 56 个办事处，专卖店 518 家。目前网络覆盖全球 40 多个国家，全球经销商超过 80 万人。[1]

浙江利欧成立于 2001 年，前身为台州利欧电气有限公司。公司成立之初主要从事水泵的开发、检测和企业的设备供给，不久便自主研发并生产销售水泵产品，主要产品是微小型水泵和园林机械等，是中国微小型水泵制造行业的龙头企业。浙江利欧生产的碎枝机也是同类产品中出口量最大的企业。2001 年，浙江利欧成为第一家出口欧洲的水泵生产企业，并以欧洲市场为依托逐渐扩大海外市场范围。目前，公司产品远销世界 120 多个国家和地区。2007 年 4 月 27 日，浙江利欧在深交所的中小企业板上市，成为中国第一家在中小企业板上市的微小型水泵生产企业。[2]

基伍集团成立于 2003 年，最初主要承接国外手机厂商的代工业务与零部件销售，代工业务范围与零部件销售范围涉及亚洲、非洲等地。2008 年，为了提高公司经营利润，基伍集团开发了自有手机品牌——基伍（G'FIVE），成为一家集手机研发、生产、销售于一体的国际新创企业。基伍手机全部在海外市场销售，市场范围主要包括南美、中东、非洲等地，海外销售额占比 100%。经过几年的努力，基伍集团现已成长为

---

[1] 天士力国际官方网站（http://www.tasly.com/）。
[2] 浙江利欧官方网站（http://www.leogroup.cn/）。

第三世界国家主要手机供应商。①

第二节　案例企业国际创业历程

一　天士力国际创业历程

天士力国际总经理戴标，本科就读于浙江医科大学，学习的是西医牙科专业，具有医药学习背景。本科毕业后作为访问学者到美国深造，在此期间通过自身不懈的努力进入华盛顿大学攻读 MBA 学位。随后在美国从事医疗工程，学习医药知识，之后又在加拿大的一家核磁工程公司担任太平洋地区的销售总经理，具有丰富的国际经营经验和跨行业任职经验。2001 年，戴标加盟天士力集团，并成为天士力集团下属的天士力国际公司的总经理。为了吸引海外留学人才，戴标积极利用自身的关系与各高校合作，很多学校的中医药高才生最后都成了天士力国际公司的高管。在拓展国际市场的过程中，海外工作的同事为公司发展提供了很多宝贵的意见。国内中药行业的其他企业在海外市场上销售的失败让天士力国际反思海外营销模式，进而寻找到快速进入海外市场的方法。

在公司众多产品中，复方丹参滴丸系列产品是天士力集团的核心产品，国家科技部对其高度重视，将集团的研发项目列为"中药现代科技产业行动计划"的重要项目和国家重大科技成果试点项目。企业的发展不仅受到政府重视，还享受到政府补贴，2014 年全年享受补贴 3316 万元。天士力国际作为天士力集团下的海外营销公司，营销的产品符合国家药品生产质量管理规范和药品经营质量管理规范，较好的产品疗效和过硬的产品质量提升了产品受众度，使产品在海外有了稳定的客户群体。

天士力国际总经理戴标将企业的初始目标市场锁定在非洲。戴标一直认为，中药的出口需要坚持抱团模式，只有通过抱团才能够相互借鉴、吸取经验。而中国中药的出口市场主要集中在非洲，在天士力牵头成立的中国医药国际化联盟中，大部分企业的出口也是销往非洲。因此，天士力国际不仅可以通过相关企业了解非洲市场，还可以根据其他企业的

---

① 基伍集团官方网站（http：//www.egfive.cn/）。

出口情况调整自身战略布局。例如，戴标根据中国企业出口中药到非洲的失败案例得出，要采用直营模式进入国外市场。天士力集团为了快速实现国际化扩张而选择在海外市场投资建厂，并指派公司高管进行驻点考察管理。这一国际创业模式一方面与天士力集团坚持的理念有关，企业认为只有抓住终端才能掌控市场，否则无法得知产品销向哪里、如何销售；另一方面也与天士力集团的技术有关，较强的核心技术竞争力增强了企业独资经营的资本。当然，天士力集团国际创业模式的选择也与总经理戴标的国际创业自我效能有关。

戴标从一开始就积极吸引各类人才为公司服务，安排多名高管到国外市场驻点，整理各个市场的反馈信息，为国际创业模式的选择做好基础工作；在美国的学习及工作经历让他对国外的药品市场有了一定的了解，通过对比分析发展中国家及发达国家的市场信息，发现了国外市场的商机，表明其警觉性与适应性都很高；随后，戴标通过分析非洲市场上中国药品出口失败的现象，发现与代理商合作的模式不利于企业赚取利润且无法掌控药品的销售，于是他决定采用直销模式，这促使了天士力集团做出投资建厂的决定，这表明戴标具有很强的风险承担能力；同时，天士力集团拥有国家级研发中心，企业的技术竞争力增加了其直接投资的资本，体现了戴标的创新力；最后，天士力国际利用品牌受众度与其他企业直接建立商业关系网络，减少与代理商之间的交易费用，表明戴标的国际市场营销能力与国际财务管理能力都很强。在十多年的时间里，天士力国际在戴标的领导下建立起了以尼日利亚为中心的非洲市场，以越南为中心的东盟国家市场，以日本为中心的亚洲市场，以澳大利亚为中心的大洋洲市场以及以美国为中心的北美市场，形成全方位的国际市场布局和营销网络。截至2015年，国际营销公司出口航线覆盖了23个国家，35个港口及机场，涉及不同国家检验检测十余项，实现中药制剂销售额超过7000万美元。总之，戴标的国际创业自我效能很高，这使得天士力集团不断克服各种新创企业劣势，最终选择以投资型模式进行国际创业。

二 浙江利欧国际创业历程

浙江利欧的创始人王相荣在中专毕业以后，被分配到当时温岭市轻工电机厂，他扎根在电机厂一线车间，努力学习钻研机械制造技术，这为他日后的创业历程打下了扎实基础。在1995年创业之初，由于缺少资金和人脉，23岁的王相荣和两个同学合租了一间房子，成立了台州新科水泵研究所，开始了他的艰辛创业之旅。除了同学的帮助之外，王相荣并没有其他可以依赖的关系，更没有可合作的其他企业。王相荣创立的水泵研究所在当时是台州唯一的水泵研究企业。1997年，温岭水泵业的许多水泵生产公司都出现了大面积的产品质量问题，国家工商局等部门采取严厉措施对此整治，这给此地唯一的水泵研究企业——浙江利欧带来了巨大的发展机遇，各水泵公司纷纷来此进行产品质量的检验。浙江利欧的客户越来越多，名声也越来越大，这就为浙江利欧带来了很多的商业合作伙伴，并趁机加强了与这些企业之间的联系。与此同时，浙江利欧也开始了自主产品研发。当时中国水泵行业缺少核心技术，生产技术大都是从欧洲等发达国家引进的。在此背景下，当地政府比较支持和重视王相荣的水泵研究所。此后不久，浙江利欧也被政府邀请赴欧考察，这为利欧打开了通往国际市场的渠道。

欧洲之行让王相荣受益匪浅。一方面，浙江利欧掌握了欧洲的先进技术，通过对欧洲的先进技术进行吸收和改进，自主研发出价格低廉但质量较高的SCP180自吸管道泵；另一方面，欧洲之行让王相荣发现，国内生产花园泵的成本仅为欧洲本土的一半，因此国产泵在欧洲将有很大的市场竞争力，市场前景广阔。为了满足欧洲市场对于花园泵的需求，浙江利欧投入巨资与德国著名的安海公司开展合作，研制生产满足欧洲特色需求的水泵产品。这说明，王相荣对市场的警觉性很高，通过技术创新抓住了国际市场上的机会。

在企业成立之初，由于缺乏核心技术、自有品牌和对国际市场的认知，所以只能通过贴牌生产的形式进行国际创业，从而减少与降低企业进入国际化所要面临的阻碍和风险。这表明，创始人王相荣的适应性与风险承担能力相对有限。欧洲之行加强了浙江利欧与欧洲企业之间的交流与合作，使浙江利欧学到了欧洲的先进技术和管理经验，促进了利欧自有品牌和自有技术的研发生产，研制出了能满足欧洲市场需求的新产品。这表明，浙江利欧的生产技术并非原创，创新性稍显不足。随着国际创业进程的加快，浙江利欧逐步建立起了自己的海外销售渠道和销售网络。通过与国外著名百货超市百安居、麦德隆以及世界知名的水泵、园林机械制造厂家 GGP、Metabo 的合作，借助这些企业的销售网络进入国际市场，构建了广阔的营销网络。因此，浙江利欧的国际市场营销能力较强。

三　基伍集团国际创业历程

基伍集团 CEO 张文学，本科毕业于湖南一所普通高校，所学专业为模具设计，没有海外留学经历。张文学毕业后在湖南一家模具电缆厂做技术员，之后又转行做起了白酒零售。虽有跨行业的任职经历，却并无海外经营经验。在工作期间结识的山寨手机大王段中天引导他做起了手机外壳生产生意，在此期间与各手机原料供应商有了一定的接触，为其后来的手机代工生产做了铺垫。基伍集团成立时，所有员工仅 10 人左右，属于深圳手机市场中不起眼的小企业，并未受到政府的关注。企业最初主营手机壳的生产批发，而后为国外企业代工生产手机，直到 2008 年才推出自有手机品牌 "G'FIVE"。由于基伍的业务较为单一，因此商业网络的积累多为代工生产期间形成的与国外手机厂商的合作关系。基伍集团在代工生产期间的产品主要销往中东与印度。基伍集团在基伍创立自有品牌后，也把主要销售市场定在了中东地区，这与前期建立的商业合作关系有关，这些关系提供了贸易上的便利。由于基伍集团在成立之初并没有自主品牌，所以主要依靠代工生产进入海外市场，积累国际销售经验。

基伍集团 CEO 张文学几次更换工作，寻求商机，最终在山寨手机大王段中天的引导下走上了手机制造之路，这表明他的创业机会识别能力并不强，警觉性一般。在手机通信市场迅猛发展的 21 世纪初期，张文学一度错失良机，最初并未创建自有手机品牌，而是靠代工生产（original equipment manufacturing，OEM）维持公司运营，这一方面说明，他的适应性和风险承担能力有限；另一方面也说明，他具有一定的创新能力，因为他能使基伍集团在中国深圳众多代工企业中脱颖而出，顺利承接代工业务。2008 年，基伍集团推出自有手机品牌"G'FIVE"。在张文学的领导下，基伍集团以山寨手机的操作手法，每周推出 2 款新机，针对各种产品定位及价格区块大打机海战术，推出 40 美元—60 美元的低价功能手机，例如长待机、双电池、多 SIM 卡、类比电视等机种，成功销往印度、东南亚、中东、非洲及南美洲等新兴市场，其中约有 4 成营收销往印度及巴基斯坦，在印度手机市场一度排名第 1。目前，基伍集团月出口手机超过 100 万台，年销售额超过 100 亿元。这说明，张文学的国际业务开拓能力特别是市场营销能力值得肯定，其国际财务管理能力也较强。

第三节　案例企业比较分析

一　国际创业自我效能比较

从上文对三家新创企业的分析中可以看到，这些企业的创业者国际创业自我效能存在差异。为了更加直观的了解各企业的对比情况，现将各企业的创业者国际创业自我效能按照国际创业自我效能的 6 个维度进行评分比较。此分析是结合各企业实际情况所做出的企业间的相对比较分析，而非绝对分析。根据各个维度的特性，本书采用李克特标度进行打分。李克特标度是用顺序来度量指标，根据各个维度强弱的不同，分别进行打分。在某些测评中，部分学者采用了加权方法进行评估，但由于国际创业自我效能的概念系首次提出，其各个维度的相对重要性很难评价，因而不宜随意进行加权评估。本书假定国际创业自我效能的各个维度都是同等重要的。根据这一原则，三家企业的创业者国际创业自我效能各个维度的得分都将在 1—3 之间，得分越高，表明该企业的创业者在该维度上相对于其他企业的创业者的能力越强。据此可得评分结果如表 7—2 所示。从表 7—2 可以看出，在三家企业的创业者中，天士力国际的戴标的国际创业自我效能最高，浙江利欧的王相荣的国际创业自我效能相对较低，基伍集团的张文学的国际创业自我效能居中。

表7—2　　　　　　案例企业的创业者国际创业自我效能评分

国际创业自我效能维度	天士力国际戴标	浙江利欧王相荣	基伍集团张文学
警觉	2	3	1
适应性	3	1	2
风险承担	3	1	2
创新	2	1	3
国际营销	3	2	1
国际财务管理	3	1	2
合计	16	9	11

资料来源：根据现有资料整理而成。

二　国际创业市场比较

三家新创企业选择国际创业目标市场的原因不尽相同，但是归总起来主要与创业者的经历、机会识别及利基市场相关，如表7—3所示。具体来说，天士力国际的目标市场的选择与戴标对非洲市场的分析及非洲市场的潜力有关；浙江利欧的选择与王相荣的赴欧考察经历及国外的巨大需求相关；基伍国际的目标市场受到委托代工企业的限制，与企业间形成的商业合作关系密切相关。从表7—3可以看出，所有企业的国际创业市场的选择都与利基市场有关，创业者的人生经历、对机会的识别、与现有企业的关系等也会影响国际创业市场的选择。此外，企业所选的国际创业市场不一定是心理距离近的国家，相反，上述案例企业的目标市场的心理距离都较大。可见，与目标市场的心理距离的大小不是国际创业市场选择的主要依据，而这正是传统的有关企业国际化的渐进理论所无法解释的，但却与国际创业理论一致。

表7—3　　　　　　　　案例企业国际创业市场比较

企业	主要海外市场	目标市场心理距离	原因分析
天士力国际	非洲	大	受利基市场与企业家机会识别影响
浙江利欧	欧洲	大	受利基市场与企业家赴欧考察影响
基伍集团	中东、印度	大	受利基市场与企业间商业关系影响

资料来源：根据现有资料整理而成。

三 国际创业模式比较

如上文所述，天士力国际、浙江利欧及基伍集团的创业者的国际创业自我效能存在高低之分。因此，这三家企业的国际创业模式选择各不相同。相应的，他们的国际创业绩效也不尽相同，如表7—4所示。从表7—4可知，天士力国际的戴标的国际创业自我效能最高，因此，天士力国际选择了直接投资建厂的投资型方式进入海外市场；浙江利欧的王相荣的国际创业自我效能相对较低，因此，浙江利欧选择了直接出口模式进入海外市场；基伍集团的张文学的国际创业自我效能居中，所以，基伍集团选择了代工生产等类似于战略联盟的契约型模式进入海外市场。根据这三家企业近年的财务数据及非财务表现来看，天士力国际的国际创业绩效最高，浙江利欧的国际创业绩效相对较低，基伍集团的国际创业绩效则居中。这再次说明，国际创业自我效能越高的创业者，选择投资型模式进行国际创业的可能性越大；而国际创业自我效能越低的创业者，选择出口型模式进行国际创业的可能性越大。此外，出口型、契约型、投资型国际创业模式所对应的国际创业绩效依次递增。

表7—4　　　　　　　　案例企业的国际创业模式与绩效比较

企业	创业者的国际创业自我效能	国际创业模式	国际创业绩效
天士力国际	高	投资型（独资经营）	相对较好
浙江利欧	低	出口型（直接出口）	相对较差
基伍集团	居中	契约型（战略联盟）	居中

资料来源：根据现有资料整理而成。

第四节　中国企业国际创业模式选择策略

一 高国际创业自我效能的创业者

高国际创业自我效能的创业者可以考虑以直接投资的方式进入海外市场，包括独资、合资及兼并收购等。对于新创企业而言，独资经营能最快实现其国际化战略目标，获取丰厚利润，并在国际上提高企业知名度。因为独资经营的企业可以控制产品生产和国际市场营销，缩短销售的中间环节、收益高，及时获得信息反馈，进而树立企业形象与品牌形象。尽管如此，独资经营也有缺点，例如，独资的投入大、风险高、管理复杂等。但是拥有高国际创业自我效能的创业者有信心将独资效用最大化而风险最小化。有鉴于此，在有能力进行独资的情况下，企业可以优先考虑以独资的方式进入海外市场，如天士力国际就是采用独资方式，不仅保护了企业的品牌声誉，还能避免核心技术外泄。如果企业依然认为独资的风险过高，那么也可考虑以合资或兼并收购的方式进入海外市场，但国际化速度和品牌知名度的提升就没有独资效果好。通过合资方式进入国外市场，有利于企业获得东道国政府的支持，了解东道国市场信息，减少经营风险。总之，根据国际创业自我效能各个维度的分析，本书建议，高国际创业自我效能的创业者可优先考虑以投资型模式进行国际创业。

二　中国际创业自我效能的创业者

当创业者国际创业自我效能既不太高，又不太低时，可选择 OEM、ODM（original design manufacturing）等类似于战略联盟的契约型模式进行国际创业。在这种模式下，虽然企业不能像投资型模式那样获取较大的利润，但是出口到国外的产品依然可以积累一定的客户群，获取一定的利润，让企业在竞争中生存。如果企业在成立之初没有核心产品，又想从事国际业务，就可以采用 OEM 模式。企业根据国外合作商的要求生产产品，不仅增加了企业的生产经验，还有利于企业在实力逐步强大的过程中进行产品的研究与开发，提高企业的研发能力。OEM 在某种程度上能为企业提供品牌经营机会。例如，基伍集团通过 OEM 提高自身研发能力，进而生产自有品牌，并利用前期积累的商业关系网络成功在中东地区销售。然而，代工生产也有很多缺陷。例如，代工生产的产品不是企业的自有产品，无法在海外市场形成自有产品影响力，企业难以被国外厂商与客户所知。另外，中国的代工成本近年来不断提高，企业代工所产生的利润不断减少，面临的压力越来越大。企业若想在激烈的竞争压力中生存，最终必须走研发生产自有品牌产品之路。总之，当创业者的国际创业自我效能不高不低时，本书建议创业者考虑以 OEM 等契约型模式进行国际创业。

三　低国际创业自我效能的创业者

当创业者的国际创业自我效能较低时，考虑以直接出口或间接出口的方式进入海外市场。间接出口是指企业将产品卖给国内的出口经销商，再由经销商将产品转售到国外。在间接出口模式下，企业不需要到出口市场进行市场分析，也不需要寻找海外客户，相对来说出口风险较小。但是间接出口不利于企业接收市场反馈，对海外市场缺乏控制且出口利润不高。对于想要拓展国际市场、积累国际经营经验的新创企业而言，间接出口并不是最好的选择，相比之下，直接出口更有利于企业的发展。直接出口可以通过国外经销商、代理商出售产品，或是直接将产品销售给客户。在直接出口模式下，企业可以自主选择海外市场，减少出口中间费用并及时根据反馈信息进行战略调整。如浙江利欧就是通过与百安居、麦德隆等百货超市形成代理商关系，打开其在欧洲市场的销售，并通过百安居等相继与其他大型连锁超市进行合作，以提高消费者对产品的认知和信赖。因此，当创业者的国际创业自我效能较低时，本书建议其优先考虑以出口型模式进行国际创业。

第 八 章

基于跨境电商的中国企业
国际创业路径选择

近年来，中国网民数量及互联网普及率逐年递增。统计显示，截至 2017 年 12 月，中国网民规模达 7.72 亿人，普及率达到 55.8%，超过全球平均水平（51.7%）4.1 个百分点，超过亚洲平均水平（46.7%）9.1 个百分点。中国手机网民规模达 7.53 亿人，网民中使用手机上网人群的占比由 2016 年的 95.1% 提升至 97.5%。[①] 智能手机和移动互联网的普及不仅在很大程度上改变了人们的生活方式和消费习惯，也为社会带来了新的商业模式。自中国加入世界贸易组织以来，很多企业开始布局全球市场，一大批中小企业从成立之初便进军海外市场，从事跨国经营，进行资源的全球整合。国内由阿里巴巴淘宝商城引领的电子商务行业发展势头强劲，对传统制造业造成了强烈冲击。企业在进行国际创业时，由于各方资源的缺乏，常面临着高成本的压力和国际市场不确定性的风险，而互联网成本低、速度快、不受时空限制等优点，能在很大程度上降低这种风险和不确定性。跨境电商平台吸收了互联网的优势，能够解决企业由于资源缺乏造成的国际创业难的问题。随着"互联网＋"战略的提出，国内外跨境电商行业发展迅速，中国政府也出台了各种利好政策，推动中国企业"走出去"。

---

① 中国互联网络信息中心：《第 41 次中国互联网络发展状况统计报告》（http://www.cnnic.cn）。

第一节 创业过程与国际创业路径

一 创业过程与创业过程模型

自从 Shane and Venkataraman（2000）指出创业学研究的核心是创业机会之后，学术界有关创业过程的研究便聚焦于创业机会的识别、开发与利用。林嵩等（2004）[①] 认为，创业过程的概念有狭义和广义之分。狭义的创业过程指的是创建新企业的过程，广义的创业过程包括从创业者开始构思有价值的商业机会开始，到创业者创建新企业直至创业企业成长的整个过程。王朝云（2014）[②] 指出，创业过程是在创业者拥有较为清晰的创业构想之后，对关键的创业资源如紧缺的资金和关键人员等加以利用，结合创业网络如亲属、亲密朋友等创建新企业或新事业的过程。

1999 年，Timmons 提出了一个著名的创业过程模型，如图 8—1 所示。他认为，创业是一个动态变化的过程，主要描述创业团队对创业所需的关键要素（创业机会和创业资源）加以利用的过程。在整个创业过

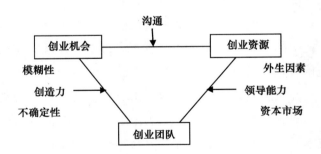

图 8—1 Timmons 创业过程模型

资料来源：J. A. Timmons（1999）*New Venture Creation: Entrepreneurship for the 21st Century*（6th edition），Homewood，IL: Irwin/McGraw-Hill.

---

① 林嵩、张帏、邱琼：《创业过程的研究评述及发展动向》，《南开管理评论》2004 年第 3 期。

② 王朝云：《创业过程与创业网络的共生演进关系研究》，《科学学与科学技术管理》2014 年第 8 期。

程中，机会具有模糊性，市场具有不确定性，各种外生变量和资本市场对企业需要的资源提出新的要求。创业者可以凭借卓越的领导力和创新能力解决创业过程中遇到的困难，使创业资源、创业机会和创业团队三者相辅相成、协调发展，促进创业企业的持续发展。

除了 Timmons 的创业过程模型之外，表8—1还对目前学术界颇有代表性的其他创业过程模型及其关键要素进行了归纳整理。

表8—1　　　　　　　　　　主要创业过程模型及其关键要素

创业过程模型	创业关键要素
Gartner（1985）①	个人、环境、组织、创建过程
Timmons（1999）	机会、团队、资源
Christian et al.（2003）②	创业者与新企业
Busenitz et al.（2003）③	机会、个体或团队、组织方式、环境
Shane and Venkataraman（2003）④	机会的存在、发现与开发
Wickham（2006）⑤	机会、资源、组织

资料来源：作者研究整理。

根据以上创业过程模型，本书认为，最关键的创业要素包括创业团队和创业环境。由于创业环境包含了创业资源、创业机会等要素，因此本书将资源和机会一并纳入创业环境的范畴。创业过程即创业团

---

① W. B. Gartner, "A conceptual framework for describing the phenomenon of new venture creation", *Academy of Management Review*, 1985, 10 (4), pp 696 – 706.

② K. Christian, H. Frank, M. Lueger, and J. Muger, "The entrepreneurial personality in the context of resources, environment, and the startup process—A configurational approach", *Entrepreneurship: Theory and Practice*, 2003, 28 (1), pp. 23 – 42.

③ L. W. Busenitz, G. P. West, D. Shepherd, et al., "Entrepreneurship research in emergence: Past trends and future directions", *Journal of Management*, 2003, 29 (3), pp. 285 – 308.

④ S. Shane and S. Venkataraman, "Guest editors' introduction to the special issue on technology entrepreneurship", *Research Policy*, 2003, 32 (2), pp. 181 – 184.

⑤ P. A. Wickham, *Strategic Entrepreneurship* (4th edition), Englewood Cliffs, NJ: Prentice Hall, 2006.

队凭借自身能力与优势，整合外部环境的各种资源和机会进行创业的过程。

二 创业路径与国际创业路径模型

如果说创业过程关注的是创业者对创业机会的识别与利用以及对创业资源的获取、整合与利用，那么创业路径关注的则是企业在创业过程中如何通过具体行为实现对机会和资源的获取与利用，注重时间上的推进和方式的演变。二者的相似之处在于，都把重点放在企业内部，关注企业实施创业行为的动机和具体途径。二者的不同之处在于，创业路径比创业过程更具体。简单来说，创业路径是指企业在创业过程中要经过哪些环节、运用到哪些关键要素等，对问题的分析更加深入。经典创业过程模型对于解析企业的创业路径具有指导意义，因此，本章将参考 Timmons（1999）的创业过程模型，探究基于跨境电商的国际创业路径。具体来说，本章将探究企业在国际创业过程中如何借助跨境电商平台，从生产、销售到消费者反馈等各个环节对创业所需的关键要素进行利用，进而制定具体、详细的国际创业策略，实施国际创业行为。

基于现有的各种创业过程模型，结合跨境电商的优势和创业过程的关键要素，本章构建了基于跨境电商的国际创业路径模型，如图8—2所示。跨境电商平台可以改善企业现有的技术、市场与资金环境，使国际创业团队结合自身情况和拥有的资源，沿着适合自己发展的路径进行国际化经营。在这个过程中，企业首先会根据自身在技术、市场和资金方面能力的强弱进行初步定位，即具有技术优势、市场优势还是资金优势。其次，企业会对跨境电商平台提供的技术、市场和资金环境进行识别，主要确定这三类环境创造的资源可得性。最后，企业会分析平台所拥有的技术、市场和资金资源的丰裕度和获取难度，结合自己的创业目标，选择适合自身发展的路径进行资源整合与利用，从而进行国际创业。

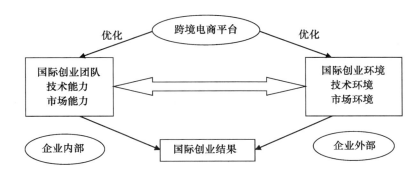

图8—2　基于跨境电商的国际创业路径模型

资料来源：作者自行绘制。

三　基于跨境电商的国际创业路径构成要素

影响企业利用跨境电商进行国际创业的因素主要是企业内部的能力和企业外部所处的环境。根据资源能力理论（刘晓敏、刘其智，2006[①]；茹璟等，2015[②]；Penrose and Pitelis，2009[③]；Prahalad and Hamel，1990[④]；Teece et al.，1997[⑤]），企业内部能力主要可分为技术能力、市场能力与资金实力三大类。

（一）国际创业团队

根据团队具有的优势的不同，可以将国际创业团队分为技术型、市场型和资本型等三类，详见表8—2。跨境电商可以弥补企业在技术、市场与资金方面的不足，帮助企业提高国际创业的成功率。

---

①　刘晓敏、刘其智：《整合的资源能力观——资源的战略管理》，《科学学与科学技术管理》2006年第6期。

②　茹璟、王欢、任颋：《资源能力与制度因素对民营中小企业外向国际化的影响研究》，《山西财经大学学报》2015年第2期。

③　E. Penrose and C. Pitelis, *The Theory of the Growth of the Firm* (4th edition), New York：Oxford University Press，2009.

④　C. K. Prahalad and G. Hamel, "The core competence of the corporation", *Harvard Business Review*，1990，68（3），pp. 79－91.

⑤　D. J. Teece, G. Pisano, and A. Shuen, "Dynamic capabilities and strategic management", *Strategic Management Journal*，1997，18（7），pp. 509－533.

表8—2 基于跨境电商的国际创业团队

国际创业团队类型	具体内容	优势	劣势	跨境电商的作用
技术型	利用技术优势的创业团队	技术有竞争力	市场拓展与渠道获取能力较弱	建立全球销售网络，提供与海外客户交流的平台
市场型	利用市场机会和资源的创业团队	市场或渠道广泛	技术无竞争力	与政府部门合作，为团队输送重点高校与科研机构的技术人才
资本型	利用资金优势的创业团队	资金具备一定规模，资源整合能力强	技术缺乏竞争力，市场能力一般	弥补市场与技术劣势，使市场与技术能力协同提升

资料来源：作者研究整理。

技术型国际创业团队是指利用技术优势进行创业的团队。这类团队具有较强的技术能力，但是市场或渠道获取能力较弱（徐伟、赵海山，2005）[①]。借助跨境电商，可以减少企业在市场方面的劣势，例如建立全球销售网络，扩大企业海外市场范围，在企业与海外客户之间搭建交流的平台，促进交易的达成，提升企业开拓市场与渠道的能力，加快国际创业的步伐。

市场型国际创业团队是指利用市场机会和资源进行创业的团队。这类团队缺乏核心技术，资金规模一般，但是具有广泛的下游采购商渠道（李雪灵等，2010）[②]。跨境电商可以帮助企业弥补其技术方面的不足，例如，为企业提供技术交流的信息平台，促进企业与社会团体、政府部门展开技术合作，提升企业的技术能力。另外，企业还可以借助跨境电商同政府部门合作建立技术研发平台，为团队输送重点高校与科研机构的

[①] 徐伟、赵海山：《技术型企业核心竞争力的成长轨迹研究》，《科学学与科学技术管理》2005年第10期。

[②] 李雪灵、姚一玮、王利军：《新企业创业导向与创新绩效关系研究：积极型市场导向的中介作用》，《中国工业经济》2010年第6期。

人才，强化企业的技术能力。

资本型国际创业团队是指利用资金优势进行创业的团队。这类团队技术水平与渠道获取能力一般，但是资金比较雄厚，融资渠道较广（贺小刚、沈瑜，2008）[①]。跨境电商有助于企业利用资金优势整合技术和市场资源，帮助企业提升技术水平与市场能力，例如收购科技公司以提升技术能力，入股海外渠道广泛的公司，增加下游采购商和消费者的数量。

（二）国际创业环境

国际创业环境是指企业可以利用的外部环境，其评价指标简单的只有两三项，复杂的可达到数百项。在国外学者关于创业环境的研究中，比较有代表性的有 GEM 提出的金融支持、政府政策、政府项目支持、教育与培训、研究开发转移、技术转移、商业和专业基础设施、进入壁垒、有形基础设施、文化与社会规范 9 项指标（Amorós et al.，2013）[②]。大部分国内学者都是借用 GEM 的指标对创业环境进行评价，如曹明（2007）[③]、陈兴淋（2007）[④] 等。也有部分学者尝试结合中国实际发展情况构建创业环境评价指标。例如，郭元源等（2006）[⑤] 从经济基础、服务支持、科教支撑、文化支撑、环境支撑 5 个方面构建了城市创业环境评价指标。周丽（2006）[⑥] 构建了由自然环境、制度环境、经济环境等三大环境系统及政策法律、金融服务、智力技术、社会服务、产业五大支撑

① 贺小刚、沈瑜：《创业型企业的成长：基于企业家团队资本的实证研究》，《管理世界》2008 年第 1 期。

② J. E. Amorós, N. Bosma, and J. Levie, "Ten years of Global Entrepreneurship Monitor：Accomplishments and prospects", *International Journal of Entrepreneurial Venturing*, 2013, 5 (2), pp. 120 – 152.

③ 曹明：《基于 GEM 模型的中日创业环境比较研究》，《厦门理工学院学报》2007 年第 2 期。

④ 陈兴淋：《南京创业环境现状评价：一项基于专家问卷的实证研究》，《南京社会科学》2007 年第 7 期。

⑤ 郭元源、陈瑶瑶、池仁勇：《城市创业环境评价方法研究及实证》，《科技进步与对策》2006 年第 2 期。

⑥ 周丽：《GEM 框架下珠三角欠发达城市创业环境研究——以广东省肇庆市为例》，《特区经济》2006 年第 11 期。

体系组成的创业环境评价指标。蔡莉等（2007）[①] 提出从技术环境、融资环境、人才环境、政策法规环境、市场环境、文化环境 6 个方面评价区域创业环境。

结合现有文献，本章将企业可以利用的环境分为可控性强的环境与可控性弱的环境两大类（唐靖等，2007[②]；文亮、李海珍，2010[③]）。其中，可控性弱的环境主要包括宏观的政策、进入壁垒、法律、文化等环境，可控性强的环境主要包括技术环境、市场环境与资金环境。可控性弱的环境对不同企业的影响差别不大，而可控性强的环境对于不同企业来说，可以利用的程度存在较大差异，因此这类环境对企业产生的影响具有异质性。为了突出企业对环境的利用程度存在较大差异，进而通过不同路径进行国际创业，本书将可控性强的环境作为影响企业选择国际创业路径的外部因素，如表 8—3 所示。跨境电商可以增加企业利用外部环境的可能性与可行性，进而对内外部资源进行整合，实现国际创业。

表 8—3 基于跨境电商的国际创业环境

国际创业环境类型	创业团队可利用的环境	跨境电商的作用
技术环境	市场上的新技术 现有技术的新用途	整合区域内产、学、研的技术合作相关信息；提供产品交易信息，帮助企业分析现有技术在产品与服务方面的运用，或根据热卖产品品类进行新技术的开发
市场环境	现存的空白市场需求 潜在市场需求	扩大销售渠道，增加社会网络的覆盖面；提高产品销量，帮助企业发现空白市场和潜在市场
资金环境	债务融资 股权融资	线上网贷业务提供低成本融资，拓宽融资渠道

资料来源：作者研究整理。

---

① 蔡莉、崔启国、史琳：《创业环境研究框架》，《吉林大学社会科学学报》2007 年第 1 期。

② 唐靖、张帏、高建：《不同创业环境下的机会认知和创业决策研究》，《科学学研究》2007 年第 2 期。

③ 文亮、李海珍：《中小企业创业环境与创业绩效关系的实证研究》，《系统工程》2010 年第 10 期。

企业的技术环境是指可利用的技术资源和机会，如市场上的新技术、现有技术的新用途等（彭学兵，2013[①]；田莉、薛红志，2009[②]；于晓宇，2013）。跨境电商可以将技术需求方和技术提供方的资料呈现在平台上，并利用平台的数据分析技术对供需双方进行智能匹配，有效降低了线下合作机构的搜寻成本，提高了技术合作的效率和企业获取技术资源的概率。技术机会是指企业对技术性国际创业机会的识别、开发与利用，主要包括识别现有技术的新用途和开发新技术。企业可以利用跨境电商平台的信息整合和互联网思维来识别和利用技术机会。一方面，企业可以通过跨境电商平台获取技术前沿资讯以及特定产业或产品的专利发明信息，结合自身技术水平，制定技术方面的创新策略；另一方面，企业可以通过互联网思维，对平台上热卖产品的技术进行深度分析，思考对该项技术加以改良或创新的可行性，这可以促进企业对技术的获取。

企业的市场环境主要指创业团队拥有的社会关系网络，如第三方服务商、供应商、业务合作伙伴、校友、亲朋好友等（孙早、刘庆岩，2006[③]；孔东民等，2014[④]）。这种关系网络通常是在线下建立的，具有稳定性、相互之间信任度高等特点。然而，创业团队的社会网络往往范围比较局限，覆盖面不够广，这与创业团队成员的实力有密切关联。跨境电商利用其广泛传播的功能，可以将供需方的信息进行整合与匹配，扩大企业的社会网络，让更多的人详细了解企业的产品与服务，有助于创业团队获得更多的社会资源。跨境电商还可以帮助企业发现空白市场和潜在市场。一方面，跨境电商可以为企业提供产品销售信息，有助于企业发现需求暂未被满足的空白市场。例如，先总结出平台上热卖产品门类，看是否有类似的产品，如果有，为什么自己的产品没

[①]　彭学兵：《先前合作经验对技术外部获取方式选择的影响——环境动态性和技术能力的调节效应》，《南开管理评论》2013 年第 5 期。

[②]　田莉、薛红志：《新技术企业创业机会来源：基于技术属性与产业技术环境匹配的视角》，《科学学与科学技术管理》2009 年第 3 期。

[③]　孙早、刘庆岩：《市场环境、企业家能力与企业的绩效表现——转型期中国民营企业绩效表现影响因素的实证研究》，《南开经济研究》2006 年第 2 期。

[④]　孔东民、代昀昊、李阳：《政策冲击、市场环境与国企生产效率：现状、趋势与发展》，《管理世界》2014 年第 8 期。

有大卖；若没有，可以思考如何对这类产品进行创新，或者对产品门类进行细分，看是否存在大多数人没有注意到的市场。另一方面，跨境电商平台具有的大数据和云计算技术可以对用户的点击率以及搜索关键词的数量进行记录和分析。企业可以据此挖掘用户的潜在需求，而不必通过问卷调查、实地走访等低效的方式来进行市场调研。这种预测潜在市场的方式准确度比普通调研方式高，增加了企业发现和识别市场机会的概率。

企业除了使用传统的债务融资和股权融资方式筹集资金以外，还可以通过跨境电商平台扩大资金来源。如本书第六章所述，目前国内有很多跨境电商平台为企业提供小额贷款，平台可以通过企业的交易数据来确定用户的信用等级，根据平台内部的信用等级划分标准和国家相关法律规定，为符合贷款条件的企业提供低成本、方便快捷的融资服务。这在很大程度上扩大了传统中小企业的融资渠道。另外，跨境电商最基本的功能是信息共享，国内外大型跨境电商平台的信息传播能力很强，风险投资机构会比较青睐平台上有潜力的产品或项目。企业在跨境电商平台上进行交易，定期会有行业销量排名出现在跨境电商的网站上，这是极佳的向投资人展示企业实力的机会。

（三）企业自评

国际创业团队自身的能力和外部环境共同影响国际创业活动的质量和完成情况。不同类型的企业自身能力与可以利用的环境资源也不同，这会影响企业国际创业路径的选择。企业在内部能力与外部环境的共同作用下，会具有某些方面的优势，这种优势会使企业具有某种国际创业倾向，进而使企业对自身进行定位，即确定企业属于哪种类型。确定了企业类型之后，创业团队会选择适合自己的创业路径。因此，在分析国际创业路径之前，需要建立评判企业内部能力和外部环境的指标体系，对企业进行综合评分，根据评分来确定企业的技术水平、市场水平与资金实力，为企业选择国际创业路径提供指导。

第二节 中国企业利用跨境电商 进行国际创业的现状

中国跨境电子商务的发展大致经历了三个阶段：第一个阶段是萌芽期（1997—2007 年），企业只在跨境电商平台上进行产品展示，交易的达成通常在线下完成；第二个阶段是发展期（2008—2013 年），企业不仅在平台上进行产品展示，也在线上进行交易；第三个阶段是爆发期（2014 年—至今），利用平台进行创业的群体实现了从个人到工厂或企业的转变，订单由以前的以小额为主变为中大额订单占比大幅提升，平台具备了整合全产业链和信息资源的综合功能。中国目前正处于第三个阶段，企业利用跨境电商进行国际创业的规模逐年增长，在不同地区呈现出不同的特征。

一 中国企业国际创业的规模

据中国电子商务研究中心监测数据显示，目前中国共有跨境电子商务平台 5000 多家，通过平台进行国际创业的企业有 30 多万家。2016 年中国跨境电商交易规模达 6.3 万亿元，同比增长 31.25%，2017 年跨境电商整体交易规模达 7.6 万亿元人民币，增速可观。如图 8—3 所示。中国电子商务研究中心的报告显示，2016 年，出口跨境电商规模 5.1 万亿元，占比约 82%，同比增长约 20%；进口跨境电商交易规模 1.2 万亿元，占比约 18%，同比增长 33.3%。2016 年，中国跨境电商用户规模达 0.42 亿人，同比增长 82.6%。① 预计 2020 年中国进出口跨境电商交易规模将达到 12 万亿元，占中国进出口总额的约 37.6%；预计 2018 年跨境电商零售出口额将达到约 2.16 万亿元，年均增幅 34%，预计到 2020 年，跨境电商零售占比将超 30%。② "一带一路"沿线共有 65 个国家和地区，

---

① 中国电子商务研究中心：《2016—2017 年度中国跨境进口电商发展报告》（http://www.100ec.cn/zt/16kjbg/）。

② 艾媒咨询：《2016—2017 中国跨境电商市场研究报告》（http://www.iimedia.cn/47588.html）。

中国的跨境电商平台目前已有天猫国际、京东全球购、苏宁海外购以及很多中小型的跨境电商平台都在进行跨境电商的布局。①

图 8—3　2014—2018 年中国跨境电商交易规模及增长率

资料来源：作者自行绘制。

2017 年，中国出口跨境电商卖家的所在省份及卖家数量占比依次为：广东 24.8%、浙江 16.8%、江苏 11.3%、北京 8.6%、上海 6.5%、福建 5.4%、山东 3.6%、河南 3.2%、其他 19.8%。在中国出口跨境电商融资的地域分布上，排在第一梯队的是深圳、北京、杭州；排在第二梯队的是广州、厦门；排在第三梯队的是东莞、绍兴、济南、成都等城市。2017 年，中国出口跨境电商的主要目的国及出口额占比依次为：美国 15%、俄罗斯 12.5%、法国 11.4%、英国 8.7%、巴西 6.5%、加拿大 4.7%、德国 3.4%、日本 3.1%、韩国 2.8%、印度 1.6%、其他 30.2%。② 由此看出，跨境电商的发展有非常明显的区域特征，大多数从事跨境电商的公司都选择在沿海区域发展，同时经济发达的城市也吸引了大量创业的企业入驻，这可能与出口目的地以欧美为主，因此需选择便于运输特别是便于海运的地区有关。

――――――――――

① 《跨境电商平台正加速在"一带一路"沿线布局》（ http：// www. mofcom. gov. cn/article/ h/zongzhi/201612/20161202313411. shtml）。

② 中国电子商务研究中心：《2017 年度中国出口跨境电商发展报告》（ http：// www. 100ec. cn/zt/17zgfz/）。

二　中国企业国际创业的优劣势

（一）优势

一是政策环境良好。从 2013 年开始，国家逐渐开展国内各大跨境电商服务试点城市和项目，中国目前总共有包括上海、杭州、宁波、青岛、深圳等十多家跨境电商试点城市。国家先后发布了多项鼓励跨境电商发展的政策措施，其中最具有标志性意义的文件是国家于 2013 年 8 月推出的《关于实施支持跨境电子商务零售出口有关政策的意见》，文件中提出了在通关、税收、收付汇、检验检疫等方面的六项解决措施。此后，国务院和海关总署先后发布了若干项政策，主要从税收、清关、外资准入、监管等方面提出扶持跨境电商持续发展的具体实施路径。

在中央政府的政策支持下，地方政府也纷纷出台相关政策以扶持跨境电商的发展，提升本土企业的竞争优势。例如，2016 年，大连市政府开始实施"跨境电商 +"战略，通过"跨境电商 + 装备制造""跨境电商 + 浪漫之旅""跨境电商 + 农产品""跨境电商 + 水产品"等行动，推动本土品牌走向世界。[1] 为了鼓励企业做强做大，福州也出台了扶持跨境电商的政策，对于入驻跨境电商产业园区的企业，经认定后，福州市将给予办公场地租金补贴。其中，对于电子商务进出口额 1000 万美元（含）以上的，一次性给予不超过 50% 的房租补贴。[2] 2016 年 4 月底，青岛政府也开始实施跨境电商综合试验区方案。青岛是中国第二大外贸口岸，发展对韩日的跨境电商地理优势显著。[3]

二是消费者渐趋成熟。跨境电商的快速发展与消费者的消费习惯与心态的转变密不可分。移动终端的普及使全球消费者能够充分享受到网购的便利，越来越多的消费者愿意选择在线交易，足不出户即可买到世

---

① 《大连实施"跨境电商 +"战略打造 13 个跨境电商园区》（http：//cnews. chinadai-ly. com. cn/2016 - 05/09/content_25165958. htm）。

② 《福州出台扶持跨境电商政策，建电商平台可补贴 100 万》（http：//www. xinhuanet. com/politics/2016 - 05/05/c_128960111. htm）。

③ 《青岛出台跨境电商综合试验区实施方案》（http：//wap. cnki. net/touch/web/Newspaper/Article/GJSB20160505B012. html）。

界各地满意的商品。互联网刚开始普及时，由于发展还不成熟，涉及资金安全，很多消费者不敢尝试在网上购物，而现在不同了，技术的提升及第三方支付平台的搭建使得网络支付变得越来越安全，消费者可以放心地进行在线交易。与在实体店购物相比，网购有更多的选择，价格更实惠，消费者开始转变观念与购物习惯，很多以前经常在实体店购物的群体开始转向线上购物，企业可以利用这种发展趋势将产品放到跨境电商平台上，扩大国际创业的规模。

相关调查显示，欧洲市场的移动电话渗透率超过了100%，而欧洲约10%的跨境电商交易是在移动设备上完成的，线上买家数量正在急速增长。目前荷兰和英国开始布局互联网移动设备应用，在这些国家，有70%—80%的互联网用户都是线上买家。俄罗斯共有6000万互联网用户、1500万在线购物用户，移动设备的渗透率很高，是很有潜力的新兴市场。美国拥有1.84亿在线买家，最活跃的买家集中在25—45岁之间，网购的舒适性与便利性还会吸引55岁以上的用户，这部分用户正变得越来越习惯于网购。北美平板电脑用户占全球的47%，通过智能手机或平板电脑网购的人比用个人电脑网购的人更多。拉美地区的互联网普及率也越来越高，通过线上渠道购买电子消费品、书籍、美妆和时尚产品的用户非常多。①

（二）劣势

第一，产品同质化现象严重。目前很多大型跨境电商平台经营的产品种类同质化现象严重，且存在大量的仿制品，这样不仅会引发价格战，而且极有可能涉及侵犯知识产权的问题，尤其是跨境电商由于物理空间跨度大，产品种类呈现趋同性特征，轻量级、不易损坏、价值较高的产品，如服装、电子、首饰类产品成为平台上的首选产品。通常这类产品的附加值都不高，一旦在线上出现就会引起其他商家的注意，销量好的产品必然会引起竞争者的仿制，由此产生了产品的同质化。消费者会货比三家，首创产品的企业不再具有垄断优势，增加了同行之间的竞争程

---

① 《欧洲、北美、亚洲跨境电商市场分析》（http://seller. dhgate. com/industry-trends/c_ 19526. html）。

度和营销成本。与中国不同，国外的消费者将产品质量放在首位，也较为重视产品的知识产权，对产品比较挑剔。若企业的产品缺乏核心竞争力，与平台上的部分产品相似度较高，产品将很难销往国外，这会阻碍国际创业的步伐。

第二，物流服务体系不完善。跨境物流通常费用较高，且风险不可控，目前多数跨境电商平台的物流配送方式主要是国际快递和国际邮政小包，成本高、安全性低且耗时长，对用户体验造成了非常不利的影响。物流成本一般为总成本的 30%—40%，中国跨境电商的物流成本更高。由于涉及跨境贸易和跨境物流，物流的产业链和环节更长，包括国内物流、国内海关、国际运输、国外海关、国外物流等多个环节，尤其是海关和商检，操作难度和风险更高，这在无形之中增加了物流成本。利用跨境电商进行国际创业涉及跨国交易，无法回避当地的政治、知识产权、区域习惯、政策变化等，这些因素都会对物流产生较大的影响，进而影响消费者的体验。此外，汇率风险和退换货物流的问题也不能被忽视。由于涉及跨境通关和物流，退换货很难有一个顺畅的通道返回国内。消费者如果无法退换不满意的产品，会对企业和平台产生不满，这也会影响企业的海外销售状况，进而影响国际创业的效果。

第三，海外营销成本较高。海外营销是国际创业过程中的重要环节，目前企业利用跨境电商进行营销的方式有搜索引擎、网站联盟、电子邮件营销、社会化营销等，这些方式需要投入的成本极高，但用户黏性不强，尤其是跨境电子商务的市场特点决定了客户对价格的敏感度极高，且市场竞争加剧会导致各种营销工具的价格上涨，由此产生较高的营销成本，且重复购买率低。对此，国内部分跨境电商平台进行了创新，如兰亭集势的团队非常擅长利用互联网增加商业价值，他们甚至自主研发出了一套算法来发现关键词并对其进行调整和优化，通过多样化的营销方式进行产品推广，实现营收的快速增长，通过规模经济来降低营销成本。企业在选择平台投放产品时，可以先对国内外各种平台的营销情况进行调研，选择成本相对较低的平台扩大海外销售渠道，这在一定程度上可以降低企业的营销成本。

三 中国企业国际创业存在的问题

(一) 难以选择并实施国际创业路径

现阶段中国政府正大力推进"大众创业、万众创新"和"互联网 + 传统行业"的政策措施，加上国家整体经济增长速度放缓、对外输出过剩产能的趋势加强，许多科技型企业在政策的推动下走上了国际创业的道路。但是创业本身是一个很复杂的问题，跨越国界的创业行为会使企业面临更大的困难与挑战。尽管跨境电商可以为企业国际创业带来很多便利，但是大多数企业不知道如何根据自身条件和外部环境选择合适的路径，创业的成功率很低，一般在5%以内。虽然利用跨境电商进行国际创业门槛较低，但是多数创业者在创业之前不能正确评价自身的能力，加上信息不对称，无法全面掌握外部环境，二者的综合作用使得企业在选择国际创业路径时存在困难，难以做出理性决策。大多数选择国际创业的企业都属于中小型企业，有的企业擅长产品创新与技术研发，但是缺乏市场拓展能力。在这种情况下，企业可以通过跨境电商来打开销路，但是创业团队没有海外经营的经验，即使入驻了跨境电商平台，也不知道如何拓宽供应商的来源、增加采购商的数量。简而言之，企业无法详细了解基于跨境电商的国际创业实施路径具体如何运作，过程中涉及哪些关键要素，要素之间如何通过跨境电商的介入协同发挥作用才能促使企业实现国际化经营的目标。

(二) 技术创新与改良能力不强

在国际创业初期，企业作为产业链上游的供应商，能否研发、生产具有核心竞争力的产品对企业下一步的发展至关重要。然而，很多企业由于自身的技术创新和研发能力较弱，很难生产出让客户满意的产品。相比国内客户，国外客户对产品的质量要求更高，因此，缺乏技术能力的企业很难打开国外市场。由于很多企业自身的技术人才比较缺乏，加上有些国家设置了技术壁垒，二者的综合作用使企业更难通过技术进入国外市场。虽然跨境电商可以在一定程度上帮助企业发现新技术和新产品，但是由于中国大多数企业技术底子薄，吸收和改良新技术的能力不强，这增加了企业开发优质产品的难度，从而不利于打开国外市场，进行国际创业。

（三）海外市场扩张受阻

在国际创业中后期，大多数企业主要通过海外市场扩张来实现进一步的发展，这时需要企业利用社会网络和营销能力来辐射更多的海外市场。如果企业在创业之前或者在创业初期就积累了大量的客户资源，那么后期海外扩张的战略实施相对而言会比较顺利。有些创业者虽然具备创业的雄心，有很好的创意和计划，但是缺乏丰富的海外经营经验和创业经验，加上资金受限，很难形成海外市场的全辐射。在创业的中后期，企业需要制定高效的营销战略来实现更长远的发展。虽然跨境电商在一定程度上可以帮助企业降低营销成本，提升营销效果，但是线上营销方式种类繁杂，数量过多会引起客户的反感，还有可能使客户对产品的真实质量产生怀疑。因此，如何适当运用线上营销策略扩大海外市场规模，是企业需要考虑的一个重要问题。

（四）资金融通与运用能力有限

创业团队做出国际创业的决定需要有很大的勇气，由于资金和人才不足，企业会面临较大的创业失败风险。受传统观念的约束，很多企业认为通过跨境电商进行融资安全性不高，加上跨境贸易涉及跨境支付、政策环境、跨境物流等问题，企业后期对资金的运用会受到一些限制。基于跨境电商的国际创业行为涉及产品研发、制造、流通、营销、售后等一系列过程，从产品生产出来到最后送到客户手中，企业需要充足的资金来确保各个环节不出差错，提升客户满意度。另外，近年来利用互联网平台进行融资的负面案例越来越多，有的还涉及非法集资问题，相关的法律法规还有待完善，很多企业对利用跨境电商平台进行融资的安全性和有效性存疑，这会使企业融通和运用资金的能力大打折扣。但是在线融资的便利性和优惠性又会吸引很多初创企业，因此，企业利用跨境电商进行国际创业融资时需要考虑资金安全和资金不完备的问题。

中国正处于传统外贸向"互联网＋外贸"转型的时期，国内过剩产能如何通过出口进行消化，中国企业如何利用这次产业转型和升级的机会"走出去"，对企业乃至国家都具有非常重要的意义。当前国内部分企业逐渐意识到跨境电商在整合产业链、简化交易流程、避开传统贸易壁垒、帮助企业树立海外品牌形象等方面的巨大优势，开始利用跨境电商从事进出口业务，有的甚至直接开始创业。然而国内外各大跨境电商平台种类繁杂、数量众多，不同企业的发展状况也存在较大差异。在这种形势下，企业需要客观认识自身的基本条件，包括技术研发能力、资金规模、海外市场与渠道的获取能力等，充分了解基于跨境电商的国际创业路径的种类与实施过程，选择适合自身发展的路径进行国际创业。

第三节　基于跨境电商的国际创业路径

根据企业在技术和市场方面能力的强弱，本书认为，基于跨境电商的国际创业路径主要有技术型、市场型和技术市场整合型三种。国际创业活动中运用跨境电商之后，各个时期创业团队与创业环境会发生变化。考虑到跨境电商在企业创业各个时期起到的作用不同，本章在分析时将企业的国际创业过程分为初期、中期和后期三个时期。

一　技术型路径

（一）技术型团队

技术型团队的技术能力较强，资金规模一般，具有较强的技术水平和较弱的市场水平。企业在国际创业过程中，需要借助跨境电商弥补市场和资金方面的不足。这类企业的创业团队通常由高技术人才构成，多数具有海内外硕士或博士学位，甚至具有博士后经历。他们熟知各种技术前沿资讯，善于引进和吸收国外技术，大多在高新技术企业任职。采用技术型路径进行创业的企业以技术为主导，利用技术领先的优势打开国门。这类企业在创业过程中，也会受到政策环境、渠道控制能力、关系网络等因素的影响，本章将重点讨论技术对企业国际创业的主导作用，并非将技术与其他影响因素完全割裂开来。

（二）国际创业环境

在技术环境方面，企业的技术能力起初非常强，跨境电商的发展会强化企业对技术环境的利用与改善，主要表现在：团队通过产品的在线交易量预测技术的发展趋势；构建产学研网络进行技术引进与创新；通过第三方平台发现新产品使用的新技术。

在市场环境方面，企业的市场拓展能力刚开始较弱，跨境电商最明显的作用体现在企业对市场环境的获取与利用方面，具体表现为：有意识地从跨境电商平台发现空白市场；通过国际网络营销渠道扩大下游消费者和采购商的范围。

在资金环境方面，技术型团队的资金实力一般，但会随着企业的发展壮大得到一定提升。另外，跨境电商平台可以为企业创造更多的融资渠道，使企业可利用的流动资产增加。

（三）路径解析

企业在国际创业初期会先对自身能力做出全面评估，明确其核心能力是技术优势，将自身定位为技术型团队，国际创业的动机是利用技术创新能力打开国门，改变国外技术垄断的局面。企业对自身形成明确的定位之后，制定并初步执行海外发展策略：以技术为主导，引领产品走向海外市场。在这个过程中，一些缺乏自主创新能力与核心技术的企业会被淘汰，拥有技术优势的企业才能存活下来，进入海外市场竞争阶段。企业在创业初期被淘汰可能是因为团队缺乏核心技术人员，缺少技术研发能力，也有可能是因为缺乏资金和技术合作的对象，抑或是团队在面对市场的挑战时，缺乏创业的激情与韧性。与这些企业不同，成功进入下一阶段的企业不仅拥有非常专业的技术研发人员，能够利用互联网发现新的商机，而且具备不服输的企业家精神，二者的综合作用使企业顺利进入国际创业中期。

在国际创业中期，为了在海外市场站稳脚跟，企业需要不断吸收有利于其发展的新技术、新知识与新工具，不仅要保持自身的技术研发优势，为市场提供更多有竞争力的产品，而且要根据市场反应调整企业发展战略。在这一阶段，企业会将重点放在特定市场的拓展上面，一方面为了节省海外营销成本；另一方面采用区域进入方式形成由点到面的辐射。技术型团队发现新技术、吸收新知识的能力较强，对于前沿的互联网资讯也有所了解，为了提升海外市场营销能力，会在最大程度上利用跨境电商扩大销售网络，赢得更多客户，以此来应对激烈的海外市场竞争。企业在这一阶段进一步利用产品和技术优势，借助跨境电商的作用，将产品销往更多的海外市场，因此盈利状况良好，并逐步占领区域市场。此时，技术型团队及其企业开始利用跨境电商来弥补先天市场与资金能力的不足，企业开始发展壮大起来。能够进入这一阶段并勉强生存的企业，即使有好的产品、过硬的技术，若没能很好地利用跨境电商占领市场，也可能会被激烈的市场竞争淘汰。

由于技术型团队发现了新的商机，主动参与到国际创业活动中来，因此企业的特征之一是拥有核心资源，这种资源对于技术型企业来说就是技术能力及其对技术环境的获取与利用。在国际创业后期，由于跨境电商的介入和企业自身能力与外围环境的变化，企业的市场拓展能力得到一定的提升。在不断发展壮大的过程中，由于技术优势吸引了政府和社会的关注与投资，资金规模也在逐渐扩大。在这一阶段，企业的发展目标是获得更多核心资源，扩大资源获取范围。多数企业会根据外部的技术、市场与资金环境调整后期的发展战略。在保持原有技术优势的基础之上强化企业的内部管理与服务质量，并不断通过跨境电商寻找可以利用的政府政策与市场规律，寻求新的商业机会。企业作为社会团体的一部分，仅仅依靠自身的力量很难形成持续性的竞争力，只有时刻关注政府发布的新规定，掌握市场规律，才有机会发现新市场与新技术。企业一方面会与高校或科研机构建立技术合作关系，加强技术成果的转化，形成区域性的科研网络；另一方面试图与政府机构或第三方平台企业建立良好的关系，尽量减少在通关、支付、物流等方面的阻碍，创造进入海外市场的良好条件。这一阶段的主题是在现有市场形成持续竞争力，并利用跨境电商发现新的市场机会，拓展新市场。成功的技术型团队在这一阶段可以获得较高的利润，拓展新的海外市场。新市场意味着新竞争，因此企业会回到类似国际创业中期的发展阶段，将面临多方挑战。企业必须不断提升自身能力，充分利用外部的环境与资源，才能适应新的市场环境。

基于跨境电商的技术型国际创业路径如图8—4所示。

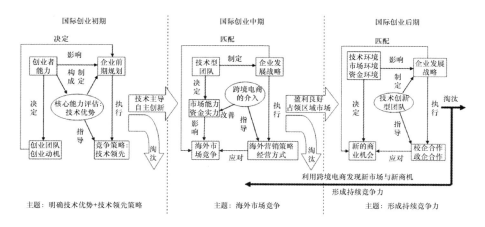

图8—4 技术型国际创业路径

资料来源：作者自行创作。

二 市场型路径

（一）市场型团队

市场型团队的成员虽然在学历方面不具有优势，但是大都拥有比较丰富的创业经验，对创业有非常大的热情，乐于接受新事物，善于利用过往创业经历积累的人脉关系进行创业。企业在技术方面不具有优势，但是却有广泛的渠道与人脉，资金规模中等。这类企业自身通过规模化生产和创业团队的人脉关系积累了大量资源，市场范围遍及全球，但是由于技术水平的限制，初期基本上处于价值链的中低端。借助跨境电商平台，企业一方面扩大自身的市场优势；另一方面开始识别和利用新的技术机会，提高发现技术机会的概率，弥补技术能力的不足。通过这种路径，企业重点利用自身的市场能力，借由跨境电商扩展销售网络，进一步扩大海外客户群体，增加海外消费者的数量，优化下游产业链，开拓更多的国际市场。采用市场型路径进行创业的企业以市场或渠道为主导，利用渠道优势实现海外扩张。

（二）国际创业环境

由于企业的技术能力较弱，跨境电商介入之后，最明显的变化体现在企业对技术的获取与利用方面，具体表现为：有意识地从跨境电商平台寻找新技术；利用平台寻找技术合作伙伴；通过平台收集到的数据预测技术的发展趋势。

企业最初在海外渠道与市场的获取方面具有优势，借助跨境电商，企业的市场拓展能力得到提升，主要表现在：团队通过产品的在线交易量发现空白市场并识别出潜在市场；构建全球营销网络扩大采购商的范围。

市场型团队的资金实力一般，但会不断得到改善。一方面，跨境电商平台为企业创造了更多的融资渠道，使企业可利用的流动资产增加；另一方面，企业的资金实力会随着企业的发展壮大得到一定提升。

（三）路径解析

在国际创业初期，企业认为自身技术不具备优势，市场渗透能力和渠道获取能力较强，资金规模一般，因此会采取市场渗透的竞争策略进入海外市场，主要为海外各大零售品牌商进行贴牌生产。由于企业过往的国际贸易经历为企业积累了大量的海外客户，因此这一阶段大客户与大订单的获取得益于团队的海外关系网络。随着代工生产规模的扩大，企业的资金实力不断提高，产品逐渐渗透到特定海外市场中去。市场型的企业大多集中在制造业，自身缺乏核心技术，有些企业并不具有广泛的海外人脉关系和采购商来源，一旦资金链断裂，很容易被市场淘汰出局。因此，只有具备市场和渠道优势的企业可以在这一阶段生存下来。

进入国际创业中期，企业在这一阶段的主要的目标是利用跨境电商弥补技术与资金方面的不足，扩大海外市场规模。在形成一定市场规模、积累了大量客户与资金之后，企业意识到长时间为其他品牌商代工会被锁定在价值链和产业链的最底端，因此会从自身情况和外部环境出发，分析可以利用的技术机会，寻找机会提升技术能力。在此阶段，市场型团队会利用一切机会引进与吸收国外的先进技术，组建学习型团队，同时注重技术人才的引进。国外很多大型零售品牌商都先后建立了线上销售渠道，企业可以通过国外的跨境电商平台进行产品分销，并利用大数据思维分析客户的交易信息，一方面，可以实现精准营销；另一方面，可以分析是否有更受欢迎的技术和产品出现。随着线上产品的营销与推广，企业逐渐占领海外各大零售市场。为了寻求进一步的发展，企业开始考虑逐渐向 ODM 转型，即根据客户的要求进行定制化生产，同时还可以对具有技术优势的企业进行收购，引进技术人才，提升技术能力。在国际创业中期，企业若仍然停留在代工生产阶段，将会被劳动力成本更低廉的企业替代，最终被淘汰出局。

在国际创业后期，市场型企业会通过市场定位、品牌运作与维护、售前与售后服务、构建营销网络等方式扩大产品的知名度，逐渐形成在全球市场具有一定知名度与影响力的品牌，以此应对激烈的海外市场竞争。同时，企业会利用跨境电商发现新的市场与商机，在技术与市场能力协同提升的过程中逐渐向产业链的中高端攀升。

基于跨境电商的市场型国际创业路径如图8—5所示。

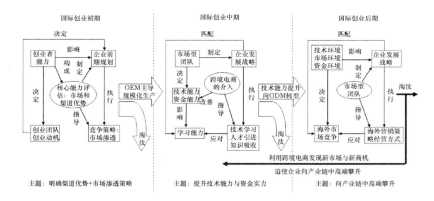

图8—5　市场型国际创业路径

资料来源：作者自行创作。

三　技术市场整合型路径

（一）资本型团队

因为企业需要有足够规模的资本，才可以实现对技术资源和市场资源的整合与运用，所以本书将实施技术市场整合型路径的创业团队称为资本型团队。资本型团队具备一定的研发生产能力，但是产品种类比较单一，技术含量不算很高，市场能力一般，具有资金规模优势。这类企业在创业初期会选择自主研发，逐步打开市场后，开始利用跨境电商寻找与自身产品品类相关的空白市场机会。借助跨境电商的交易数据和传播功能，企业可以提升挖掘客户潜在需求的能力，扩大社会网络的覆盖面和销售渠道，并利用资金规模优势收购技术型企业来提升技术与市场能力。利用这种路径进行国际创业的企业主要会利用自身的资金优势来收购技术型企业以弥补自身技术的不足，促进国际创业活动的完成。采用整合型路径的企业将技术与市场视为影响其国际创业的同等重要的因素，在创业过程中，企业注重对二者的综合运用。

（二）国际创业环境

企业最初的技术能力一般，虽然具备一定的技术创新能力，但不足以形成非常明显的优势。借助跨境电商，企业不仅可以利用资金优势高薪聘请顶尖技术人员，建立高质量的研发团队，而且还可以利用平台获得新技术的信息，进行技术引进与学习，提前制定下一阶段的技术策略，为之后的发展做好充分的准备。

相对于技术型团队与市场型团队，资本型团队在海外渠道与市场的获取方面不具有优势。企业借助跨境电商和资金的综合作用，发现新市场与新技术的概率也会大大增加，有助于企业市场环境的识别与利用。

资本型企业最初的资金较为充足，跨境电商介入之后，企业在资金方面的改善主要表现在以下两个方面：一是团队通过跨境电商扩大了融资渠道；二是产品在跨境电商平台上吸引到更多投资。随着生产规模的扩大，企业的资金实力会得到一定提升，企业可利用的流动资产增加。

（三）路径解析

在国际创业初期，企业认为自身具备一定的技术创新能力，但市场渗透能力和渠道获取能力一般，资金来源渠道广泛，资金较为充足，因此会采取资源整合的竞争策略进入海外市场。一方面，创业团队发现海外细分市场后，高薪聘请研发人员进行产品创新，逐渐占领区域市场；另一方面，通过营销手段进入国际大型零售商门店之后，逐步扩大生产规模并拓展其他市场。企业在这一阶段的主要目标是致力于标准化产品制造环节的投入与开发，利用资金优势，采取资源整合战略，集中占领单一市场。缺乏资金、不专注于产品设计与制造的企业在这一阶段会被淘汰。

　　在国际创业中期，单一市场逐渐饱和后，企业会寻求进一步的发展，实行低成本战略，并设法扩大海外市场的覆盖面。此时企业会从两方面制定发展战略。一方面，团队会建立产学研合作模式，收购部分原料供应商，将重点从产品制造转移到产品设计上来，降低制造成本，提升产品质量；另一方面，企业针对国内外市场以及产品投放时间不同的市场，实行差异化的价格策略，以满足不同需求，实现利润最大化。在这一阶段，由于战略制定的起点更高，跨境电商也开始兴起，企业会紧跟潮流，切入互补的产品领域，布局上下游产业链的海外销售网络，加上资金规模逐渐扩大，部分能力较强的企业会直接向跨境电商转型。具体地说，企业可能收购国内外互联网企业，控制海外终端消费者的供应商渠道，同时对部分品牌的产品进行技术改良，提升技术能力，应对海外市场竞争。在这一阶段，仍然沿用初期发展战略的企业很难看到行业发展的新趋势，无法适应快速变化的海外市场，因此会逐渐被淘汰。

　　在国际创业后期，随着企业海外市场规模的扩大，资金得到一定的积累，加上企业本身融资渠道较为丰富，在资金较为充足的情况下，企业会利用资金优势并借助跨境电商的发展发现更多的海外市场机会。资本型团队为了形成持续性的竞争优势，会对外部的技术、市场与资金环境做一个整体评估，分析跨境电商的兴起与发展为企业带来的新商机。在这一阶段，企业不再仅仅满足于占领部分海外市场，而是追求集团式发展，在现有市场饱和的基础之上，涉足相关产品领域，发现新的空白市场。企业的主要目标是实现技术能力与市场能力的协同提升，进而促进企业的集团化发展。一方面，企业会利用互联网收购部分企业，对被收购企业的产品进行技术改良，实现产品微创新，提升技术创新能力；另一方面，企业会入股国内外跨境电商平台，获得部分海外品牌的销售渠道，加强对渠道的控制力，提升市场能力。

　　基于跨境电商的技术市场整合型国际创业路径如图8—6所示。

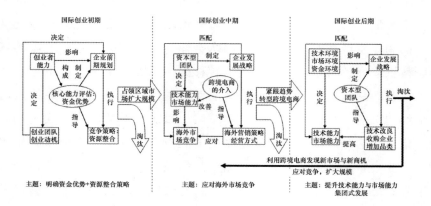

图8—6　技术市场整合型国际创业路径

资料来源：作者自行创作。

第四节　基于跨境电商的国际
创业路径选择案例

一　案例选取与企业评分

（一）案例选取

根据 Yin（2003）以及 Eisenhardt and Graebner（2007）的理论，本章适合采用跨案例研究法，且案例选取的标准应遵循以下原则：第一，企业必须符合国际创业的定义，即初创时便立足于海外市场而非国内市场；第二，企业在国际创业过程中运用了跨境电商；第三，为了使研究结论具有普适性，尽量选择不同行业、不同地区、在行业内具有代表性的企业。根据以上标准，结合以上三种路径的特点与具体实施过程，本书选取了以下企业作为案例研究对象：湖北鼎龙控股股份有限公司（以下简称"鼎龙股份"）、杭州中瑞思创科技股份有限公司（以下简称"中瑞思创"）、青岛金王集团公司（以下简称"青岛金王"），案例企业概况如表8—4所示。通过对这三家企业国际创业路径进行分析，可以对三种路径的选择过程有更清晰的认识。

表8—4　　　　　　　　　　　案例企业概况

	鼎龙股份	中瑞思创	青岛金王
成立时间	2000 年	2003 年	1993 年
上市时间	2010 年	2010 年	2006 年
企业性质	民营	民营	民营
所属行业	化工	电子	日用家居
主营业务	电子成像显像专用信息化学品	电子商品防盗产品 EAS、无线射频识别系统 RFID	时尚蜡烛、家居用品、洗浴用品
总部地点	武汉	杭州	青岛
入选原因	全球电荷调节剂产能最大的制造商	国内唯一一家在 EAS 行业的上市公司	亚洲同行业规模最大、综合实力最强的出口企业
海外市场数目	26 个	66 个	110 个
国际创业路径	技术型	市场型	技术市场整合型

资料来源：作者研究整理。

（二）度量指标体系

1. 国际创业团队的度量指标

团队能力的不同会使其具有不同方面的优势，因此，团队的能力可以用来衡量团队具有的优势，进而确定团队在进行国际创业时的倾向性，即团队属于何种类型。根据国际创业团队的分类，将团队具备的能力分为技术能力、市场能力与资金实力。

技术能力是指企业运用内部技术要素或活动的能力，如研发出新产品和新流程、灵活利用各种技术设备的能力。根据彭学兵（2013）和于渤等（2011）[1] 的研究，对企业技术能力的衡量可以采用以下指标：是否采用新技术开发新产品；新产品在技术上保持较高水平；重视研究与开发；研发团队擅长技术创新。

---

[1] 于渤、张涛、郝生宾：《重大技术装备制造企业技术能力演进过程及机理研究》，《中国软科学》2011 年第 10 期。

现有研究对市场能力的涵义暂未达成一致。张会清和王剑（2011）[①]指出，市场能力包括风险化解、技术实力与业内地位等多个方面。本书认为，市场能力是指企业整合知识、相关技能与资源并将其应用于市场相关需要，根据市场反应做出调整和决策，抓住市场机会的能力。有关市场能力的衡量指标尚无确切标准可以参考，本书借鉴张会清和王剑（2011），O'Sullivan and Abela（2007）[②]的观点，用以下指标来衡量企业的市场能力：市场渠道的获取与控制；与其他企业连接构成相互支持的网络；上下游合作伙伴和竞争对手的信息获取能力。

资金实力主要衡量企业的融资能力与使用资金的效率，是一个综合指标，其影响因素主要来自于企业内部。一般来说，资产规模对企业采取何种发展路径有直接影响，目前多数学者都通过总资产周转率来衡量企业的资产使用效率。若流动性强的可用资产较多，即使技术与市场能力一般，企业也能整合到相关资源以弥补自身不足。企业若没有一定的资金规模，通过并购、入股等方式来获得外部技术和市场的可能性较小。根据叶泽和喻苗（2006）[③]、Myers（1984）[④]的研究，资金实力可以用以下指标来衡量：融资能力；总资产周转率。

2. 国际创业环境的度量指标

除了团队自身具备的能力之外，团队所处的外部国际创业环境也会使其能力发生变化，进而改变企业的优劣势。跨境电商的介入会改善企业原有的劣势，提高其有利环境的可得性。

在技术环境方面，企业对国内外技术与信息的引进以及对新技术的学习与改良，结合内部的知识，借助跨境电商的传播和数据挖掘功能，可以实现技术创新与扩散，并使技术发挥其效用，技术的形成与扩散可以加快

① 张会清、王剑：《企业规模、市场能力与 FDI 地区聚集——来自企业层面的证据》，《管理世界》2011 年第 1 期。

② D. O'Sullivan and A. V. Abela, "Marketing performance measurement ability and firm performance", *Journal of Marketing*, 2007, 71 (2), pp. 79 – 93.

③ 叶泽、喻苗：《资金约束条件下的垄断企业策略性退出模型研究》，《管理学报》2006 年第 6 期。

④ S. C. Myers, "The capital structure puzzle", *The Journal of Finance*, 1984, 39 (3), pp. 574 – 592.

产品的研发。借鉴 Djeflat（1988）[①] 的研究，基于跨境电商的技术环境主要可以通过以下指标来衡量：是否通过跨境电商发现新技术；是否与其他公司合作进行技术创新；是否利用跨境电商预测技术的发展趋势。

在市场环境方面，市场的规模与渗透率可以最直接地反映出企业的市场能力，是检验产品是否适用的直接平台。所有产品最终都会面向消费者，企业可以通过市场对产品的反应判断产品是否成功。此外，市场也是企业资本变现与增值的直接表现，可以充分反映企业产品的价值。借鉴孙早和刘庆岩（2006）、孔东民等（2014）的研究，衡量市场环境的指标主要有：是否利用跨境电商发现空白市场和潜在市场并扩大了供应商范围。

在资金环境方面，维持企业正常运营的资金除了来自创始人或股东以外，还有外部股权融资和债权融资。对中小企业而言，内部资金本身规模不大，无法与大企业竞争，只能通过扩大外部融资渠道来进行产品的研发、生产与销售活动。如本书第六章所述，跨境电商的发展为企业尤其是中小企业融资带来了更多渠道，线上小额贷款、股权众筹、P2P 信贷等新型融资方式降低了融资成本，使有潜力的企业有更多的机会获得投资人的赏识。根据于晓宇（2013）、王竹泉等（2011）[②] 的研究，资金环境可以通过以下指标来衡量：利用跨境电商进行融资；通过跨境电商平台吸引到更多投资。

根据国际创业路径的构成要素及以上度量指标的细分，本书构建了评价企业类型的量表，如表 8—5 所示。

表 8—5　　　　　　　　　度量企业类型的量表

一级指标	二级指标	三级指标
国际创业团队具备的能力	技术能力	是否采用新技术开发新产品
		新产品在技术上保持较高水平
		重视研究与开发
		研发团队擅长技术创新

---

① A. Djeflat, "High-technology buying in low-technology environment: The issues in new market economies", *Industrial Marketing Management*, 1988, 27（6），pp. 483–496.

② 王竹泉、孙莹、祝兵：《全球化企业营运资金管理模式探析——以海尔集团为例》，《中国科技论坛》2011 年第 8 期。

一级指标	二级指标	三级指标
国际创业团队具备的能力	市场能力	市场渠道的获取与控制
		与其他企业连接构成相互支持的网络
		上下游合作伙伴和竞争对手的信息获取能力
	资金实力	融资能力
		总资产周转率
团队可利用的国际创业环境	技术环境	是否通过跨境电商发现新技术
		是否与其他公司合作进行技术创新
		是否利用跨境电商预测技术的发展趋势
	市场环境	是否利用跨境电商发现空白市场
		是否通过跨境电商识别出潜在市场
		是否利用跨境电商扩大了供应商范围
	资金环境	利用跨境电商进行融资
		通过跨境电商平台吸引到更多投资

资料来源：作者研究整理。

（三）案例企业评分

根据前文构建的评价企业类型的指标体系，对三家案例企业进行打分。其中，鼎龙股份用字母 A 表示，中瑞思创用字母 B 表示，青岛金王用字母 C 表示，得分如表 8—6 所示。关于量表中指标的评分，带有"是否"二字的指标属于客观事实，采用目前学术界公认的二元标度进行测量，即企业符合该项指标，用数字"1"表示，不符合则用数字"0"表示。对于表中其他定性指标，本书采用李克特五级标度进行测量，分值从 1 至 5，得分越高表示符合情况的程度越高，1 分表示"完全不符合"，2 分表示"比较不符合"，3 分表示"一般"，4 分表示"比较符合"，5 分表示"完全符合"。定量指标"总资产周转率"不被列入打分体系，可通过企业公开的信息查找该项财务数据。

基于以上评分标准，本书根据案例企业的资料，对指标体系中的各项指标进行了评分。为便于读者查看，本书对这 17 项指标进行了编号，如表 8—6 所示。评分依据如下：第一，指标（1）、（10）、（11）、（12）、

（13）、（14）、（15）为客观指标，严格按照二元标度进行评分。第二，指标（9）为定量指标，不列入打分体系。第三，指标（2）、（3）、（4）、（5）、（6）、（7）、（8）、（16）、（17）为定性指标，开放性较强，本书在查阅了企业资料以后，对各指标的测度标准进行了界定。例如，指标（3）"重视研究与开发"，本书首先确定同一时期三家企业的研发费用占营业收入的比例，其次，将近年来企业的该项数据取均值进行比较，最后，根据差值进行评分。比如，鼎龙股份2010年研发投入金额占营业收入的比例为6.25%，中瑞思创的该项数据为3.05%，青岛金王则为2.19%，对三家企业上市以来的该项数据取均值，得出鼎龙股份此项得分为5，中瑞思创为3，青岛金王为2。指标（2）"新产品在技术上保持较高水平"，则主要比较三家企业同一时期财务报表中的发明专利数目，

表8—6 案例企业评分结果

指标内容			标度类型	得分区间	A	B	C
国际创业团队具备的能力	技术能力	（1）是否采用新技术开发新产品	二元标度	0—1	1	0	1
		（2）新产品在技术上保持较高水平	五级标度	1—5	5	1	2
		（3）重视研究与开发			5	3	2
		（4）研发团队擅长技术创新			5	1	3
		得分			16	5	8
	市场能力	（5）市场渠道的获取与控制	五级标度	1—5	1	5	3
		（6）与其他企业连接构成相互支持的网络			2	5	3
		（7）上下游合作伙伴和竞争对手的信息获取能力			2	4	3
		得分			5	14	9
	资金实力	（8）融资能力	五级标度	1—5	2	2	4
		（9）总资产周转率			—	—	—
		得分			2	2	4

	指标内容		标度类型	得分区间	A	B	C
团队可利用的国际创业环境	技术环境	（10）是否通过跨境电商发现新技术	二元标度	0—1	1	0	0
		（11）是否与其他公司合作进行技术创新			1	0	1
		（12）是否利用跨境电商预测技术的发展趋势			1	1	1
	得分				3	1	2
	市场环境	（13）是否利用跨境电商发现空白市场	二元标度	0—1	1	1	0
		（14）是否通过跨境电商识别出潜在市场			0	1	1
		（15）是否利用跨境电商扩大了供应商范围			1	1	1
	得分				2	3	2
	资金环境	（16）利用跨境电商进行融资	五级标度	1—5	3	2	4
		（17）通过跨境电商吸引到更多投资			3	3	5
	得分				6	5	9

资料来源：作者研究整理。

以此为依据来打分。指标（5）"市场渠道的获取与控制"，主要根据三家企业目前的海外市场数目来进行评分。指标（6）"与其他企业连接构成相互支持的网络"，则首先确定与三家企业构成支持网络的企业数目，然后对数量进行比较，最后对企业进行评分。指标（16）"利用跨境电商进行融资"，主要比较企业通过跨境电商平台获得的资金金额，以此为依据进行打分。同理，对于指标（17），首先考察企业某一时期利用跨境电商扩大了融资渠道后其投资额的同比增加值，其次对三家企业的该项数值进行比较，最后得出分数。根据以上评分依据，本书得出三家企业的评分结果，如表8—6所示。

为便于判定企业在技术、市场与资金三方面的能力强弱，将以上指标重新组合，将技术能力与技术环境的得分加总得到技术总分，同理得到市场总分和资金总分，如表8—7所示。根据三方面的总分大小，确定企业类型与优势。若技术总分最高，则企业属于技术型，以此类推。

表8—7　　　　　　　　　案例企业指标加总后的评分结果

指标	企业A	企业B	企业C
技术能力	16	5	8
技术环境	3	1	2
技术总分	19	6	10
市场能力	5	14	9
市场环境	2	3	2
市场总分	7	17	11
资金实力	2	2	4
资金环境	6	5	9
资金总分	8	7	13

资料来源：作者研究整理。

二　鼎龙股份国际创业路径选择

（一）企业概况

鼎龙股份成立于2000年，是全球著名的电荷调节剂、彩色聚合碳粉、商业喷码喷墨以及树脂着色剂等电子信息化学品供应商，是国家高新技术企业和国家创新型企业。2010年上市之后，借由跨境电商的发展趋势，实现了产业链上下游的整合，成为目前全球电荷调节剂产能最大的制造商。自成立以来，公司不断通过技术创新参与国际高端竞争，建立了30多项国际与国内发明专利，5项国家标准，成功打破了国外同行业企业的技术封锁，消除了国外市场的技术壁垒。[①]

（二）路径构成要素

鼎龙股份的创业团队有很多海归人员，创始人朱双全具有多年的外贸从业经验。创立之初，公司凭借创始人敏锐的技术洞察力和团队超强

───────────

① 鼎龙股份官方网站（http://www.dinglongchem.com）。

的技术研发能力，先后开发出一系列低价、质优的产品，很快受到欧美著名碳粉制造商的青睐，由此打开国门。此后，公司投入大量资金与武汉高等院校进行合作，研发出 20 多种新产品，利用海外各大跨境电商平台，逐步形成了以日本、美国、欧洲等国家为主的全球销售网络，公司的能力和国际创业环境的情况如表 8—8 所示。

表 8—8　　　　　　　　　　鼎龙股份国际创业要素分析

国际创业要素		具体内容
国际创业环境	技术环境	创始人朱双全通过日本某跨境电商平台"中日通"发现，化学原料卖到日本被加工成电荷调节剂后，价格翻了十多倍，并且很受欢迎，由此发现商机，开始组织专家研究该产品的相关技术
	市场环境	全球复印耗材市场长期被日本两大巨头企业（其中包括佳能）垄断，鼎龙股份通过线上和线下调研发现主要竞争者的产品虽然质优，但价格偏高，决定加大研发力度，降低成本，形成价格和质量优势。同时开始组建具有丰富渠道经验的本土化销售团队，联合国内外各大跨境电商平台，建立海外办事处和海外仓库
	资金环境	注重投资者关系管理，并通过企业网站上的投资者提问、互动平台等方式加强与投资者的沟通；进驻海外各大跨境电商平台，利用产品展示吸引投资者
国际创业团队	技术能力	面对初创期同行业两大巨头公司的打压，坚持自主研发，成立知识产权部，对竞争对手进行专利调研与跟踪，依靠海外专利布局和品牌形象，赢得了德国拜耳、韩国三星、日本东芝等知名客户
	市场能力	初期在市场拓展方面并未做过多安排，主要凭借产品专利和技术优势实现海外扩张，近年来开始通过跨境电商扩大销售网络
	资金实力	主要资金来源是商品销售、吸收投资、借款等。从 2016 年 3 月 31 日至 2017 年 3 月 31 日，公司每年的总资产周转率均低于行业数据（差值区间 0.01 ~ 0.3）①

资料来源：作者研究整理。

---

① 鼎龙股份历年财务报表（http://www.dinglongchem.com）。

（三）鼎龙股份国际创业路径

结合案例分析与前文的技术型路径解析，为了突出国际创业路径的要素，本书绘制了鼎龙股份的国际创业路径示意图，如图8—7所示。鼎龙股份自身具有很强的技术优势，基于此，对技术资源和机会的获取与利用能力也比较强。针对较弱的资金实力与市场能力，通过跨境电商的介入来弥补现有的不足，最终实现产业链的重新整合，促进国际创业活动的完成。

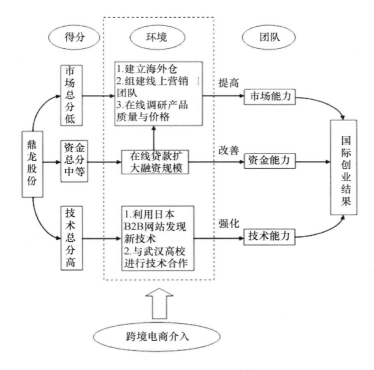

图8—7　鼎龙股份国际创业路径示意图

资料来源：作者自行绘制。

由表8—8和案例分析结果可知：鼎龙股份的技术总分 > 资金总分 > 市场总分，属于技术型企业，以技术为主导，采用技术型路径进行国际创业。总体来说，鼎龙股份基本上是依靠技术和专利的强大优势，借助跨境电商平台的信息和销售渠道来强化其市场能力，从而进行国际创业。这种创业路径比较适合技术研发能力强、资金规模中等、市场渗透与渠道获取能力稍弱的企业。

三 中瑞思创国际创业路径选择

（一）企业概况

中瑞思创成立于 2003 年 11 月，是一家从事电子商品防盗系统研发、生产与销售的企业，是全球零售业安防解决方案配套产品的重要供应商之一。公司主营 EAS（电子商品防盗系统）和 RFID（无线射频识别系统）产品及行业应用方案的开发和服务，主要产品包括硬标签、软标签、解码器等，应用于服装类产品、鞋类皮带、眼镜、数码家电等多类商品。2015 年，公司收购医惠科技，并更名为思创医惠科技股份有限公司，布局 RFID "芯片设计 + 标签制造 + 行业应用"全产业链，产品 90% 以上出口，在全球拥有近 300 个客户及代理商，遍布欧美、东南亚等 70 多个国家和地区。①

（二）路径构成要素

中瑞思创自身的技术创新能力不是很强，初期主要为海外品牌商进行代工，形成规模化生产后，利用跨境电商的渠道与需要定制产品的客户取得联系，进而由完全的代工生产转向一边代工一边设计、生产定制化产品，通过拓展营销渠道来扩大市场规模，以弥补技术方面的不足。由于具有成本优势，加上通过多年经营积累了一定规模的零售商资源，于是开始重视品牌创新和技术优势，2009 年开始大量收购国内外技术型企业，以期提升自身技术水平，建立自有品牌。中瑞思创的国际创业要素如表 8—9 所示。

表 8—9　　　　　　　　　　中瑞思创国际创业要素分析

国际创业要素		具体内容
国际创业环境	技术环境	自创立以来多年从事 OEM 业务，跨境电商兴起之时，创始人意识到转型的必要性，开始在海外各大跨境电商平台上寻找需要提供个性化解决方案的客户，逐渐向 ODM 转型。利用各大合作零售商的销售记录，追求产品差异化，进行精准营销，不仅提供科技含量高的产品，也有满足多数企业需求的性价比很高的产品

———————————

① 中瑞思创官方网站（http：//www.century-cn.net）。

续表

国际创业要素		具体内容
国际创业环境	市场环境	2000 年，创始人路楠尝试将电子防盗产品放到数家外文网站上，当时电子商务发展处于萌芽阶段，产品在网上挂了将近一年才有一家意大利公司发来订单。目前，公司通过跨境电商已经拥有遍布欧美以及东南亚各国的销售网络，与麦德龙、欧尚、H&M 等国际零售业品牌建立了长期合作关系。公司初创时经过在线调研发现国外电子防盗系统的使用率非常高，因此产品出口占多数
	资金环境	初创期主要是民营资本，中后期通过跨境电商融资，2010 年上市
国际创业团队	技术能力	技术研发方面不具有优势，成立之初主要依靠 OEM，2004 年开始向 ODM 转型
	市场能力	2009 年开始涉足 RFID 产品的设计与制造，大量收购国内外技术型公司，如意大利 TBS、国际 EAS 品牌 MW、智利安防龙头企业 GL、杭州宣道信息技术有限公司等，全力拓展 EAS 和 RFID 两条产品线的海外市场，目前产品销往全球 70 多个国家与地区
	资金实力	主要资金来源是商品销售、投资收益、处置资产等。从 2016 年 3 月 31 日至 2017 年 3 月 31 日，公司每年的总资产周转率均低于行业数据（差值区间 0.02 ~ 0.68）①

资料来源：作者研究整理。

（三）中瑞思创国际创业路径

结合案例分析与前文的市场型路径示意图，本书绘制了中瑞思创的国际创业路径，如图 8—8 所示。中瑞思创自身技术能力较弱，市场能力较强，资金规模一般。因此，公司在资金有限的情况下先为国外各大品牌商进行代工生产，随着规模的扩大以及各大零售商数量的增加，公司开始利用各大跨境电商平台进行技术机会的识别，并扩大销售网络，继续保持市场优势。针对较弱的技术资源与机会，通过跨境电商的介入来弥补现有的不足，最终实现产业链的重新整合，促进国际创业活动的完成。

由表 8—9 和案例分析结果可知：中瑞思创的市场总分 > 技术总分 > 资金总分，属于市场型企业，以市场为主导，采用市场型路径进行国际

---

① 中瑞思创历年财务报表（http://www.century-cn.net）。

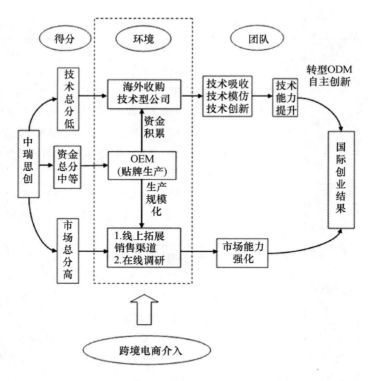

图8—8 中瑞思创国际创业路径示意图

资料来源：作者自行绘制。

创业。总体来说，中瑞思创一开始意识到自身技术不具备优势，海外安防市场存在空白，因此先由 OEM 做起，形成一定规模后，开始向 ODM 转型，借助跨境电商的信息和物流系统提供生产周期短、物美价廉的产品。最后，利用庞大的客户资源占领了 EAS 产品领域的主要海外市场。因此，这种路径比较适合初创时技术能力较弱、资金规模一般、海外人脉资源比较丰富的企业。

四 青岛金王国际创业路径选择

（一）企业概况

青岛金王成立于 1993 年，2006 年在深交所上市，业务范围涵盖了蜡烛制品、洗浴用品、化妆品等，目前在韩国、越南、美国、日本等地设立了子公司和分支机构。从 2013 年开始，公司逐渐向化妆品领域拓展，通过"实业＋资本"的方式建立了化妆品产业联盟投资，开始向跨境电商转型。集团旗下的子公司"优可"是国内跨境电商平台"卓越网"的品牌运营商，拥有娇韵诗、倩碧、欧舒丹、雅诗兰黛、薇姿等 40 多个国际一线品牌的线上运营权，并且具有海内外全网络优势和运营能力。集团的另一家从事化妆品品牌输出的子公司，具有强大的对互联网线上及线下渠道的新锐品牌进行柔性设计（微创新）和制造的能力。青岛金王目前是中国蜡烛制品行业国家和行业标准的制定者及全球香薰、蜡烛研发生产龙头企业。[①]

（二）路径构成要素

青岛金王的资金规模属于中等偏上，自身在蜡制品行业具有较强的研发能力，2013 年涉足跨境电商行业，运用多年研发、经营与整合的能力，收购了国内外多家从事化妆品行业的互联网企业，通过强势产品的技术优势和新兴涉足产品领域的战略联盟，形成了技术市场整合型国际创业路径，具体分析如表 8—10 所示。

表 8—10　　　　　　　　青岛金王国际创业要素分析

国际创业要素		具体内容
国际创业环境	技术环境	2013 年，青岛金王开始分析各大跨境电商平台的化妆品销售情况，发现化妆品很适合互联网的发展环境，于是思考如何将多年的技术优势发挥出来，尝试对不同平台的中小品牌产品进行改良和微创新。青岛金王开始收购跨境电商企业并对中小品牌进行柔性设计，逐渐形成自有品牌
	市场环境	青岛金王调研发现，西方国家的消费者不仅在停电时使用蜡烛，由于宗教信仰，平时也会购买造型精美、款式多样的蜡烛进行装饰，蜡烛消费的普及率非常高，于是在初创期着眼于海外市场，主要集中在欧美国家。后来利用国内外大型跨境电商扩大传统蜡烛制品销售渠道。由于香薰、工艺蜡烛等产品与化妆品有很大的内在联系，青岛金王利用香薰蜡烛产品的市场优势，向化妆品跨境电商转型。通过旗下跨境电商子公司的营销渠道销售化妆品，主要集中在韩国、日本、法国、美国等国家
	资金环境	转型化妆品电商后，利用资源整合优势赢得风险投资和社会资本注入

---

① 青岛金王官方网站（http：//www.chinakingking.com/）。

国际创业要素		具体内容
国际创业团队	技术能力	拥有国际知名设计师及化工领域的专家，与国内众多科研机构建立了产学研合作模式。申请专利 1300 多项，开发蜡烛产品 38000 多种
	市场能力	1997 年公司在美国最繁华的商业街实施事件营销，成为在沃尔玛唯一拥有自主品牌专柜的中国企业。现拥有两个全球核心辐射中心：北美、南美（以美国中心）和环亚太（以中国为中心）
	资金实力	入股青岛商业银行，控制资本渠道，2006 年上市。主要资金来源包括商品销售、吸收投资、处置子公司及其他营业单位获得的资金、借款等。从 2016 年 3 月 31 日至 2017 年 3 月 31 日，公司总资产周转率均高于行业数据（差值区间 0.01~0.09）①

资料来源：作者研究整理。

（三）青岛金王国际创业路径

结合案例分析与技术市场整合型路径示意图，本书绘制了青岛金王的国际创业路径，如图 8—9 所示。青岛金王具备一定的技术研发能力，市场能力一般，但资金实力较强。基于此，企业充分意识到跨境电商的发展趋势，通过并购国内外跨境电商企业来获得各大品牌的代理权，提升市场渗透能力，并且对某些中小品牌产品进行微创新，形成自有品牌，强化了企业的市场能力。

由表 8—10 和案例分析结果可知：青岛金王的资金总分 > 市场总分 > 技术总分，属于资本型企业，采用技术市场整合型路径进行国际创业。总体来说，青岛金王在发现利用原有技术优势研发出来的产品市场趋近于饱和的时候，开始把目光转向与优势产品相关的热销产品品类。这样一来，可以在一定程度上利用原来的资金和技术优势对新类型的产品进行部分创新，通过跨境电商进行技术和市场的整合，实现技术能力和市场能力的协同提升。因此，技术市场整合型路径比较适合具有一定自主研发能力、资金比较充裕、渠道获取能力中等的企业。

---

① 青岛金王历年财务报表（http://www.chinakingking.com/）。

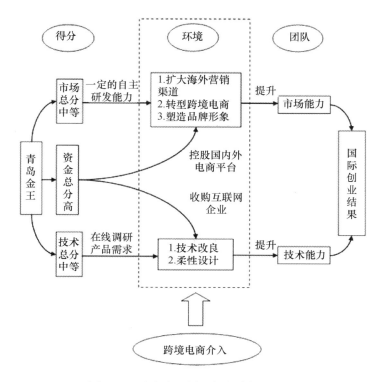

图8—9　青岛金王国际创业路径示意图

资料来源：作者自行绘制。

第五节　中国企业利用跨境电商
进行国际创业的启示

一　基于跨境电商的国际创业路径比较

基于跨境电商的国际创业路径关键构成要素包括两大类：国际创业团队（技术型、市场型与资本型）和国际创业环境（技术、市场与资金环境）。根据创业团队（企业）在技术与市场方面的能力强弱，将国际创业路径分为技术型（路径A）、市场型（路径B）和技术市场整合型（路径C）。跨境电商在三种路径中对各要素的影响程度各不相同，在不同创业时期起到的作用也不相同，但是针对优势部分都可以起到锦上添花的作用，而针对劣势部分，可以对其进行改善，对企业获取资源、识别创业机会、提升能力具有强化作用。

　　企业在进行国际创业的过程中，自身的能力与条件不是恒定不变的，而是会随着环境的变化不断进行调整，是一个动态的过程。借助跨境电商平台，不同类型企业的技术与市场能力会得到一定程度的提升。如图8—10所示，技术型企业具有较强的技术研发与创新能力，没有很好地构建全球营销网络，品牌塑造存在一定困难，市场能力较弱。跨境电商的介入改变了企业的外部环境，企业凭借技术优势，配合线上销售渠道的扩张，市场能力会得到一定提升，最终沿着路径A实现国际创业。市场型企业具有很好的品牌扩张和国际营销能力，缺乏技术创新与自主研发能力，技术能力相对较弱。通过跨境电商从原始设备制造商转型为按需设计与生产，吸收、模仿各大品牌商的技术，技术能力得到提升，结合超强的海外市场渠道的控制能力，最后沿着路径B实现国际创业。资本型企业资金雄厚，自身具备一定的技术研发能力，对海外市场渠道有一定的控制能力，但都不具备很强的竞争力。这类企业会利用庞大的资金规模控股国内外的互联网企业，以达到引进相关技术、获得更多市场渠道的目的，通过这种方式实现技术能力和市场能力的协同提升，最终沿着路径C开展国际创业。

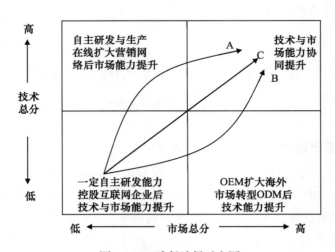

图8—10　路径选择示意图

资料来源：作者自行绘制。

在实践中，企业对路径的选择应该综合考虑内外部环境，选择适合自身发展的路径，以达到预期目标。表8—11 总结了上述三种路径的适用条件与适用对象。

表8—11　　　　　　　　不同路径的适用条件与适用对象

路径类型	适用条件	适用对象
路径 A（技术型）	拥有较强的技术研发与创新能力	企业的自主研发能力强，技术引进与吸收能力好，技术有竞争力，市场能力较弱，资金规模一般
路径 B（市场型）	具备较强的渠道控制与获取能力，海外人脉资源丰富，与上下游供应商和采购商关系良好	企业积累了一些国际市场开拓方面的经验，与终端采购商保持良好的合作关系，对渠道的控制能力较强，技术创新能力较弱，但具备一定吸收与改良技术的潜力
路径 C（技术市场整合型）	资金雄厚，具备一定的自主研发能力与海外市场拓展能力	企业资金较为充足，自身具备一定的技术创新能力和渠道拓展能力，资源整合能力好，技术、市场与资金环境的可得性较强

资料来源：作者研究整理。

基于案例分析结果，本书对三种路径做了比较分析。不同的国际创业团队具有不同的技术能力、市场能力与资金实力，强弱程度不一样，利用跨境电商获取创业资源和机会的可得性程度也不同，如表 8—12 所示。

表8—12　　　　　　　　三种路径的比较

国际创业要素		技术型（A）	市场型（B）	技术市场整合型（C）
国际创业团队	技术能力	强	弱	中
	市场能力	弱	强	中
	资金实力	中	强	中

续表

国际创业要素		技术型（A）	市场型（B）	技术市场整合型（C）
国际创业环境	技术环境可得性	高	低	中
	市场环境可得性	低	高	高
	资金环境可得性	中	中	高
适用企业类型	技术研发能力	强	弱	中
	资金规模	中	中	大
	市场渗透能力	弱	强	中
	渠道获取能力	弱	强	中

资料来源：作者研究整理。

企业在应用跨境电商平台的同时，在创业资源的获取、创业机会的识别与利用、内在驱动力等方面存在差异，因此不同类型的企业在创业路径的选择上也存在不同：技术型路径适合技术研发能力超强、资金规模中等、市场和渠道获取能力较弱的企业；市场型路径适合技术研发能力较弱、资金具有一定规模、市场和渠道较多的企业；技术市场整合型路径适合资金较充裕、资源整合能力强、技术研发能力和市场渗透能力中等的企业。企业在利用跨境电商平台进行国际创业时，要根据自身的特点和实际发展情况，选择适合企业发展的创业路径。

二　中国企业国际创业的路径选择

（一）客观评估自身实力

上文提出的三种国际创业路径对创业团队的要求不同，对创业资源和创业机会的强化作用也存在差异。企业在进行选择前，必须对自身做出一个全面、客观的评价，评价的内容主要包括：技术研发能力、资金规模、市场规模、渠道拓展能力等。具体来看，技术研发能力包括企业目前拥有的专利数目、技术团队的人员构成、是否具备制定行业标准的潜力等；资金规模主要指企业自身的融资情况、产品是否有足够潜力以吸引投资、融资渠道的范围等；市场规模主要包括：企业目前海外销售的市场和未来希望进入的潜在市场；渠道拓展能力是指社会关系网络的强弱、运用跨境电商平台提供的渠道的能力。以上指标有定性指标也有定量指标，在对定性指标进行评价时，企业可以参照本书构建的指标体系，对其进行评分，最终得出一份关于企业技术、市场与资金水平强弱的报告，以备路径选择之用。

（二）结合自身能力与外部环境选择合适路径

在对自身进行了客观、全面的评价之后，企业可以根据前文的路径对比分析表格，找出与企业相对应的类别。针对路径中提到的国际创业环境的可得性程度，分析企业在实际应用跨境电商的过程中对创业环境（资源和机会）的获取难易度，选定某一种创业路径。在制定了相应的国际创业策略之后，在具体实施的过程中，要针对自身技术和市场能力的变化，结合资源和机会的获取以及利用情况，随时调整策略。在这个过程中，路径的转化也不无可能。因此，路径的选择不是一成不变的，需要结合宏观背景和企业自身发展的情况来调整。

三 中国企业能力与国际创业环境的优化

（一）技术能力与技术环境的优化

如果仅仅通过进货和采购，企业很难摆脱 OEM 的标签，只有变传统采购为自主研发，才能真正实现国际创业的目标。企业可以借鉴鼎龙股份与青岛金王的成功经验，采用自主创新或微创新的方式来加强供货能力，形成持续性的竞争优势。对于规模不大、研发能力强、产品种类单一、偏技术型的企业，可以走自主研发的道路。这种方式非常适合 IT、电子、生物技术等高新技术行业的企业，这些企业往往具有很强的科研能力和技术成果转化能力，生产出来的产品质量好，在海外市场又具有成本优势，很容易占领市场。目前国内有很多这类企业成功实现了国际创业目标，如盛大网络、博奥生物等。对于研发能力较弱、产品种类多样化、渠道和市场能力强的企业，可以在原有依靠采购的基础上，通过技术外包、科研合作来改良代销的产品。加上自身的数据和资金优势，对市场容量进行预估，采用类似于定制产品的研发生产方式，针对不同消费群体提供满足不同需求的产品。

不同国家和地区消费者的消费习惯不同，对产品种类的偏好也不相同，企业要多与客户沟通，掌握大量关于产品需求和流行趋势的资讯。国内外跨境电商平台众多，利用平台进行在线交易的企业更是不计其数。企业的产品若缺少核心竞争力，消费者也会审美疲劳。若想从众多企业中脱颖而出，必须把重点放在提升产品质量上来。若平台上同质化产品较多，那么针对不同消费群体，能够体现消费者个性的定制化产品就很有可能吸引客户的眼球，进而增加销量。如果能在短时间内（1 周—2 周左右）让客户收到成品，那么企业的客流量也会增加。因此，构建企业内部的数据挖掘系统或购买合作平台的交易和支付数据，有助于了解客户的真实需求和消费习惯，企业最好熟知海外主要市场的大型跨境电商平台，有针对性地在平台上投放产品。例如，想要获得美国消费者的交易数据，可以借助 Amazon 庞大的数据库；希望得到英国消费者的购买记录，可以与 ASOS、Tesco 建立合作关系。

（二）市场能力与市场环境的优化

企业在初期往往是通过国内的人脉关系来取得货源，这增加了产业链和流通链的长度，也提高了产品的售价，本身不具有任何优势，更别说进行海外扩张了。一方面，企业可以利用跨境电商平台的信息渠道获得海外供应商的详细信息，在各大平台上发布企业和产品的信息，通过邮件或者电话沟通的方式与海外客户取得联系，并就合作事宜进行商讨（包括具体操作方式、收入分成、分工问题等）。另一方面，可以通过海外人脉关系寻找可以合作的供应商，或者通过与当地海外仓提供方签署协议来实现本地供货、本地配货。

企业在创业初期选择跨境电商平台时，最好专注于一家曝光率高、流量入口多、规模较大的平台，这样可以避免广撒网带来的精力分散、重复率高、传播效率低等问题。通过跨境电商平台扩大营销渠道主要表现在：一方面，丰富在线营销方式。目前中国企业利用跨境电商进行营销的方式主要有展示广告、邮件营销、网站联盟等。除了这些传统在线营销方式，企业还可以通过自建搜索引擎系统或者直接利用平台的优化系统，分析目标市场消费者的购买偏好和消费习惯，针对不同消费群体进行精准营销，减少营销过程中的信息浪费，节省市场调研的时间。另一方面，利用线上传播优势拓展线下营销渠道。线上营销方式固然有其优势，但是仍然存在调研结果可信度不高、接收用户反馈信息存在时滞的问题。因此，最好的方式是线上线下相结合。例如，企业可以组建一支专门从事社会化营销业务的团队，通过国内外各大社交网站和线下社区对产品进行推广，直接了解用户对产品的看法和使用感受。

（三）资金实力与资金环境的优化

目前大多数企业都是从国内仓库向国外消费者直邮发货，通过国际跨境物流公司配送，这对新创企业来说门槛较低，成本也不高，但是运送周期很长，出现货物丢失或破损的概率较大，很大程度上影响了消费者的购物体验。因此，企业有必要从供应链管理方面着手，降低供应链成本，提高运营效率与用户满意度。为此，企业可以与第三方服务商建立合作关系。一方面，与目标市场本地的物流服务商建立合作关系，物流部门负责合作协议的细节确认以及签署工作，并确认运费费率，技术部门负责开发订单和物流管理系统，以适应实际的出货需要；另一方面，与海外跨境电商平台指定的供应商进行合作，提前把货物运送到指定仓库，由他们代理发货。这种方式比较适合产品种类单一、出货量较小的企业，若想覆盖多品类产品，总体成本也会很高，企业在选择这种方式时可以先用小批量产品做一个测试，根据实际的市场反应进行调整。此外，企业还可以考虑自建海外仓库。这种模式配送速度快、物流费用较低，可以提升海外客户的满意度。当企业综合实力增强时，可以选择在全球区域组织（如欧盟）内的单个或多个国家建立海外集货中心或仓库，以某个国家为基点，覆盖到其他国家。由于组织内国家之间通常享受免税等互惠政策，因此可以大幅降低物流成本。

跨境电商平台为中国企业，尤其是中小企业提供了一个更宽广的融资平台，企业可以利用这一点扩大资金来源，解决资金难题。一是挖掘风险投资来源。风险投资可以弥补传统投融资的巨大缺口，跨境电商平台在政策的引导下，可以引进社会和民间资本，吸引更多金融机构的资金，甚至引进境外投资者的资金。企业应该抓住平台的资金渠道方面的优势，以更低的成本、更高的效率获得国际创业所需资金。二是利用平台的信用担保筹集资金。由于跨境结售汇的需要，跨境电商平台会与多家银行或金融机构建立合作关系。企业可以同这些金融机构建立良好的合作关系，获得信用担保，进而更容易从银行获得资金支持。目前国内部分跨境电商平台已经与央行、银监会、地方政府、公安、税务或工商部门建立了企业信用评级平台，企业可以利用这些平台与资金拥有方进行对接，获得更多资金来源的信息。

第 九 章

基于 O2O 的中国企业
国际创业方式选择

第一节 跨境电商的类型

跨境电商有许多不同的类型，依据跨境交易主体的不同，目前主流的跨境电商类型可分为企业对企业（business to business，B2B）、企业对客户（business to customer，B2C）、客户对客户（customer to customer，C2C）三种，每种类型都有其相应的特点。在 B2B 与 B2C 的基础上，通过构建线下体验店的形式，衍生出了 O2O（online to offline）类型。

一 跨境电商 B2B 类型

B2B 跨境电商类型形成于企业（商家）和企业（商家）之间，以电子信息技术为基础，通过整合整个供应链上下游的所有机构，以网络作为沟通的媒介，最终为买卖双方提供商务服务。这种类型在网上以发布广告和信息为主，成交和通关流程基本在线下完成，因此其本质上仍然属于传统贸易的范畴。但是由于网络的便利性和第三方服务机构的支持，B2B 类型可以使中小企业的产品和服务覆盖的面积远远超过传统销售的覆盖范围，这也是 B2B 类型能够发展壮大的重要原因。

二 跨境电商 B2C 类型

B2C 跨境电商类型是指一国企业通过互联网和电子信息技术向国外

消费者提供商品和服务的商事活动，又称外贸 B2C、小额外贸电子商务、跨境电子商务零售等。这种企业一般采用 B2C 跨境电商平台或者自建的 B2C 跨境电商网站让顾客选购商品，然后再通过国际物流直接销售给消费者。根据其应用模式，可以分为百货商店式、综合商场式和垂直商店三种类型。B2C 类型是目前应用范围最广的跨境电商类型。这种类型的优势有：第一，能够比较轻易地突破国界的限制，充分挖掘全球市场，创造更多的商业机会；第二，经营类型比较灵活，更容易把握产品的流行趋势；第三，能绕过所有中间商，直接对接终端消费者，获取高额利润。

三　跨境电商 C2C 类型

C2C 跨境电商类型一般是指消费者之间通过互联网进行交易的行为，如个人拍卖、二手交易等形式，目前国内比较典型的有淘宝网、易趣、拍拍网等。这种类型的主要优势在于进入门槛较低、产品多样性明显。但由于这种类型参与人数众多，并且消费者之间的素质参差不齐，这会造成管理上的困难，很难有创业者能够迅速解决此类问题。除此之外，售中和售后需要数量庞大的人员进行支持，加上商品质量难以保证，这都制约了企业在创业初期便选择该类型。基于此，该类型在企业创业过程中应用并不广泛。

四　跨境电商 O2O 类型

O2O 跨境电商类型一般是指线上与线下相结合的跨境电商类型，通过互联网，个人（或企业）与个人（或企业）之间进行交易，在线上以 B2C 或 B2B 的形式对接国外消费者，为他们提供商品和服务。同时，在线下通过建造体验店，为当地客户提供产品展示以及售后服务。这种类型的最大优点在于集合了前三种跨境电商类型的所有优势，使用起来比较灵活，并且线下体验店有助于产品的推广以及增强售后服务的力度，从而提高客户的满意程度。但其最大的缺点是，线下体验店的选址困难，体验店的运营会加大企业前期投入的成本。

五　各类跨境电商的比较与运用现状

上述四种跨境电商类型各有优劣，各自的适用范围也不尽相同，如

表 9—1 所示：

表 9—1　　　　　　　　　　　　跨境电商类型比较

跨境电商类型	优势	劣势	适用范围
B2B	整合供求企业上下游所有机构，简化交易程序，加大宣传力度	未能覆盖到具体消费者，本质仍然属于传统贸易范畴	适用于企业之间的跨境商务
B2C	突破国界限制，经营类型灵活，较低交易成本	物流方面难以取得突破，售后压力较大	适用于企业与消费者之间的跨境商务
C2C	涵盖范围最广，进入门槛低，产品多样性明显	管理困难，售中售后等环节人员需求庞大，质量难以保证	适用于消费者与消费者之间的跨境商务
O2O	拥有前三种跨境电商模式的所有特点，同时体验店的加入有助于提高客户满意度	线下体验店会加大企业前期投入成本	适用于资本雄厚并且有一定跨境电商基础的企业或个人进行跨境商务

资料来源：作者自行整理。

　　目前，中国的跨境电商以 B2B 与 B2C 两种类型为主。2016 年，中国跨境电商 B2B 类型的交易规模达到 3.78 万亿元，同比增长 25%，占比 88.7%。其发展特点是：其一，大订单、长期订单逐步被碎片化的中小订单、短期订单代替，市场体量非常庞大；其二，交易成本大大降低，越来越多的跨境贸易都在线上交易进行，线下企业越来越少。与 B2B 类型相对应的是规模较小的 B2C 类型，这种类型的差异化比较明显，个性化是其主要特色，因此这种类型的细分种类也比较多。B2C 类型也是中国企业进行国际创业的主要类型。2016 年，中国跨境电商 B2C 交易占比 11.3%。由于存量较小，B2C 跨境电商类型的增速明显快于 B2B 类型，这在一定程度上说明了 B2C 类型越来越受到企业的关注与认可。[①]

　　O2O 类型建立在 B2B 与 B2C 之上，可进一步细分为 B2B 跨境电

---

① 《2016 年度中国电子商务市场数据监测报告》（http://www.100ec.cn/zt/16jcbg/）。

商 O2O 类型以及 B2C 跨境电商 O2O 类型。总体来看，这两种类型也是以出口业务为主。B2B 跨境电商 O2O 类型最为典型的代表是广交会电商平台 O2O，B2C 跨境电商 O2O 类型较多，如天猫国际 O2O、洋码头 O2O、聚美优品 O2O 等，其中不仅有大型国有企业，也有不少中小民营企业。[①]

第二节　中国企业利用 O2O 进行国际创业的方式

一　技术运营型 O2O 国际创业方式

技术运营型国际创业方式适合在国内拥有专利和核心技术的高新科技企业，如生物技术、电子技术、软件、互联网技术企业等。这些企业能够凭借自身专利技术的垄断优势迅速开拓国际市场，目标是成为国内外企业 O2O 电商技术的提供商和运营服务商。此类企业主要的运营模式是为国内外的线下服务商提供技术支持和服务，并利用线上网页和 APP 软件进行宣传和销售，由此产生广告效应，同时吸引第三方商城、社交平台、经销商等线下门店入驻，在多个层面共同运营发展壮大，最终实现国际创业。

此类企业在国际创业初期，以技术为核心优势。因此，企业核心优势的维持至关重要，如果企业不能保持技术优势，就会被淘汰。因此，加大研发投入，大力培养科研人才，是企业发展的重中之重。企业一般会通过构建国际性的云商平台，为其提供技术支持，目的是打造一个线上线下一体化的 O2O 全渠道系统，再加上适当的运营策略，从而加大企业国际创业的成功筹码。国外企业之所以入驻该平台，就是基于弥补他们自身在技术、线上支付手段和推广渠道的不足，以便利用该平台的技术产出，实现自身在线上支付、推广、宣传与线下实体店的无缝对接。在发展成熟之后，技术型企业可以自己创建一些线下实体店进行自营业

---

① 艾媒咨询：《2016 年中国 O2O 行业发展报告》（http://www.iresearch.com.cn/report/2612.html）。

务，充分利用自身的技术优势，通过线下手段推广并积累资源，最后实现国际扩张。技术运营型国际创业方式如图 9—1 所示：

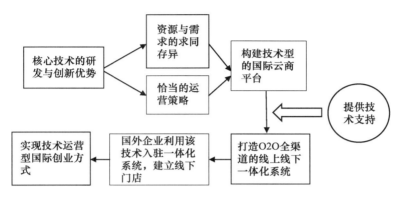

图 9—1　技术运营型国际创业方式

资料来源：作者自行总结绘制。

二　平台资源整合型 O2O 国际创业方式

平台资源整合型国际创业企业在创业初期能够占据国内市场的一定份额，并且在国外拥有丰富的人脉和资源。这些人脉和资源一般都归功于有经验的管理团队，他们有多年的行业跨国经营经验，因此企业决策者会从企业创建开始便立足整合全球资源，并且和国外当地的中小企业进行合作，共同搭建一个线上线下互通的专业化交易平台，利用互联网把资源供应商、采购分销商与消费者直接连接起来，整合平台资源，提供"高效、稳健、便捷、可依赖且低成本"的创新型电子商务整体解决方案和平台运营服务。这类企业从创业初期便聚焦于全球碎片化的市场，并且在国外建立零售分支机构，同时整合国外线下符合条件的中小企业入驻该平台，从大的平台环境中获取自身难以得到的资源，同时拓展销售渠道从中获利。创业企业可以通过平台对线上线下的所有资源进行无缝对接，帮助消费者选择经济理性的高品质消费服务，吸引更多消费者在平台中进行消费。有了供应商、消费者和自身作为 O2O 平台提供商，三者可以完整地形成 O2O 闭环，整个闭环一旦运转起来，就将会形成良性循环，在循环中创业企业能不断获利扩大优势，最终完成国际创业。

此类国际创业企业在国际创业过程中需要充分利用以前跨国经营管理中积累的经验以及人脉优势，通过海外关系网络获取廉价商品进行自营，并为入驻平台的企业进行融资和销售渠道的拓展，依据 O2O 的线上平台，吸引更多的国外线下企业入驻。基于此，打造一个全球性的采购网络，实现产业链升级至关重要，企业需要通过不断地整合现有资源和在国际上发现更多的符合企业自身发展特色的新资源，并对这些资源在线上进行维护，在线下通过高效的管理模式和实体店，让消费者能够直接接触更优质的商品和服务。这种形式也给予消费者更大的自主选择的空间，配合企业提供的售前、售中和售后的一体化服务，全方位解决顾客在消费过程中存在的顾虑。创业企业能够以此来维持自身的核心竞争力，扩大知名度。平台资源整合型国际创业方式如图9—2所示：

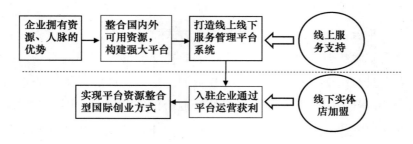

图9—2　平台资源整合型国际创业方式

资料来源：作者自行总结绘制。

三　"海外仓＋展示厅"型 O2O 国际创业方式

"海外仓＋展示厅"型国际创业企业从国际创业初期便立足于打造跨境电商产业生态圈，构建"互联网＋海外展仓"。其中，展示厅作为出口商品融入海外市场的跳板，目的是在线下把产品直接展示到海外零售商面前，加深海外零售商对出口商品的理解，并为买卖双方提供线上查询、交流和订购服务。这种类型的企业一般优先考虑在发达国家立足，借助他们在交通和信息传递方面便利迅速的优势，扩大自身的"海外仓＋展示厅"布局，而后再去新兴发达国家，循序渐进地发展起来。其自身构建的全球贸易管理系统也是"海外仓＋展示厅"创业型企业的另一大特色，企业可以利用系统方便快捷地对跨境电商与消费者之间进行物流的整合，并通过物流管理提供优质的供应链管理服务，将跨境物流本地化，缩短配送时间，提升消费者满意度，并最终达成国际创业的目的。

对于"海外仓＋展示厅"型国际创业 O2O 方式，企业一般在创立之初便建立"海外仓＋展示厅"，并利用第三方电商平台寻求卖家，初始的建仓国家一般为发达国家，利用这类国家宽松的国际市场准入政策以及良好的交通和配套物流，实现"海外仓＋展示厅"的落地，并且根据自身的"海外仓＋展示厅"管理系统，提供仓储管理和供应链的优化服务，随后线上和线下业务同时开展，线上进行产品展示提供下单、展示以及体验服务，线下提供售后和推广服务，凭借自身提供的优质的物流和仓储服务建立竞争优势并不断扩张，逐步在更多发达国家和地区甚至是新兴工业国家与发展中国家建立海外仓及展示厅。"海外仓＋展示厅"型国际创业方式如图 9—3 所示。

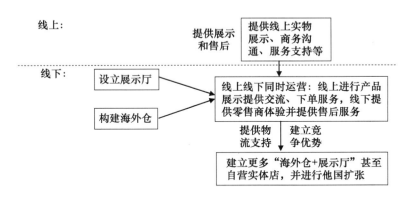

图 9—3　"海外仓＋展示厅"型国际创业方式

资料来源：作者自行绘制。

四　大数据精准营销型 O2O 国际创业方式

大数据精准营销型国际创业企业一般基于互联网技术，利用云计算和数据资源以及科学的数据管理技术，通过分析消费者的个性化需求，为不同的个体提供精准服务，创造出自己的优势。此类公司的核心竞争力是具有一套大数据信息系统，通过互联网和大数据技术，为全球客户提供定制化服务。企业的海外销售和生产过程通过互联网实现无缝衔接，销售端的海外合作商户将客户的详细信息输入大数据系统，然后在生产端的工人能实时从线上获取符合个性的特定信息并安排生产，随后进行数据化储存。待生产完成后，通过数据化物流配送体系，直接与第三方物流联系，以最快的速度送给客户，大大压缩了成本和定制时间，为客户创造价值。这种类型的企业需要在关键的海外市场建立信息技术中心，与国内信息流形成专项通道，这样国内工厂与海外客户之间就实现了实时对接。企业通过这种方式提供差异化的产品留住客户，再进行国际化生产扩张，并最终实现国际创业。

这类企业的主要竞争优势在于其拥有一套大数据系统，根据数据库中的数据在前端进行数据化营销，在后端进行数据的深度挖掘，主要是为了根据不同的数据特征进行个性化生产，在生产后进行数据化的物流配送，提高匹配的准确度，进而使消费者在最短时间内拿到符合他们定制特色的商品。线下体验店则主要是为了满足客户更好的体验需求，通过店面让顾客享受高质量的售后服务。大数据精准营销型国际创业方式如图9—4所示。

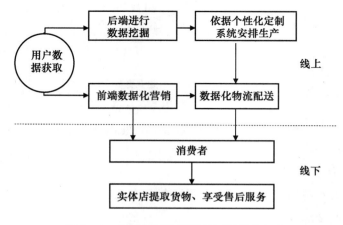

图9—4 大数据精准营销型国际创业方式

资料来源：作者自行绘制。

第三节 中国企业 O2O 国际创业方式选择案例

一 案例选取

本章在案例选取时遵循以下标准：其一，选取的案例符合国际创业的定义，即企业创立之初或者在发展到一定程度之后选择以国际市场为导向，并且在其创业领域取得了一定的成功；其二，选取的企业在创业过程中使用了跨境电商 O2O 方式，并且该方式在推动企业创业的过程中起到了至关重要的作用；其三，为了探究不同企业的发展策略，所选取的案例分属不同行业且是具有代表性的企业。

按照以上标准及信息的可得性，本章最终选取了四家企业作为案例研究对象，即：广东花生信息科技有限公司（以下简称"花生科技"）、深圳住百家发展股份有限公司（以下简称"住百家"）、香港大龙网科技有限公司（以下简称"大龙网"）、青岛红领服饰股份有限公司（以下简称"红领服饰"）。

二 花生科技国际创业方式

（一）花生科技简介

花生科技成立于 2014 年初，总部位于广州天河区智汇意园，注册资金 3000 万元，是一家专注于物联网（RFID + 二维码）、O2O 电子商务、OBO（one by one）网络直销及自动售货机、触屏机等硬件设备自主研发的创新型科技公司。公司不仅拥有专业的研发工程技术和先进的生产技术，还拥有一支经验丰富的管理团队和年轻的高级人才队伍，主要由前腾讯、华为等知名公司的顶尖人才构成。公司致力于创新产品的开发和销售，弘扬"创新、求实、拼搏、奉献"的企业精神，努力为客户提供优越的服务和优质的产品。①

在创业之初，花生科技的总裁便提出全球化的经营战略，并在全球

---

① 花生科技官方网站（http：//www. ipeanut. cc/）。

范围内构建三大系统，即 O2O 电子商务系统、OBO 网络直销系统、M2O（machine to online）无人自助超市系统。"必将开创一个时代"是花生的运营设计理念。根据公司发展理念的指导，花生科技在德国慕尼黑设立了研发基地，并在创立之初就在全球范围内招募研发人才，同时与国内外著名高校合作，吸收和培养适应全球化发展的人才。在研发基地，公司首创了用电子商务的方式实现国家直销模式，从而研发了 OBO 网络直销系统，目的是将花生科技 O2O 全渠道云商系统打造成全球首个互联网 O2O 电子商务品牌，帮助传统生产型企业搭建自主的 O2O 电子商务平台，完成传统生产型企业产业升级，实现线上、线下一体化营销。同时，帮助企业应用跨境电商实现一站式国际购物。涉及行业有化妆品、母婴用品、地产、餐饮、服装、教育培训、医疗（智能医疗系统）、广告等，同时为国内外三十多家大型企业、政府和事业单位提供技术支持。花生科技在电子商务、网络直销等领域颠覆了传统模式，创造了一个新时代。同时，花生科技也在积极打造花生生态链体系，力争全行业、全产业链都能共赢。花生旗下拥有品味之所（主营进口食品）、互微电子（主营新型电子产品）等全资子公司。

（二）花生科技运营方式

在国际创业初期，花生科技基于自身的软件技术研发团队完成了多个国内首家的初次尝试。例如，国内首家对多个跨境电商试点的海关对接、首家跨境电商 O2O 虚拟连锁和 O2O 家庭 e 店跨界联营、首家跨境电商 O2O 全渠道系统的开发、首家 O2O 全渠道电商运营服务商等。基于 O2O 的特点，花生科技构建了属于跨境电商 O2O 的三大特色，即多点分仓、多条件拆单、多海关对接。在运营阶段，花生科技把 O2O 的特色发挥出来，在网上寻找消费者，然后将他们带到现实的商店中。花生科技把支付模式和为店主创造客流量进行有机结合，这对消费者来说也是一种"发现"机制，从而实现线下购买。虽然每笔交易都发生在网上，但它同时兼顾了对线下消费者的服务，因为在线下提供服务才能让消费者感觉更加踏实。这种基于 O2O 的消费模式与传统的跨境电商消费模式最大的不同，在于它的整个消费过程由线上和线下两部分构成。线上平台为消费者提供消费指南、优惠信息、便利服务（预订、在线支付、地图

等）和分享平台，而线下商户则专注于提供服务。花生科技的运营方式
如图9—5所示：

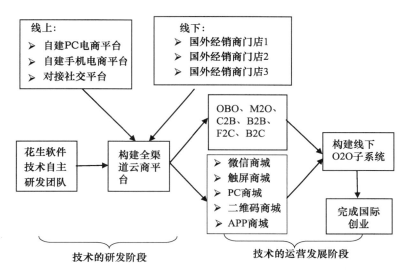

图9—5　花生科技运营方式

资料来源：作者自行绘制。

花生科技O2O方式的具体结构如图9—6所示，其形成的O2O闭环
如图9—7所示。

（三）花生科技发展策略

花生科技的O2O方式是以服务为核心，线上线下同时运营。线下引
流，交易发生在线上，线下进行服务及配送，最后收益归属于线下。这
样线下体验店的定位铺排就显得尤为重要，因此如何调动线上线下的积
极性，并实现双向引流，成了转型O2O的企业要考虑的最大问题。在花
生科技的O2O全渠道引流推广方案中，主要包括了融合线上线下的四种
引流推广渠道，分别是原有推广渠道、线下门店、线上促销及社区推广
引流。原有推广渠道引流，是一种总部推广而门店获利的方式，是品牌
性的推广，吸引消费者关注品牌从而促进门店销售。线下门店引流是一
个强有力的推广方案，精准面向客户群体。花生科技建立的O2O全渠道
云商平台主推的"双店模式"，把每一个门店变成"门店＋网店"的结合

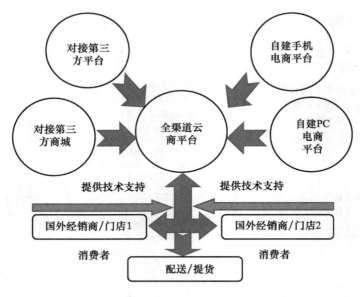

图 9—6　花生科技 O2O 方式

资料来源：花生科技官方网站（http：//www. ipeanut. cc/）。

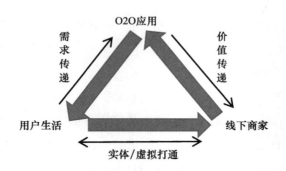

图 9—7　花生科技 O2O 闭环示意

资料来源：花生科技官方网站（http：//www. ipeanut. cc/）。

体，设置独立的二维码网店入口，为线上引流的同时给门店利润分成，调动门店积极性。线上促销引流是比较常见的一种方式，由于促销活动可以吸引消费者的眼球，这种方式自身就是一种有力的品牌营销，在营销推广的同时也能解决企业库存积压的难题。社区推广引流是在硬件设备发展的前提下实现的一种新型推广模式，通过触屏机、自动售卖机、社区广告、社区招商等多种方式，实现二维码云商铺、虚拟门店连锁及家庭 e 店的铺设，以社区的群众为基础，实行小区域大辐射的覆盖性推广。通过这种形式的推广，花生科技可以在更多的国家设立分支机构，并且为更多的线下体验店提供技术支持、渠道推广和方案设计，从技术层面为越来越多的国外小的线下实体店提供技术支持，并且通过研发对技术进行不断地改造和创新。

三 住百家国际创业方式

（一）住百家简介

住百家是一个海外中文短租和特色旅游产品预订平台，隶属于深圳背包客商务旅游咨询服务有限公司，其前身是短租网站 Wimdu 在亚洲的服务平台，主营业务是为出行海外的同胞寻找安全舒适的海外住宿。除此之外，住百家还提供租车、机票、地接及休闲娱乐等方面的指导服务。住百家目前在中国香港、中国澳门、中国台湾以及韩国、日本、泰国、新加坡、美国、加拿大、英国、法国、澳大利亚、西班牙等地拥有近万套各具特色的高品质民居、别墅，能够满足不同类型游客的不同住宿需求。[①]

（二）住百家运营方式

住百家主要面向四类中高端客户，即高学历、高品位的家庭出境游者；崇尚个性化、追求新奇体验的年轻小资群体；渴望深度体验高品质旅游产品的城市精英群体以及愿意走出国门深造的留学生和游学者。住百家目前主打三款产品：出境自助游短租、海外留学短租、海外游学短租。住百家在线下通过 PES（property evaluation system）[②] 筛选房源，严格控制房源质量，提供具有特色的民居服务。在线上，住百家则通过一套房源管理系统运营。客户可以通过住百家官网或者 APP 客户端，随时

---

① 住百家官方网站（http://www.zhubaijia.com/）。
② PES 标准为住百家自己研发的房源筛选管理系统，主要为房源的选择和管控提供依据。

浏览和进行在线交流，制定出行方案等旅行一站式服务，其特色在于充分利用"共享经济"模式，为客户省钱，同时降低自己的运营成本，获取竞争优势。私人订制服务为住百家的另一大特色，由于收取的费用较高，客户群体主要是高端客户。

住百家运营方式如图9—8所示：

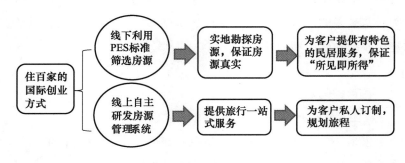

图9—8　住百家运营方式

资料来源：作者自行绘制。

（三）住百家发展策略

住百家运营方式的后续发展策略主要分为三个方向：其一，深耕细分市场。目前大部分的短租平台面向有短租需求的所有人群，但住百家选择的是一个垂直细分的人群，即国内的出境游用户。其二，掌控线下体验的品牌思维。由于目前进行出境游的华人客户一般都对服务和体验提出了较高的要求，因此单纯的平台式服务已经不能满足高质量消费者的需求，此时，企业只能通过高质量的自控服务满足消费者的需求，尤其应该注重的是线下房源的选择。在这方面，住百家需要制定一套严格的房源获取和审核标准，并随着客户需求的变化而变化，房源必须由海外或者国内专业团队逐一审核。在服务端，住百家可以为顾客提供全程无缝对接服务，包括咨询、语言帮助等，通过这些贴心服务在海外建立良好口碑。其三，继续加强和完善私人订制服务。在前期的推广阶段，住百家可以基于客户信用适当给予优惠甚至提供免费服务，或先体验后付款，最大程度地减少顾客对这类创新性服务的顾虑。

四　大龙网国际创业方式

（一）大龙网简介

大龙网是一家注册地在香港的国际性公司，成立于 2009 年，其核心管理团队为冯剑峰等人，天使投资人为前阿里巴巴集团 CTO 兼中国雅虎 CTO 吴炯，并先后引入了北极光创投、海纳亚洲、新加坡 F&H 等投资基金。[①] 大龙网在创业之初便致力于成为全球跨境电子商务 O2O 的先行者与领导者，旗下拥有 OSell 跨境 O2O 贸易平台、OSell 速卖宝供应商平台、OSell 跨境 O2O 网贸会、18985 综合服务平台、Dinodirect 全球旗舰店等多个品牌，目前业务已经覆盖全球 200 多个国家或地区，拥有中外员工千余名。大龙网在全球拥有 10 余家分公司，分布于俄罗斯、美国、加拿大、印度及巴西等地，并已设立多个海外销售办公室，拥有两百余名外籍员工，专门负责海外销售和推广工作。大龙网平台现有 170 多万个海外买家、266 个专业出口服务商以及上百个海外服务团队，并将链接 1500 万国内制造企业。大龙网筹建的该平台整合各类资源，已发展成为中国最大的跨境电子商务 O2O 平台。

（二）大龙网运营方式

传统的外贸模式，一般从制造商到消费者共计 7 个环节，其中每个环节都有相应的中介机构从中获利，因此价格会被大幅度抬高。大龙网倡行的 M2B（manufacturer to business）模式就是通过自建的平台，整合国内生产制造商与海外零售商，使他们能够通过互联网进行外贸交易，省去了中间承销商环节，使得外贸的环节由传统的 7 个减至 3 个，从而降低商品交易成本。

大龙网构建的"OSell"模式，是全球首家跨境 O2O 方式。该方式在解决中国制造业生产与海外零售商采购需求的同时，由当地零售商解决了目前大部分跨境电商无法解决的"最后一公里"售后服务问题。这种方式聚焦于全球碎片化的中小订单市场，为全球零售商和消费者提供厂家价格、本土物流、本土售后保障等服务。该模式旗下有三个主要子品

---

① 大龙网官方网站（http://china.osell.com/）。

牌。其中，OSell 跨境 O2O 贸易平台是国外本土厂商的保障；OSell 速卖宝供应商服务平台为供应商打造全渠道的综合服务平台，并提供云库房、订单管理、跨国在线客服、商业关系维护、跨国贸易结算等服务，为其平台上的中国供应商全球销售提供支持；OSell 跨境 O2O 网贸会将集结中国最优质的供应商资源，实现"前展后仓"的形式，前方展示会后接"海外仓＋展示厅"，直接将中国制造以线下展厅的形式搬到零售商家门口，当前来展示会的商家看中心仪的商品后，马上能利用企业的 App 直接与中方企业交流。该模式的核心是打造一个跨境电商线上线下的全产业链生态圈，结合 O2O 的概念，完善跨境电商产业链背后的资金流、信息流、物流和商流等综合服务。

大龙网运营方式如图 9—9 所示。

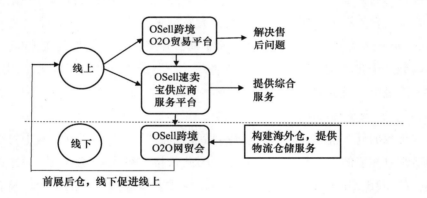

图 9—9   大龙网运营方式

资料来源：大龙网官方网站（http://china.osell.com/）。

（三）大龙网发展策略

大龙网的核心竞争优势主要是通过所构建的三大平台得以实现，因此大龙网采用兼顾三大平台的协同发展策略。其中，线下展厅的设计是企业建立竞争优势的关键所在，因为大龙网的设计师在展厅中的每一块区域都装了一块传感器，这使得公司能通过热感应传导来分析消费者对该产品感兴趣的程度，这种数据信息收集系统是助力大龙网产品"走出去"的一大利器。因此，大龙网当前发展的重中之重是继续推广这种展厅建设方式。接着，大龙网需在更多国家发展"前展后仓"模式，在此基础上协同整合其他具有中国元素的资源，建立一个资源产业园，做到国内外资源相互匹配和支持，最终实现中国品牌通过这种途径直接入驻当地市场，以弥补传统贴牌生产的不足。关于线下展厅的建设，大龙网需要寻找更多的国外闲置仓库，并把它们发展成更多的线下精品展示厅，这样使得线下促进线上，线上带动线下，形成一种良性的互动机制，达到为客户提供更好的综合性服务的目的。最终，大龙网将实现把全球各种具有特色的产业和生产资源进行有效对接，充分发挥规模经济和产业集群优势。

五 红领服饰国际创业方式

（一）红领服饰简介

红领服饰成立于 1995 年，在 2003 年之前只是青岛的一个小型服装厂。直到 2003 年，互联网的普及开始加速，企业看到了由此带来的产业升级机会，立即投入巨额资金对互联网在服装行业的应用进行了探索。经过多年的反复试验和摸索，红领服饰打造了一套基于跨境电商和服装大数据的服装在线系统，并创立了跨境电商直销模式。红领服饰将这种生产和销售方式称为"数字化的工业打印模式"，① 这种模式通过互联网和大数据技术支持全球客户对服装进行自主设计，从而满足顾客的个性化需求。企业的海外销售和生产过程通过互联网实现了无缝衔接，销售端的海外合作商户将客户的定制信息输入红领服饰的线上服装定制系统，生产端的工人实时从线上获取定制信息并安排生产，生产完成后直接送到当地线下门店，再通过第三方物流配送给客户，这大大压缩了成本和定制时间，为客户创造了价值。为了保证国际交易过程的通畅，红领服饰在关键的海外市场（洛杉矶和法兰克福）投资建设了机房，并通过两条专线直接连接到国内总部，这样国内工厂与海外客户之间就实现了实时对接。

（二）红领服饰运营方式

在红领服饰现有的海外业务中，互联网主要承担个人定制信息的快速获取和订单与工厂迅速对接的任务。但是很多客户依然反映，最终收到的

---

① 红领服饰官方网站（http：//www. redcollar. com. cn/）。

服装与自身的身形还是有一定出入。基于客户对身形精确度的需求，红领服饰通过和海外定制商户的合作，让顾客能够在当地享受更为精确的量体服务，并为国内生产车间获取更为准确的定制信息，这种运营方式极大地促进了红领服饰在自身领域的成功。这种合作的优势在欧美等发达国家市场体现得尤为明显，因为在这些国家，中小定制商户数量众多而且分散，合作商家不会因惧怕渠道垄断而拒绝合作，这种合作的结果是双赢。

红领服饰利用互联网最成功的地方在于，把标准化生产和个性化定制两类看似相互矛盾的生产经营理念完美地结合在了一起，使得企业既能保证生产效率，又能大幅增加产品的附加价值。此外，红领服饰通过这套大数据系统为服装品牌商提供批量的定制生产，同时为终端客户提供个性化的服装定制服务，实现对客户全渠道需求的覆盖。等一切成熟稳定之后，红领服饰在多个国家和地区设立了线下体验店。在体验店中，企业集合同属于一个企业的订单，由此达到降低运输成本的目的。不仅如此，消费者也可以在门店中体验该定制服务，试穿自己定制的服装，如有不满意，门店提供具有保障的售后服务，不满意的还可以返厂重做。这不仅降低了生产运输成本，也提高了顾客的满意度，这对企业的生存发展起到了至关重要的作用。

红领服饰运营方式如图9—10所示：

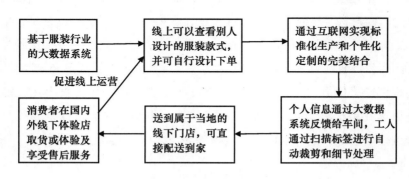

图9—10 红领服饰运营方式

资料来源：红领服饰官方网站（http：//www.redcollar.com.cn/）。

（三）红领服饰发展策略

红领服饰有五大发展策略：第一，把现有的产品生产标准化。但是如何把定制的各个环节都标准化？这是个很大的难题。红领服饰因此发掘了一种能快速并且准确掌握一个人的体型细节的方法。红领服饰首先通过技术人员的研究攻克了技术关，然后运用互联网，构建了 C2M（customer to manufactory）＋O2O 的个性化定制平台。该平台能实现工厂与消费者的直接对接，在快速收集顾客分散、个性化需求数据的同时，又消除了传统的流通环节，极大地降低了交易成本。第二，红领服饰构造了一个集生产、销售、物流、售后于一体的全链型商业生态圈，这保证了整个系统的完整运行。第三，红领服饰提高了自身的管理质量，实现了组织流程的再造。红领服饰根据组织规划，去除了相关冗余部门，只保留了六大核心部门，对部门之间实现扁平化管理。第四，建立以客服中心为枢纽的管理模式，客服是客户意见最直接展现的地方，客服有权对其余任何部门直接下达相应指令，最大化实现客户诉求，这也体现了红领服饰以客户需求为中心的经营理念。第五，在物流方面，红领服饰考虑在资金充足的情况下，采用自建物流的策略。这五大策略都在一定程度上保证了 C2M 电商平台的稳定运行，使得消费者和生产者能够完成瞬时的交互连接，构建了一条集下单、设计、生产、营销、物流、售后等一体化的智能化生态链。

在攻克技术和管理上的难关后，红领服饰具备了成为大型跨国服装生产、销售集团的资格。因此，红领服饰决定把这种模式加以推广，在更多的国家和地区建立信息传递中心和线下国际品牌旗舰店，借此来完善 C2M＋O2O 的运营模式，探索出一种互联网与传统工业深度融合的新型运营方式。

第四节 基于 O2O 的中国企业
国际创业方式选择

一 不同国际创业方式的比较

根据上文分析可知，本章选取的四家企业分别采用了不同的国际创业方式，即：花生科技采用了技术运营型国际创业方式；住百家采用了平台资源整合型国际创业方式；大龙网采用了"海外仓＋展示厅"型国际创业方式；红领服饰则采用了大数据精准营销型国际创业方式。

技术运营型国际创业方式适用于拥有核心技术竞争力的企业。他们有着极强的技术研发和创新能力，能够不断进行技术变革，更新升级现有技术，以满足时代发展的需要，充分发挥自身技术提供商和运营商的优势，使企业得以生存和发展。在发展策略上，这类企业需要构建完整的产、学、研三方平台，不断扩大技术方面的优势。同时需要克服企业的短板，在提供技术的同时，积累客户资源，通过建立O2O商城的形式，完善整个服务体系并实现扩张。

平台资源整合型国际创业方式适用于企业家在创立之初便拥有丰富的国内或国际人脉资源，并能充分利用这些资源构建大平台，通过平台对资源进行整合并盈利的企业。该方式的发展策略主要是在不断扩大资源优势的同时，建立核心人才培养体系，同时需要大力引进核心技术和核心人才，弥补自身在这两个方面的不足。在条件具备时，企业可以建立一个大数据库，进行更加精确的管理和分析，使企业获取长足的发展空间。除此之外，企业还需要根据自身定位创建全球性的采购网络，降低运营成本，最终实现产业链的升级。

"海外仓＋展示厅"型国际创业方式适用于在供应链和物流链上有一定优势，特别是有海外仓构建和经营管理经验的企业。这些企业可以充分利用海外仓的高效和便捷性，及时低成本的为客户提供产品服务，获取客户资源。企业若采取这种国际创业方式，在后续发展上应当注意根据自身资金充裕程度选择自营或与第三方合作运营，待发展成熟以后，尽量构建海外展厅，把产品放到客户家门口，提高客户的体验和满意度。

大数据精准营销型国际创业方式适用于拥有大数据或者在大数据库的构建上具有丰富经验的企业。这类企业一般都有自己的计算中心，能够进行云计算和云协助，其核心竞争力便是大数据研究中心。这类企业能够利用大数据库，为私人提供个性化定制服务，对于大量相似偏好需求的消费者能够进行提前批量规模化生产经营，提高自己的竞争优势。此类企业发展的核心要义是保持对系统和数据库的更新、维护、升级改造，其短板在于产品的运输时间过长，因此需要企业注意多和经营海外仓的企业合作，有能力者可以自建海外仓，实现产品的及时输送。以上四种基于 O2O 的国际创业方式的比较如表 9—2 所示：

表 9—2　　　　　**不同 O2O 国际创业方式的适用条件与发展策略**

国际创业方式	典型事例	适用条件	发展策略
技术运营型	花生科技	企业拥有专利和核心技术，具有技术研发和创新能力	构建完整的产、学、研三方平台，积累客户资源，弥补资源的不足。建立不同的 O2O 商城，为客户提供完整的 O2O 服务
平台资源整合型	住百家	企业创业初期在国内有一定的市场，并且在国外拥有丰富的人脉和资源	建立核心人才培养体系，弥补核心技术的不足，同时根据自身定位，创建全球采购网络，实现产业链的升级
"海外仓 + 展示厅" 型	大龙网	企业在供应链和物流链上具有一定优势，具有构建海外仓的能力和经验	根据企业资金流的充裕程度，可以选择自建或与第三方合作建立 "海外仓和展示厅"
大数据精准营销型	红领服饰	企业拥有云计算中心和大数据库，并能成立大数据研究中心	保持对系统的维护、更新和升级，提供快速解决方案并进行规模化生产，把定制产品以最短的时间送达客户

资料来源：作者自行整理。

二　中国企业国际创业方式的选择策略

对于技术运营型国际创业企业而言，技术是企业最为核心的竞争优势。在国际创业的初期，这类企业以技术研发和创新优势，配合相应的运营策略，打入国际市场。后续发展的重点就是保持技术上的优势，因此需要构建完整的产、学、研三方平台，获取持久的技术创新和研发能力，以高质量的研发团队吸引更多的优质研发人员加入，制造出优质产品或者为其他中小企业的加入提供好的技术性平台支持。后续可以根据客户需求，构建不同的自建 O2O 平台，如自建 PC 电商平台、自建手机电商平台、对接社交平台等，从客户的 O2O 执行到 O2O 落地，提供完善、专业的系统服务，并且聘请经验丰富的运营对接团队，为其提供运营推广方案。同时，基于 O2O 的自身特点，可以为运用 B2B 和 C2C 模式进行国际贸易的企业提供构建线下经销商门店的详细方案，从而帮助企业实现 O2O 闭环。在此基础上，企业可以建立不同的 O2O 商城，或者通过构建多个 O2O 子系统，形成完整的 O2O 生态网络，进而完善整个服务体系，为客户提供更好、更加全面的服务链条。这些构建完善的 O2O 子系统会为主系统服务，借助企业获取更多的资源，主要是积累人脉和客户资源，满足企业扩张的需求。在扩张的同时，需要特别关注的是，要和国内以及当地的金融机构保持密切联系，因为自身技术优势得以充分发挥的基础是获取投资者信任并且取得更多的融资。金融机构能够帮助企业以直接或者间接的融资形式，扩大企业的资本，解决资金不足的问题，为整个产业体系的发展提供良好的资金基础。

对于平台资源整合型国际创业企业，企业家在创业初期利用自身拥有的丰富资源建立比较优势以后，需要与具有核心技术或者成熟经营管理模式的企业进行合作，弥补自身在管理和技术上的不足。通过这些比较成熟的企业运营模式建立自身核心人才培养体系，包括招聘或者培养相应的研发型人才，加大研发投入和产出，并及时吸取成熟跨国公司的经营管理经验，进而优化内部管理体系，通过这两方面的投入，提升资源获取能力，努力获取长久的核心竞争力。这种创业方式需要注意在运营过程中维护供应商、分销商、消费者三方的利益，形成共赢的局面。这就需要整合平台各方资源，保障三方的管理运营收入，为企业的持续经营提供支撑和保障。然后，根据自身定位，创建全球采购网络，争取实现产业链的升级。除此之外，企业品牌的运作与维护也是至关重要的一环。只有扩大企业声誉，维护企业形象，保证售前、售中、售后的利益，健全全球营销网络，才能不断做大企业。此外，需要考虑在不同国家和地区开设更多的分支机构，吸引更多实体店加盟，不断利用自身的声誉优势，扩大平台容量，完成企业的扩张和发展。

对于"海外仓＋展示厅"型国际创业企业，可根据企业资金流的充裕程度，选择自建或者与第三方合作共建"海外仓和展示厅"。对于自建

"海外仓和展示厅"的企业，需要提升自身国际市场营销能力，建立自营业务。首先，成本管控是此类企业需要解决的核心问题，这类企业需要有一套严格且完整的成本管控制度，控制长期成本，降低仓储成本，实现规模经济。其次，这类企业需要进行个性化管理，发挥自建"海外仓＋展示厅"的优势。最后，要建立良好的口碑，进而获取持续发展的基础。对于资金流比较紧缺的企业，可以选择与第三方合作的方式共建"海外仓＋展示厅"，这有助于企业从第三方公司获取更加专业和高效的服务，但是这在一定程度上也增加了企业的运营风险，降低了企业制定发展战略的灵活程度。因此，企业需要加强自身的风险管控，同时充分发挥自己的高效物流优势，简化经营运作环节，集中精力去发展产品的品牌效应与营销发展路径。无论是哪一种"海外仓＋展示厅"构建方式，企业的宗旨都是为客户提供更好的服务体验，获取良好声誉，取得持续竞争优势，再应用跨境电商的低成本、高效率的特点，通过在更多国家建立"海外仓＋展示厅"，最终使企业发展壮大。

大数据精准营销型国际创业企业所从事的一般为消费者需求多样性很高的业务，如餐饮、服装设计、打车服务、团购订餐等，这类企业的核心竞争力是行业大数据系统，因此对系统的维护和更新升级就显得至关重要。效率也是这类企业在发展中需要重点关注的问题。对生产性企业而言，互联网的加入就是为客户的多样化需求提供快速解决方案，并根据特定需求进行统计分析，完成规模化生产，争取把定制产品以最短的时间寄回给客户，这样才能够提高客户的满意程度。对打车或者团购订餐类型的企业而言，大数据给他们提供了最优方案。基于对系统的更新需求和提升效率的需求，企业必须加大技术研发投入，保证系统安全、快速、有序运行，同时提高数据化模式操作人员的素质，这是保障这类企业核心竞争优势的基础。此外，企业决策者要有国际化视野，加快国际化步伐，提出在不同国家和地区构建线下体验店的方案，并尽快付之行动。与之配套的网络系统也要随之完善，保证实体店和相应网络的配套建设同步进行。实体店可以增强客户体验，扩大宣传渠道，提供示范效应，并且能够在当地推广。企业需要有一套科学有效的管理制度统一管理这些分支，为企业的有序扩张提供重要支撑和保障。

第十章

研究结论与政策建议

第一节 研究结论

一 中国企业国际创业模式选择策略

本书在对以往研究进行分析总结的基础上，以国际创业自我效能为核心，将创业者特质、制度环境和创业者认知联系起来，并以国际创业者为对象进行调查以获取数据，在此基础上进行实证分析。实证结果清晰地反映了创业者特质、制度环境作为创业者认知的前因变量与国际创业自我效能之间的关系，同时也揭示了创业者认知在前因变量与国际创业自我效能之间的中介作用机制。

国际创业自我效能即国际创业者对于自己能否完成与国际创业有关的任务或活动所具有的自信程度，它包括警觉、适应性、风险承担、创新、国际营销和国际财务管理6个维度。创业者的性别、开始本次国际创业时的年龄、创业前工作年限和以往创业经历的不同会导致国际创业自我效能的显著差异。创业者认知受创业者特质和创业者所处的制度环境的影响，同时又影响创业者的国际创业自我效能，并在创业者特质和制度环境与国际创业自我效能之间起到部分中介作用。国际创业自我效能与国际创业绩效呈显著正相关关系。国际创业绩效也受国际创业模式的影响，国际创业模式对国际创业自我效能和国际创业绩效起到部分中介作用。

国际创业模式分为投资型、契约型和出口型三种，三种模式所对应的国际创业风险和国际创业绩效依次递减。国际创业自我效能较高的个体，可选择投资型国际创业模式；反之，国际创业自我效能较低的个体，可选择出口型国际创业模式。对于国际创业自我效能居中的个体，适宜选择契约型国际创业模式。

二 中国企业国际创业路径选择策略

国际创业路径是企业在国际创业过程中对国际创业机会和国际创业资源的获取与利用的具体途径。在"互联网＋"时代，作为新创企业和中小企业国际创业的新形式，跨境电商越来越受到中国企业的普遍关注。影响企业利用跨境电商进行国际创业的因素主要是企业内部的能力和企业外部所处的环境。根据创业团队具有的优势的不同，可以将国际创业团队分为技术型、市场型和资本型三类。相应地，根据创业企业在技术和市场方面能力的强弱，基于跨境电商的国际创业路径分为技术型、市场型和技术市场整合型三种。

企业在进行国际创业的过程中，自身的能力与条件不是恒定不变的，而会随着环境的变化不断地进行调整，是一个动态过程。借助跨境电商平台，不同类型企业的技术与市场能力会得到一定程度的提升。企业在应用跨境电商平台的同时，在创业资源的获取、创业机会的识别与利用、内在驱动力等方面存在差异，因此不同类型的企业在创业路径的选择上也存在不同：技术型路径适合技术研发能力超强、资金规模中等、市场和渠道获取能力较弱的企业；市场型路径适合技术研发能力较弱、资金具有一定规模、市场和渠道较多的企业；技术市场整合型路径适合资金较充裕、资源整合能力强、技术研发能力和市场渗透能力中等的企业。中国企业在利用跨境电商平台进行国际创业时，要根据自身的特点和实际情况，选择适合企业发展的创业路径。

三 中国企业国际创业方式选择策略

依据跨境交易主体的不同，跨境电商可分为 B2B、B2C、C2C 及 O2O 四种方式。基于 O2O 的国际创业方式包括技术运营型、平台资源整合型、"海外仓＋展示厅"型、大数据精准营销型四种。基于 O2O 的四种国际创业方式各有适用范围，中国企业应根据自身特点选择使用不同的国际创业方式。

技术运营型国际创业方式适用于拥有核心技术竞争力的企业。平台资源整合型国际创业方式适用于企业家在创立之初便拥有丰富的国内或国际人脉资源，并能充分利用这些资源构建大平台，通过平台对资源进行整合并盈利的企业。"海外仓＋展示厅"型国际创业方式适用于在供应链和物流链上有一定优势，特别是有海外仓构建和经营管理经验的企业，且企业可选择自建或者与第三方合作共建"海外仓和展示厅"。大数据精准营销型国际创业方式适用于拥有大数据或者在大数据库的构建上有丰富经验的企业，一般为从事餐饮、服装设计、打车服务、团购订餐等消费者需求多样性很高的业务的企业所采用。

第二节　提高国际创业自我效能的建议

一　政府层面

（一）改善国际创业环境

本书的研究结果表明，制度环境对于国际创业自我效能的提高具有积极作用。制度环境不仅可以直接影响国际创业自我效能，还会通过创业者认知来影响创业者的国际创业自我效能。因此，可以从改善国际创业环境特别是制度环境出发，促进创业者国际创业自我效能的提升。制度环境对国际创业活动的影响主要通过管制、规范和认知三个方面来实现。相应地，要通过制度环境提高国际创业自我效能，也可以从管制环境、规范环境和认知环境三个方面展开。

政府作为经济政策的制定主体、经济活动运行的监管主体，有责任根据内外环境的变化，及时制定与调整相关政策与规定，促进经济社会的发展。为了从管制环境层面有效提升创业者的国际创业自我效能，政府首先应该根据实际情况，制定鼓励国际创业的政策或规则，逐步降低国际创业的制度性门槛，提供关于国际创业项目开发、创业模式选择、手续办理、跟踪辅导等方面的咨询与支持，帮助创业者为国际创业实践做好充分准备，从而提升其对创业成功的自信心。

　　规范环境是与个体行为相关的价值观与信念。为了营造有利于提升国际创业自我效能的规范环境，政府可以通过官方的言语媒介和行为来发出一种鼓励国际创业、尊重国际创业者的信号，积极引导社会正视国际创业行为，从而有效激励社会各界将在海外开办新企业作为一种新的职业选择。针对国际创业的特点，以政府为牵头主体，提供相应的教育与培训便是政府鼓励国际创业活动的一种信号，是营造有利于国际创业的氛围、提升国际创业自我效能的一种途径。他人的言语劝导能够激发个体的动机水平，使个体对自身已有能力产生积极信念。政府作为最具权威性的组织，如果能够为国际创业者提供相关的职业教育与培训，就如何选择国际创业产业与模式、如何提升国际创业能力、如何根据国外政治制度与文化价值观的不同做出不同的创业与管理选择等内容提供专业的辅导，对个体所产生的劝导作用和强化效果也许会更加明显，这不仅有助于民众正确认识国际创业与国际创业者，同时还有助于创业者正确认识自身现有的创业技能，从而为提高国际创业自我效能起到双重的积极效果。

　　认知环境是群体价值观的集合。群体价值观的主体是群体，内容是群体对内外环境的总体评价和总体看法，是为群体内部绝大多数成员共同认可的价值观念。因此，要从认知环境的角度提升国际创业自我效能，更需要政府在较长一段时间内持续致力于国际创业环境的改善和国际创业氛围的营造，从而通过国际创业观念的普及和国际创业成功案例的传播从根本上改变人们对国际创业的认知，最终达到提升国际创业自我效能的目的。在本书关于制度环境的问卷调查中，涉及国际创业活动目前的社会地位。结果表明，人们对于"国际创业是一个令人尊敬的职业道路"这一问题的态度处于一般水平，也就是说，目前人们并不认为国际创业是一个值得尊敬的职业选择，但在世界经济一体化进程加快、众多领域国内市场逐渐饱和的现实情况下，进行国际创业不仅是一种谋求生存的必然选择，也是一种主动参与世界竞争，提升综合实力的表现，这是值得骄傲和自豪的事情。因此，政府、教育机构、企业等各相关主体，都有义务营造一种鼓励企业主动参与世界竞争的氛围，提升企业在经济领域的"发言"权和"发言"水平。通过这种鼓励国际创业的社会氛围的营造，创业者们至少可以抛开不必要的担忧或社会偏见，正视问题、解决问题，对国际创业活动的成功保持足够的自信，通过一段时间的积累，相信国际创业的认知环境能够逐步得到改善。

（二）普及国际创业教育

在基础教育和高等教育中开设关于创业与国际创业的基础类课程，有助于提升潜在创业者的国际创业自我效能。根据前文分析可知，创业者特质与国际创业自我效能之间有显著的正相关关系，并且在创业者特质、制度环境对国际创业自我效能的回归分析中，创业者特质的标准化回归系数较大，创业者特质对国际创业自我效能的正向影响是非常显著的。因此，良好的创业者特质有助于国际创业自我效能的提升。而创业者特质的情绪稳定性、外倾性、成就动机等或多或少会受到个体从小到大所受教育的影响。从这一层面上说，创业教育在基础教育中的普及对于某些有利于国际创业自我效能提升的创业者特质的形成有一定帮助，从而也可能对国际创业自我效能的提升有积极影响。

本书通过数据分析发现，最高学历对创业者的警觉维度有着显著影响，这表明在某种程度上学历很有可能影响国际创业自我效能。随着高等教育的普及、创业人群学历的提升，在高等教育中实施创业教育，可以使潜在国际创业者得到关于创业意识、创业能力等创业基本素质的培养，从而使其在条件成熟时做出更有利的创业选择，对创业活动成功与否有更明确的判断和信心。浙江大学的创业教育便是在高等教育中普及创业基本素质教育的典范。早在 1999 年，浙江大学管理学院便与竺可桢学院合办了"创新与创业管理强化班"，着力于培养具有坚实基础，集创新意识、创业素质和企业家精神于一身的复合型人才。在世界经济一体化的新时代，浙江大学的创业教育实践值得更多高等教育者去深思与学习。只有这样，未来创业者的国际创业自我效能才能更真切地反映创业者对于国际创业活动的信念与信心，而不再停留于单纯的情绪体验。

（三）保持国际创业相关政策的稳定性

在国际创业实践中，政府相关政策的变化会对创业活动产生巨大影响。比如，《境外投资管理办法》对境外投资的产品或技术的限制使国际创业者必须慎重选择国际创业产业，政府对境外投资企业或个人的征税办法使国际创业者必须在创业目的国、国际创业产业、模式等各方面的选择上几番权衡，商务部门对境外投资管理情况的检查要求国际创业者必须负担规范国际创业活动及相关程序的成本。这些政策规范即使发生微小变化也有可能给国际创业带来巨大的影响。因此，维持国际创业相关政策的稳定性，促进国际创业活动的正常开展，有助于提升创业者对国际创业成功的信心。

二　行业层面

（一）组建国际创业者网络

可以利用当今互联网与计算机技术的发展，构建一个线上国际创业者沟通交流平台，克服时间与空间的限制，在这个透明的平台上畅所欲言，分享各自的国际创业实践经验，对创业过程中遇到的各种问题各抒己见，学习他人优秀的处理方法。同时，也可以适当发展线下的国际创业者俱乐部、沙龙及行业国际创业论坛。通过这些间接经验或者替代性经验的学习，使创业者相信自己也可以掌握相应的能力与经验，这种创业者之间的"社会典范作用"有助于国际创业自我效能的提高。

间接经验的学习可以使创业者对国际创业活动可能遇到的问题与困难有感性的认识，而通过举办模拟国际创业实践大赛或国际创业计划大赛等不同形式的活动，更有助于创业者将感性认识上升到理性思考，并用思考指导实际行动。从这一层面来说，相关行业组织可以通过组织比赛的形式，鼓励有意进行国际创业的个体积极参与其中，为日后的国际创业实践积累经验，也有助于促进行业交流，活跃行业氛围。当然，这一方法的有效性很大程度上取决于比赛是否能够提供一个仿真的环境，真正展示出国际创业可能面临的问题而不流于形式，因此也需要有关部门予以重视并在实施的过程中不断调整。国际创业者通过仿真的国际创业模拟比赛可以获得有用的技巧和策略，并在日后的国际创业实践中予以复制，更容易提升自身的国际创业自我效能。

（二）改善创业者的思维结构

本书通过实证数据分析表明，创业者特质、制度环境通过创业者认知影响国际创业自我效能，创业者认知是创业者特质和制度环境影响国际创业自我效能的一个关键因素。创业者认知包括与个体从事国际创业活动有关的各种思维结构及知识储备，创业者认知能力的提高能够有效促进国际创业自我效能的提升。因此，对于各行业主体来说，试图提升国际创业自我效能，就要从改善行业参与者的思维结构、丰富其知识储备、培养本行业鼓励国际创业的氛围着手，形成有利于促进国际创业活动开展的行业规范，培养鼓励参与国际竞争的文化价值观，并提升行业参与者的认知能力，从而使个体从众多行业追随者中脱颖而出，成为国际创业实践者。

（三）树立国际创业榜样

榜样的力量是无穷的，以国际创业榜样为载体，传达国际创业的经验、教训，这有助于促进创业者国际创业自我效能的提升。行业协会通过树立国际创业榜样，帮助同行业国际创业者将自己的国际创业行为与行业榜样的创业行为进行比较，从而通过榜样的成就来评估自身的能力和未来可能取得的成绩，进而提高自身国际创业自我效能。从行业层面出发，邀请成功的国际创业者举办讲座、报告会、交流会，也可以为后来的国际创业者树立学习的榜样，提升学习者对创业的信心，使其相信通过自己的努力，也有可能取得与榜样类似的成就，从而提高其国际创业自我效能。

三 个体层面

当政府和行业都在为国际创业活动的蓬勃兴起奠定基础，为国际创业自我效能的提升创造条件时，作为国际创业者自身，也有必要为维持对国际创业应有的信心而做出努力。根据前文分析可知，创业者认知与国际创业自我效能之间呈显著正相关关系。同时，通过创业者认知对国际创业自我效能的回归分析可知，创业者认知的 3 个维度的变化会引起国际创业自我效能中等程度的相应变化。创业者认知还在创业者特质和制度环境对国际创业自我效能的影响中起到部分中介的作用。这一切均表明，作为创业者自身，要提升自我的国际创业自我效能水平，可以从改变自我认知做起。

（一）提升创业者认知水平

创业者认知存在于创业者的个体意识中，以脚本的形式作为决策制定的来源，并从创业准备脚本、创业意愿脚本、创业能力脚本的角度作用于创业决策。因此，从准备、意愿和能力脚本出发，提升创业者的认知水平，有利于提升国际创业自我效能。

人脉、关系、资源和资产是创业准备脚本的关键内容。根据问卷调查的结果可知，在当前环境下，创业者在进行国际创业活动前，对人脉、关系、资源、资产等方面的准备略显不足。如果能够有效提升创业者的准备脚本，那么必将会对国际创业自我效能的提升产生积极的效果。因此，作为国际创业者自身，应该在做出国际创业决策之前，就有意识地积累各方面的资源，并在条件成熟时，合理利用人脉与关系，有效配置资源与资产，从而达到提升自己对创业成功的把握、提高国际创业自我效能的目标。

创业意愿脚本的主要内涵是创业者对进行创业活动的风险的承诺，带有较大的主观色彩。个人在决策中对风险的偏好不仅受个体行为特征的影响，同时也受到外部环境的影响。因此，意愿脚本的提升需要创业者付出主观上的努力，一方面，创业者应该客观分析将某个国际创业想法付诸实践所需的资源、条件和可能遇到的问题，客观认识可能存在的风险；另一方面，创业者也应该评估自身已具备的资源与条件，对可能遇到的问题提出相应的解决预案，从而提高自身的风险承受能力。

创业能力脚本是创业者将创业想法付诸实践所需的能力、知识、技巧、态度和规范的集合，是创业者长期积累的结果，并非一朝一夕所能炼成。因此，为了提升创业能力脚本，创业者应该加强自身创业能力的培养。参与创业课程培训，参加创业模拟大赛锻炼创业技巧，学习创业相关的法律法规，主动参与创业实践研讨，养成严谨规范的创业态度等，都是可行的途径。提升创业能力脚本需要创业者抱着虚心学习、耐心积累的心态，在长期的学习与实践中逐渐提升。随着创业者能力脚本的提升，创业者对自己从事国际创业活动取得成功的信心也必将水涨船高。

（二）加强自我修养，提升创业警觉性

国际创业不仅是创业者将创业想法付诸实践的一项创新性活动，更是一场对创业者自身综合素质的考验。无论是在国际创业活动的准备、实施阶段，还是在创业成功后对新创企业的管理阶段，都需要创业者以清醒的头脑，客观看待企业内外环境，以不断试错的心态，及时根据环境的变化对各项策略做出适当的调整，保持与外部环境和内部情境的良性互动。对于新创企业来说，往往需要开拓新市场、推广新产品或新服务。如果创业者对国际市场营销有一定的认识，具备良好的国际市场营销能力，就更能够有效促进国际创业目标的达成，从而提高自身国际创业自我效能。新创企业的管理也需要具备一定的技巧，因为处于创业阶段的企业往往员工人数较少，各项规章制度都不健全，从事国际创业的企业更要面临不同国别人员在文化体制、制度环境、风俗习惯等各方面的差异。在管理过程中，需要具备一定的包容性和技巧性，以便更好地激励员工为企业的成功贡献力量。创业者只有处理好企业在营销、管理等各方面的问题，才能离创业成功更近，才能更有效地提高其国际创业自我效能。

国际创业自我效能的一个关键维度是警觉，创业警觉性高有助于创业者及时有效地识别创业机会，进而促进国际创业自我效能的提升。因此，创业者应该重视培养自身对外界环境的敏感度，学会挖掘市场需求，加强对客户的感知，提高自己的感知警觉性。同时，国际创业活动作为一种创新性的实践活动，也需要创业者具备优秀的思维能力和反应能力。创业者必须学会独立思考，具备一定的概念性思维和快速反应能力，而这些能力的提高并非是一蹴而就的，必须通过创业者自身有意识的锻炼和长期的积累。

（三）了解相关资讯，慎重做出国际创业选择

对于国际创业者来说，信息和知识的完备能够影响其对创业活动成功与否的信心。信息越完备，知识越丰富，创业者就越能够有效地处理国际创业过程中可能遇到的问题，创业者的国际创业自我效能越高。因此，对于国际创业者来说，为了提升自身国际创业自我效能，需要扩大视野，扩充与创业和国际创业相关的知识，熟悉国际创业相关的法律法规，了解创业目标国的文化传统，摒弃一成不变的思维模式，并根据创业实践的发展，采取相应的组织管理方式、业务推广策略，在适应创业

目标国文化背景、符合本国创业政策的条件下，促使自身所采用的方式或策略得到职员、目标客户、合作伙伴等各方利益相关者的认同，从而促进国际创业活动的正常开展，使自身能对是否完成国际创业目标做出正确的判断，并保持相应的自信。

本书关于人口统计变量与国际创业自我效能的数据分析说明，年龄、创业前工作年限及以往创业经历都会对国际创业自我效能产生显著的影响。一般来说，创业前工作年限越长，创业经历越多，国际创业自我效能会越高。这说明创业者在开始此次国际创业前所积累的工作和创业经验、人脉资源越丰富，越容易使其对本次国际创业活动的成功抱有更大的信心。因此，创业者在做出一个国际创业的选择之前，一定要全面衡量自己所拥有的人、财、物与其他资源，在充分调研、方向明确、目标清晰的情况下做出的选择，才是更有利于企业平稳发展的选择，才更能够使创业者以充分的自信去面对国际创业活动的种种难题。

国际创业自我效能的强弱不仅取决于创业者在创业过程中树立的对创业成功的信心的强弱，同时也关系到创业者抵御外界的影响的能力。比如，同行业国际创业活动的失败可能影响创业者对未来创业前景的信心，亲朋好友的支持程度可能影响创业者的自信心或对复杂多变的创业情境的适应能力，进而影响国际创业自我效能。因此，从这一层面上来说，国际创业者应该保持独立的意志和理性的态度，正确看待外界环境的变化和他人的态度，在客观评估外界影响的前提下，兼听并蓄，对国际创业活动做出正确的价值判断。

第三节　改善国际创业绩效的建议

本书从理论和实证角度出发，探究了国际创业自我效能、国际创业模式对国际创业绩效的影响。实证分析的结果表明，国际创业模式与国际创业绩效存在显著的正相关关系，国际创业模式可以正向预测国际创业绩效。与此同时，国际创业自我效能也与国际创业绩效显著正向相关，且国际创业模式对国际创业自我效能与国际创业绩效具有显著的中介效应。综合本书的实证结论，结合中国企业国际创业活动的现状，可以从宏观和微观两个层面采取措施，以帮助中国企业选择合适的国际创业模式，进而提升中国企业的国际创业绩效。

一　宏观层面

（一）鼓励中国企业走出去

当前，中国政府正在实施"丝绸之路经济带""21 世纪海上丝绸之路"和"长江经济带"政策，这无疑有助于中国与世界各国加强政策沟通、设施联通、贸易畅通、资金融通等方面的合作，带动中国企业走出去。

在政策沟通方面，中国政府正加强与各地区的政府间合作，构建多层次交流机制，推进区域合作规划。可通过增大中国签署的税收协定的覆盖范围，推动缔约国加大税收协定执行力度，为企业走出去提供支持和服务。

在设施联通方面，中国政府正以尊重各国各地区国际主权和安全关切为基础，加强与各合作国家或地区间的基础设施建设规划及技术标准体系对接。推进国际骨干通道的建设，以交通基础设施的关键通道、关键节点和重点工程为中心，连接关键路段，并安装配套的道路安全防护设施和交通管理设施设备，努力建成将各合作成员国联系在一起的基础设施网络。与此同时，推进口岸基础设施建设及跨境光缆等通信干线网络建设，提升各国各地区间通信互联互通水平。

在贸易畅通方面：一方面，提升与合作成员国间的服务便利度。中国政府正就海关方面的信息互换、监管互认、执法互助、检验检疫、认证认可与合作国家间达成合作；协同各国各地区政府以改善边境口岸通关设施条件，简化企业通关手续，降低通关成本，提高通关效率和能力等；以贸易自由化为中心，逐步减少和降低非关税壁垒，与合作国协调跨境监管程序，提升技术性贸易措施透明度。另一方面，拓宽投资领域。突破传统的投资领域，增强农林牧渔业、农机及农产品生产加工等领域深度合作，推动新一代信息技术、生物、新能源、新材料等新兴产业合作，并在能源资源深加工技术、装备与工程服务等领或取得进一步合作，打造多双边创业投资合作机制和合作平台。与此同时，为避免双重投资，加强多双边投资保护协定磋商。

在资金融通方面，深化金融合作，积极推进完善的投融资体系和信用体系的建设。一方面，扩大多双边本币互换、结算的范围和规模，推动债券市场的开放和发展，合作成立区域性多边开发机构如亚洲基础设施投资银行、金砖国家开发银行、上海合作组织融资机构、丝路基金等；另一方面，加强金融监管合作。推动多双边监管合作谅解备忘录的签署，带动区域内高效监管协调机制的建立。为了有效应对风险和处置危机，中国政府正努力完善风险应对和危机处置制度安排，构建区域性金融风险预警系统，形成预警系统和处置制度相统一的交流合作机制。除此之外，加强各国各地区的征信管理部门、征信机构和评级机构间跨境交流与合作。

中国政府的"一带一路"政策，不仅有助于相关国家的经济发展，也为中国企业走出去创造了良好的外部环境，给新创企业提供了大量商机。中国企业应抓住这一历史机遇，重点围绕"一带一路"沿线国家或地区进行国际创业，以提高企业的存活率与绩效水平。

（二）完善中国企业融资体系

由于新创企业自身发展不完善、偿债能力弱、担保物少等一系列因素，新创企业遭遇融资难题。为了帮助中国企业突破资金瓶颈，政府可从加大信贷投放力度、完善融资服务体系、拓宽融资渠道三个方面入手，完善企业融资体系。

首先，加大信贷投放力度。一方面，引导各商业银行出台切实可行的支持新创企业的信贷政策，建立适应新创企业的信用评估和授信以及贷款审批制度，探索建立新创企业资信与创业者个人信用相结合的贷款管理办法，以及新创企业可灵活进入和退出的机制。在业务操作上，简化新创企业融资程序，优化业务流程，提高商业银行的服务质量。鼓励金融机构为新创企业贷款融资提供特惠待遇，提高担保贷款比例。扩大小额担保贷款借款人范围，增加小额担保贷款基金总量比例，提高贷款发放数额，创新小额担保贷款管理模式和服务方式，落实财政贴息资金。同时为使银行的放贷政策倾向于新创企业，政府可为给新创企业提供资金融通的金融机构给予税收减免，并调拨财政资金为给新创企业贷款的金融机构提供风险补偿。另一方面，构建银企对接融资载体，多渠道搭建信息服务平台，引导银企互动交流合作，提供有针对性的信息服务，降低供需双方的信贷成本，实现新创企业与银行等金融机构的"零距离"接触。通过建立政府、企业及银行等金融机构的联席会议制度，加强企业与金融机构的深度对接，用政策引导金融机构对中国新创企业的资金融通。

其次，完善融资服务体系，推进信用体系和担保体系的建设。新创企业融资难的原因之一是企业信誉低。政府应大力推进新创企业信用体系建设，建立社会信用代码制度和信用信息共享交换平台。基于大数据与云计算技术创建"客观信用评价体系"，为新创企业信用做出分级和评价，为银行等金融机构提供授信依据，便于企业获取信用贷款。与此同时，中国政府还应建立健全担保体系，提升新创企业担保能力。一方面，鼓励金融机构积极探索符合新创企业的担保抵押方式。为企业建立完善动产担保物权登记制度，拓宽动产担保范围，并积极探索开展应收账款、集体土地使用权、股权质押、林权抵押、海域使用权抵押、商标权抵押、专利权质押等新型担保抵押贷款方式，缓解新创企业抵押难的矛盾。另一方面，建立融资性担保业务补助机制，对开展新创企业贷款担保业务的融资性担保机构给予风险补偿。除此之外，建立新创企业贷款风险准备金，完善新创企业贷款风险补偿机制，充分利用"政府资金＋政府信用"，推动银行业金融机构扩大贷款投放。

最后，拓宽融资渠道。目前，中国新创企业融资的渠道比较狭窄，主要还是依赖银行等金融机构，但由于金融机构基于风险管理的考虑，融贷门槛相对较高，因此要解决新创企业融资难题，可从下面三点拓宽融资渠道。一是推动一批成长性好、业绩优良的新创企业在中小企业板和创业板上市，鼓励其通过股权和债券融资在资本市场上融资。同时，鼓励和支持新创企业探索开展信托融资、租赁融资、典当融资等新型融资模式，尝试使用国内保理业务、国内信用证业务等用未来收入担保的新型金融工具，满足多元化融资需求。二是鼓励创业投资公司的设立，鼓励民间融资并引导民间融资平台的规范化运营，积极引进私募投资基金为中国新创企业注资。放宽民间投资市场准入，鼓励社会资本发起设

立股权投资基金。通过投资补助、资本金注入、设立基金等方法，引导
社会资本投入重点项目。一是用好的项目吸引民间资金注入；二是政府
发挥可用资金补贴引导作用，采取有效措施，建立风险补偿机制；三是
充分运用海外资金。在经济全球化的今天，除了充分利用国内资金，中
国政府还应打造中小企业海外融资上市孵化器，打开中国新创企业海外
融资通道。

（三）引导中国企业选择合适的国际创业模式

国际创业模式的选择与创业者的国际创业绩效紧密相关，进而影响
到国际新创企业创建地的经济发展。若创业者选择合适的国际创业模式，
将为中国经济发展带来积极影响。因此，中国政府应积极引导创业者选
择合适的国际创业模式进军国际市场。借鉴各行各业在国际创业经营活
动中对国际创业模式的选择，政府应抽调相关专家详细分析国际创业模
式的选择，并从众多国际创业模式中选出最有利于中国新创企业发展且
有利于带动中国经济发展的国际创业模式，然后制定配套的政策，促进
企业的健康持续发展。

综合本书及前人对国际创业模式的研究，以下思路可供创业者参考：
在发达国家或地区开展国际生产经营活动以获取特定的先进技术时，创
业者可以选择并购等投资型模式实施市场互换战略。而在发展中国家或
地区开展国际业务时，创业者可选择以合资为主的国际创业模式以减少
相对较差的投资环境所带来的不确定性风险。当创业者主要投资专利、
专有技术等技术型开发领域时，为避免技术泄漏及国际市场竞争者搭便
车，可选择独资型国际创业模式。

目前，虽然中国经济与世界经济已高度接轨，但中国大部分企业经
营实力不强，在国际市场上的竞争力不足，其进军国际市场的方式仍然
以出口型国际创业模式为主。虽然出口型模式使得国际新创企业在不需
要创业者投入过多的资源、承担过大的风险的情况下即可参与国际市场，
但随着中国参与国际经济程度的深化，中国企业遭遇到的贸易壁垒和反
倾销问题日益增多且越来越复杂。与出口竞争力强的国家相比，中国的
贸易政策还存在诸多不足，可从以下两个方面进行改进：一方面，进一
步完善出口信贷、出口补贴和出口信用保险。目前，中国的出口信用保

险业务尚未完全放开，政府可在出口信用保险中引入竞争，实现政策性保险公司和商业性保险公司的合作共举，从而带动进出口信用保险规模的扩大。另一方面，完善出口退税制度。尽管中国推行出口退税的时间很长，但出口退税率相对较低，且与国际上的"零税率"尚存在较大差距。为增强中国新创企业的国际竞争力，政府应进一步改革出口退税制度，实现"零税率"，从而使得出口货物以不含税的价格参与到国际市场竞争中。

（四）鼓励中国新创企业采用投资型国际创业模式

由前文实证分析可知，在三种国际创业模式中，投资型模式的国际创业绩效最高。有鉴于此，鼓励中国新创企业采用投资型模式进军国际市场，可使其更好更快地参与到国际市场竞争中，从而更好地获得国际市场、技术、知识和资源。为此，政府可从以下几个方面采取措施来推进：

第一，完善国际投资配套的财税政策。政府应利用相应的政策来引导和扶持中国新创企业使用投资型模式进入国际市场开展国际业务，加强对新创企业的融资服务，以解决其发展中遭遇的资金不足等壁垒。与此同时，政府通过政策引导银行、保险等金融机构间接为新创企业在国际市场开展经营管理活动提供融资服务，为新创企业开展国际业务活动提供全面的支持和服务，解决其融资担保难题。

第二，在信贷、税收和外汇上提供优惠。目前，中国还未放开海外融资和外汇管理。为了使国际新创企业在国际市场上开展业务时可根据其资金需求顺利获取来自国内外的银行服务，政府可适度放松海外融资和外汇管理，对那些在国际市场上开展业务的新创企业，可允许其设立海外亏损提留，并在税收上给予一定的减免。

第三，政府可以设立专门的机构为进行国际创业的新创企业提供咨询服务。通过调研国际市场投资环境和中国开展国际创业活动的新创企业的发展情况，及时向相关政府部门提供政策建议，以帮助政府出台相关的鼓励国际创业的政策，促进中国新创企业的国际创业活动的顺利进行。中国政府应及时总结和分析各行各业在开展国际创业活动中的经验和教训，并收集相关经济体的经济、政治、文化等信息，为准备开展国际创业活动的企业提供有针对性的指导。

第四，制定完善的支持新创企业开展国际创业活动的政策体系。国际创业活动涉及的人员、货物和资金的流动相对复杂，涉及资金、税收、外汇、人员和货物的跨界流动，因此政府应设立相关的支持性配套措施，并力图使这些程序尽量简化，降低新创企业办理业务的难度。

第五，提升创业者的国际创业自我效能。由上文的实证分析发现，国际创业自我效能高的创业者更倾向于选择投资型模式，进而取得更好的国际创业绩效。因此，政府应采取措施提升创业者的国际创业自我效能。一方面，可以加强创业教育，并提供模拟创业平台，培养个体的创业意识，建立良好的国际创业海外支持平台改善国际创业环境；另一方面，建立行业协会和行业信息交流平台。借助于行业交流平台，国际创业者可以分享相互之间的国际创业信息和国际创业经验，提升其警觉和防控风险能力，进而提升国际创业者的国际创业自我效能。

二　微观层面

（一）培养中国企业的创新能力

企业自身因素对国际创业模式的选择至关重要。创新是经济发展的动力。当前，中国正在大力实施"大众创业、万众创新"政策，强调创新对于国家经济腾飞的重要意义。与此类似，创新是企业快速稳健发展的动力，创新直接决定了国际新创企业能否应对激烈的竞争。中国新创企业在选择国际创业模式时需要将培养创新能力置于战略高度。为了提升创业者的创新能力，中国新创企业应重视和培育创新型人才。在招聘员工时，重视员工的创新能力，吸引并注重培育创新型优秀人才。在国际生产经营管理活动中，加大对科研的支持力度，奖励员工对公司的创新活动所作出的贡献，培养良好的创新氛围，形成由优秀人才支撑的以科技研发为主体的创新系统，增强企业的核心竞争力。与此同时，将科技研发与市场相结合，以市场为导向，将科技研发转化为实际生产力，促进新创企业在海外市场的发展。

（二）提升国际创业者的素质

创业者的国际创业行为决策包括国际创业模式的选择，与创业者的个人素质息息相关。创业者的才智、能力和涵养是经长年累月的积累形成的，需要不断地学习和尝试。创业者应从理论和实践上提升自己，培养自己的创业意识，提升自己的创业技能。从理论上，创业者应当增强自己的学习能力和信息搜索能力。借助于外部网络、集群等多渠道获取国际创业相关信息，丰富自己的知识存量，完善自身的创业技能，提升自身的洞察力和信息捕捉能力，以便于在竞争激烈的国际市场中迅速识别机会，整合资源，提升企业的国际创业绩效。从实践上，创业者应努力丰富自己的国际创业经验，提升自己在国际市场上的识别和利用商机及防控风险的能力。国内外各行各业都有很多率先进行国际创业的企业，其选择国际创业模式的经历不论是成功还是失败，都能为后来的创业者提供借鉴。即使各企业所处的环境和背景不同，对于缺乏国际创业经验的创业者来说，其选择国际创业模式的看法和心得对后来者都很有借鉴意义。

（三）充分考虑国内市场情况及企业战略

在进行国际创业时，创业者应充分考虑国内市场状况。一方面，评估国内市场空间。如果国内市场空间较大，创业者可以本国市场为主，优先满足国内市场，使用控制程度较低的国际创业模式如出口型模式来开拓国际市场；另一方面，比较业务经营活动的成本。在开展国际业务时，国际经营活动的成本与国际创业模式的选择决策相关。如果中国企业在国际市场开展国际经营活动的成本高于国内市场的经营管理活动，则应考虑使用低控制程度的国际创业模式。相反，若在国内开展经营管理活动的成本高于国外业务活动的成本，应考虑使用投入较多的投资型或契约型国际创业模式。与此同时，国内的相关政策与国际创业活动紧密相关，进而影响国际创业模式的选择。在某段时期政府可能会通过财政政策、信贷政策、倾销政策、资本政策、组织政策等鼓励某些行业产品的出口和对外投资，也可能会对某些行业实行管制、限制或禁止出口。在选择国际创业模式时，创业者应密切关注政府的相关政策。

在国际市场展开经营活动之前，创业者应明确企业的发展战略以及企业产品或服务在国际市场的定位。当创业者在国际市场开展经营管理活动的动机不强烈，战略定位不明确时，可以先选择资源投入较低的出口型模式来开展国际业务活动。随着国际经营经验的累积，可以采用渐进式的国际业务发展道路，逐步选择资源投入多、市场控制力强和市场渗透力更深的国际创业模式。相反，若创业者有明确的国际经营战略，可不受限于国际创业经验，选择资源投入较多的国际创业模式，如投资型模式或者战略联盟等契约型国际创业模式，以便快速进入并抢占国际市场。

（四）做好对目标市场的调研

在选择国际创业模式之前，创业者需要做好相关的市场调研，了解目标市场国家或地区的本行业的市场规模、市场竞争的激烈程度、行业的营销渠道的建设及行业上下游的供应和生产成本情况，结合目标国家或地区的具体情况，选择不同的国际创业模式。

首先，目标国家或地区的市场潜力对国际创业模式选择起着决定性作用。如果目标国家或地区的既定的市场或潜在的市场存有很大的发展空间，创业者可以考虑选择投资型国际创业模式。而对于一个市场潜力低且需求存在很大不确定性的市场来说，创业者应考虑选择资源投入低的出口型或契约型国际创业模式。

其次，市场结构与国际新创企业的行为紧密相关，而国际创业的行为决策又与企业的国际创业绩效相关。一般而言，目标国家或地区可能是以下三种市场结构：竞争性市场、寡头垄断市场和完全垄断市场。若某个国家或地区的市场竞争程度比较高时，该市场中的企业利润趋于平均水平，相对较低，创业者应尽量避免使用高资源投入的投资型国际创业模式，如选择使用出口型或契约型国际创业模式。相反，若目标国家或地区的本行业的竞争程度较低，或者目标国家或地区的生产成本相对较小且基础设施比较完善，或者无法在目标国家或地区找到合适的代理商，创业者应选择投资型或契约型国际创业模式。

再次，目标国家或地区的经济环境也是影响国际创业模式选择的关键要素。经济环境主要体现为该国或地区的经济规模和该国或地区与世界经济的联系。一方面，就经济规模来说，如果目标国家或地区的经济规模较大，经济发展情况较好，市场潜力较大，则经营获利的可能性较高，在这种情况下，创业者可以选择资源承诺相对较高的国际创业模式；

另一方面，在考察经济状况时，还应考虑该国或地区与世界经济的外部联系。其国际收支与该国或地区的汇率紧密相关。如果目标国家或地区的国际收支长期赤字，则该国的汇率不稳定。除此之外，目标国家或地区的通货储备、外债、贸易收支、货币兑换的便利程度及资本流入情况对国际创业模式的选择也有重要影响。如果某个国家或地区的贸易收支长期处于逆差情况，则该国可能通过抑制进口或者自动使货币贬值，进而影响企业的出口或投资决策。

另外，目标国的政策对国际创业模式的选择有着重要的影响。目标国家的政策如进口配额、关税以及禁止或允许进口某些产品及外商投资政策直接决定了国际创业模式实现的可能性。一方面，在不同时期，各国政府在其经济发展战略的指导下会制定不同政策来干预和调节外贸活动。在选择国际创业模式时，创业者需要深入地研究目标国对该行业的相关政策规定。如为了保护本国银行、保险、电信、航空等重要的基础性服务产业，发展中国家会采取相应的保护措施。马来西亚规定，在当地商业银行中外资的持股比例不得超过30%，泰国规定外资在当地银行中的股权比例不得超过已缴注册资本的25%，印度则规定外资银行在银行体系总资产中所占比重超过15%时，其许可证可被撤销；另一方面，随着经济的发展，各国对相关行业的政策会发生改变。因此在选择国际市场进入模式时，一定要因地制宜地考虑当时当地本行业的政策因素。如自加入经济合作与发展组织（OECD）后，韩国逐步开放其服务市场，其对外资银行的业务限制逐步被取消。OECD国家正逐步放松其对公路运输业、航空旅客运输业等行业的管制。在未来几年内，日本运输省准备逐步放开其对外国企业进入日本港口服务各领域的限制。在航空运输方面，日本已正式开放其机票销售、飞机修理和保养服务等领域，其规定外商投资比例须低于1/3，且只能通过政府协定确定出资比例。

最后，政治因素和社会文化因素对于国际创业模式的选择也至关重要。目标国家或地区的政治或政策稳定性决定了企业经营活动的成败。如果某个国家或地区的政治不稳定，创业者就会谨慎对待在该国或地区的国际经营活动，尽可能采取资源承诺度低的国际创业模式。与此同时，文化差异与国际经营活动的成本与风险紧密相关。如果母国与目标国家或地区的文化差异较大，则创业者需要花费更多的精力与经济成本，如举行大型产品推介会，增加广告投入和参加产品交流会等来适应当地的文化差异，这样国际经营活动的成本和风险将进一步增加。

第四节　发展中国国际创业平台的建议

一　完善政策法规

（一）重视网络投融资创业平台的发展

2015 年世界银行发布相关报告，指出中国将成为世界上网络投融资发展最具潜力的国家，预计到 2025 年，中国家庭将拥有 500 亿美元的资金可用于网络投融资平台。中国网络投融资平台的发展潜力广阔，可以在很大程度上解决新创企业融资难的问题。但是平台面临很多无法可依的问题，发展非常受限。因此，国家必须站在政策和法律的角度重视网络投融资平台的发展需要，各地的行政部门和立法机构需要积极同专业部门进行沟通，多与企业和投资者沟通想法，结合现有的法律细则与条文，设置严格的出资者门槛，增加出资者资金的安全性，并将其承担风险的能力限制在可控的财务负担范围之内。

（二）制定针对虚拟孵化平台的财税扶持政策

当前国内外创业者数量越来越多，国内很多行业产能过剩，支持创新型国际创业平台的发展刻不容缓。政府应该顺势而行，充分发挥财政政策的杠杆作用，广泛吸纳民营企业投资，鼓励民间资本参与虚拟孵化平台的建设，真正做到"政府搭台，企业唱戏"。国家应该一方面加大对技术开发和科技成果转化的财政支出，通过市场调研、风险投资、担保、贴息贷款等方式支持在孵企业和科研机构的发展，促进科技研发成果更快地向实体产品转化，加快企业从平台毕业的速度。另一方面，政府应该制定针对虚拟孵化网络平台的优惠政策，如税收减免和增值税的调整，如对于在孵的新创企业和孵化平台，自建立开始，前两年不需要缴纳企业所得税，之后的税收可以根据不同年份制定不同的标准。政府财税政策的制定主要有以下目的：一方面要减轻重点在孵企业和科研机构的税收负担，增强其生产与创新能力。另一方面要为注入企业的风险资本提供有利的市场支持，吸引包括风险投资在内的大量社会资本进入在孵企业，促进企业、风投机构及其他相关主体的良性互动与协同发展。

（三）完善网络交易平台的政策法规与信用制度

建设网络交易平台的政策法规体系与信用管理机制是一项长期的、艰巨的任务，需要政企联合以及相关主体的协调配合，在"互联网＋"的大背景下，可以通过云计算技术，建立政府监管服务和信用云系统，规范中国网络交易平台市场，正确引导其发展方向。政府应该从规则制定层面出发，一手抓试点城市，一手抓完善与实施情况，并适时出台相关法律法规，明确网络交易平台的业务范围与市场开放顺序，完善境内外从事跨境交易主体的准入资格以及备案管理制度，建立跨境支付平台的准入制度和支付管理办法，进一步扩充网络交易平台监管与服务的法律体系，保障平台交易主体的合法权益，促进网络交易平台良好发展。

二 加强监管力度

（一）对网络投融资平台加强项目的审核与监管

美国网络投融资平台的持续发展，得益于其对项目审核和监督的有效执行。当前，中国网络投融资平台应严格制定项目的审核标准，加强项目审核能力的建设，通过多种渠道对筹资者发起的项目进行全方位的审核，保证项目的真实性与可行性，防止欺诈行为发生。比如，项目在申请上线之前，平台可以选择权威的认证机构和专家组对其进行评估，主要确认发布的项目信息是否真实，是否具有一定的可行性，申请人的素质如何。平台结合专家的权威意见确定是否让项目通过审核，整个审核的过程和最终的结果对投资者完全公开，这可以增强公众的信任感，有助于平台的良性发展。对于项目资金和进程的监管，平台可以设置专门的项目进程审核部门，对项目融资的时间和金额进行监控，监督申请人按时完成任务、兑现承诺，定期向公众公开项目进展的情况和监督的结果。这样既可以确保资金安全，也可以督促筹资者按期完成项目。如果出现申请人无法在预设时间内兑现承诺、提供回报的情况，平台应当设立专门的热线电话供投资者投诉，并强制执行回报措施，保证投资人的权益，提高投资积极性，促进平台健康发展。

（二）对网络交易平台加强信息监管

中国的网络交易平台起步较晚，容易产生信息失真、不正当竞争、信用缺失等问题，这不仅会损害交易双方的利益，还会影响平台的品牌形象。因此，平台应加强信息监管。一方面，平台可以采取实名制注册与评价制度，即交易双方均使用真实姓名在平台上进行注册、评论产品使用情况、店铺服务打分、用户信用评价等。买家收到产品后，使用真实姓名对所购产品的质量以及卖家的服务态度进行评价，不仅可以为潜在购买者提供参考，而且可以真实呈现卖家信息，避免不必要的欺骗行为。另一方面，必须严格审核会员注册时提供的各种身份信息，主要包括注册公司名称、注册地址等，尤其是针对卖家，务必确保其注册信息的真实性，此外还要仔细核实卖家的信用情况。

三　提升平台服务质量

（一）虚拟孵化平台应建立完善的服务网络

首先，虚拟孵化平台应该为在孵企业、孵化平台、政府、投资机构以及相关中介机构提供最新的行业资讯、市场、技术、资本、人才、政策等方面的信息。其次，虚拟孵化平台应该建立法律、财务、技术等方面的中介网络，积极联系法律事务所、会计师事务所、技术交易市场等中介机构，为企业和社会机构搭建交流合作的桥梁，为在孵企业提供法律、财务、技术方面的服务。最后，平台还需要建立包括专家咨询、实验室、技术设备等资源的知识网络，定期举办专家论坛，为企业和专家营造专业的沟通交流的环境，介绍孵化平台、高校与科研机构的实验设备、资质认证、项目未来的发展方向等，并为企业配备专业导师，建立专业人才培训网络，定期对孵化平台运营的人员进行培训，提高服务素质，同时要对研发人员与技术人员进行技术方面的专业培训。

（二）网络交易平台需选择高质量的物流服务商

网络交易平台的货运服务质量直接影响用户体验，选择安全性高、配送周期短的物流服务商，提升物流服务质量，可以促进平台良性发展。通过建立海外仓储，可以很好地解决物流配送方面的问题。跨境电子商务具有小额、多批次的特点，通过批量运输，可以减少进行货运、清关、商检等手续的频率，大幅降低以上环节产生的成本和风险。同时，海外仓储从买家所在地发货，因此平台可以迅速做出反应，及时通知海外仓储进行货物分拣、包装与配送，可以极大地缩短运输及配送周期。另外，物流服务商需要注重自身服务水平的提升，完善其基础设施的配备，随时与客户保持沟通交流，及时了解他们对物流服务的评价，规范相关服务标准，建立高效的信息管理体系，促进与之合作的网络交易平台的发展。

（三）创新网络交易平台商业模式

中国的网络交易平台发展迅速，同质化现象严重，几乎所有的平台在网站页面设计、产品和服务、策略运用等方面都表现出惊人的一致性。大型企业和平台可以通过资源和资金优势发展壮大，中小型企业和平台只能通过创新来改变现有格局。创新要从客户需求的角度出发，以企业或平台的战略定位为落脚点。客户需求具有多样化的特点，因此创新需要保持动态化和多元化，网络交易平台若能通过大数据、云计算等技术深度挖掘客户需求和商业价值，就很有可能创造出新的商业模式，从而获得可观的收益。

第五节　中国企业应用国际创业平台的建议

一　规避网络投融资创业平台风险

（一）提高风险防范意识

网络投融资创业平台有不同的运营模式，在初期融资渠道和平台的选择方面，应该提高风险防范意识，提前熟悉各种模式的特点与风险大小，运用多种模式，分散风险。P2P 网贷平台由于缺少法律和金融监管，流动性风险和信用风险较大，很容易出现坏账、逾期无法还本付息、资金挪用等现象。众筹融资平台近年来发展迅速，虽然平台总体融资规模不大，但是也存在信用风险等问题，可能会出现筹资者到期无法兑现承诺、资金托管期间分配不当的情况。大数据投融资平台的风险主要体现在技术和操作方面，数据库的安全性对企业至关重要，如果关键数据和信息落入不法分子手中，必定有损企业的利益。因此，企业需要提高风险防范意识，根据自身的投融资需求和特点，选择安全性较高、运作比较规范的平台。

（二）明确相关法律条文

虽然目前国内与网络投融资平台相关的法律法规体系还不够健全，但是在进行平台选择时，企业可以先详细了解各平台的准入条件、融资金额与人数限制、知识产权等方面的要求。企业若对国内平台的安全性信任感不强，可以选择国外规模较大、比较知名的平台，熟悉国外网络投融资创业平台的准入政策和信息披露方面的具体规定。就股权式众筹融资平台的准入条件和信息披露来说，相关管理办法规定筹资者必须进行实名注册，以公开或变相公开的方式发行证券是不被允许的，发起人（企业）累计的股东人数必须少于 200 人，交易双方的基本信息、过往投资记录及其他相关资料要做好保管工作，保存期限必须多于 10 年。而美国的 JOBS 法案规定筹资者每年众筹金额的上限为 100 万美元，证券交易在美国完成备案后要向投资人及中介机构披露规定的信息。对于 10 万美元或以下的发行额，财务状况只需要主要行政人员确认无误即可；对于10 万美元到 50 万美元的发行额，需要独立的会计师审阅财务报表；对于50 万美元到 100 万美元的发行额，需要专业机构对财务报表进行审计。[①]因此，企业只有深入了解和熟悉相关法律细则和管理办法，才能享受法律保护，进而更好地对平台加以运用。

二　充分利用虚拟孵化平台的资源优势

（一）选择师资力量强的平台

中国的虚拟孵化平台发展速度较慢，各种软硬件设施的质量有待提升。师资力量薄弱是一大挑战，企业即使有好的项目，如果没有得到正确、有效的指导，也很难发挥最大的效用。因此，企业在选定平台之前，应该重点考察平台配备的创业培训的师资队伍。如果平台邀请的导师与专家在行业内拥有一定的知名度，过往的投资经验和创业经验比较丰富，

---

① 申万宏源研究：《国外股权众筹的监管体系比较成熟》（http：//www.zczj.com/news/2015 - 02 - 13/content_938.html）。

授课内容生动有趣，有自己的特色，实用性非常强，这类导师便有可能受到企业的青睐。企业需要寻找专业的投资人和专家就战略制定、运营管理、投融资方案、股权激励、政策解读、海外游学等方面的内容进行交流，拓宽视野与人脉，降低市场试错成本，推动自身的成长与发展。

（二）构建校友网络

虚拟孵化平台在企业成功毕业之后会退出企业的运营和管理，许多成功企业的创始人在接受了孵化平台的帮助之后，会定期回到平台内部为新进驻的企业讲授自己的创业历程，带来自己的人脉资源和产业资源。他们会加入平台的投资基金会，为新进驻的企业带来直接的收益。这种以老带新的互相扶持会随着时间的积淀逐渐成为平台的一种文化，这有利于孵化平台和企业的持续发展。企业应该充分利用这种长期、私密、信任感强的校友资源，拓宽融资渠道，促进企业成功孵化。

（三）选择配套设施完备和交通便利的平台

企业在选择入驻平台时，应该考虑到平台周边交通环境和各种配套设施的便利性，能够很好地解决企业产品的生产、销售、物流、配送等经营环节的问题。如果企业的工厂离分销仓库距离太远（如跨越半个城市），或者距离相关产业资源和客户太远，会降低存货周转率。当然，若企业属于互联网公司或者文娱传媒公司，不存在实体产品的物流配送问题，也不需要过多地考虑这个问题。另外，虚拟平台除了线上的网络架构之外，也存在一些线下的辅助设施，如实验基地、办公场所、路演场所等。因此，企业应该选择离客户、员工住所、推广活动等地较近的平台。例如，很多虚拟科技园区都建立在离市区比较偏远的高新区，交通不太方便，考虑到经营成本，即使平台有好的科研资源，企业也应该避免选择这样的平台。

三　提升产品在网络交易平台的竞争力

（一）选择优质交易平台

国内外各种网络交易平台良莠不齐，不仅有规模较大的、全球知名的平台如 eBay 网、阿里巴巴全球速卖通、亚马逊、敦煌网等，也有规模相对较小、自营的平台如兰亭集势、义乌全球网货中心等。其中，eBay

网是美国知名的跨境电商平台，主要销售一些日常的生活用品，平台直接对接厂商和海外客户，提供物美价廉的商品和贴心的服务。阿里巴巴全球速卖通作为中国的代表性跨境电商平台，主要帮助中国的中小企业对接海外的批发商与零售商，交易特点是批量小、批次多、交易速度快。亚马逊主要进行书籍、音像、电子等产品的交易，其海外仓库遍布全球，以送货速度快、立足于客户需求而闻名。兰亭集势主要面向中国的传统品牌、线上品牌和外贸工厂，交易的商品种类主要是婚纱及 3C 电子产品。义乌全球网货中心和中国本土自建的一些在线交易平台主要服务于地方中小型外贸企业，为企业提供信息交流和出口贸易的平台。企业需要结合各平台的优缺点，对比各平台的交易规模、品牌效应、服务的企业类型、产品种类、服务质量等，根据自身发展状况选择优质的网络交易平台，将风险（物流、汇率等）和成本（海外营销成本、税费等）最小化，扩大海外市场销售份额，加快国际创业进程。

（二）加强信息化建设

网络交易平台不仅提供便利、省时的在线交易服务，而且收集了大量有价值的网络信息。企业要充分利用平台传播效率高、营销成本低、交易速度快等优点，完善内部的管理信息系统，减少中间参与主体过多产生的信息不对称。在互联网时代，只有快速捕捉到国际市场机会的企业才能赢得先机，掌握了网络交易平台的交易数据，企业可以对潜在的客户需求进行深度挖掘，精准地把握快速变化的海外市场，及时做出决策，以最快的速度完成生产、采购、物流、配送等环节，抢占市场先机。此外，可以借助平台广泛、快速的传播效应，在网站上发布企业形象宣传片和产品的详细信息，并建立在线售后服务体系，降低海外营销成本，增加用户黏性。

（三）重视产品创新和品牌形象的建立

国内外网络交易平台数量众多，利用平台进行在线交易的企业更是数量庞大，平台只能作为一种辅助工具，帮助企业打开产品销路。若想从众多企业中脱颖而出，就必须把重点放在塑造品牌形象和提升产品质量上面。如果平台上的同质化产品较多，那么针对不同消费群体能够体现个人个性的定制化产品就很有可能吸引客户的眼球，进而增加销量。

若能够在短时间内让客户收到成品，那么企业的客流量也会增加。因此，产品创新是企业形成核心竞争力和树立品牌的关键，只有多与消费者进行沟通，了解他们的真实需求和消费习惯，结合行业趋势，创新产品种类与功能，进行个性化设计，才能使产品形象和品牌印象深入人心，形成独有的产品竞争力。

参考文献

［1］蔡莉、崔启国、史琳：《创业环境研究框架》，《吉林大学社会科学学报》2007 年第 1 期。

［2］蔡莉、单标安：《创业网络对新企业绩效的影响——基于企业创建期、存活期及成长期的实证分析》，《中山大学学报》（社会科学版）2010 年第 4 期。

［3］蔡莉、朱秀梅、刘预：《创业导向对新企业资源获取的影响研究》，《科学学研究》2011 年第 4 期。

［4］曹明：《基于 GEM 模型的中日创业环境比较研究》，《厦门理工学院学报》2007 年第 2 期。

［5］陈寒松、张文玺：《创业模式与企业组织的创新》，《山东大学学报》（社会科学版）2005 年第 4 期。

［6］陈兴淋：《南京创业环境现状评价：一项基于专家问卷的实证研究》，《南京社会科学》2007 年第 7 期。

［7］陈昀、贺远琼：《创业认知研究现状探析与未来展望》，《外国经济与管理》2012 年第 12 期。

［8］戴可乔、曹德骏：《国际创业学发展历程探析与未来研究展望》，《外国经济与管理》2013 年第 11 期。

［9］丁明磊：《创业自我效能及其与创业意向关系研究》，博士学位论文，河北工业大学，2008 年。

［10］丁明磊、刘秉镰：《创业研究：从特质观到认知观的理论溯源与研究方向》，《现代管理科学》2009 年第 8 期。

［11］丁明磊、杨芳、王云峰：《试析创业自我效能感及其对创业意向的

影响》，《外国经济与管理》2009 年第 5 期。

[12] 樊建芳：《基于认知风格的组织学习管理干预》，《中国软科学》
2003 年第 8 期。

[13] 范家琛：《基于共生视角的中小企业国际创业模式分析》，《商业时代》2012 年第 27 期。

[14] 范巍、王重鸣：《创业倾向影响因素研究》，《心理科学》2004 年第 5 期。

[15] 冯冬冬、陆昌勤、萧爱玲：《工作不安全感与幸福感、绩效的关系：自我效能感的作用》，《心理学报》2008 年第 4 期。

[16] 郭元源、陈瑶瑶、池仁勇：《城市创业环境评价方法研究及实证》，《科技进步与对策》2006 年第 2 期。

[17] 贺小刚、沈瑜：《创业型企业的成长：基于企业家团队资本的实证研究》，《管理世界》2008 年第 1 期。

[18] 黄胜、周劲波：《制度环境对国际创业绩效的影响研究》，《科研管理》2013 年第 11 期。

[19] 黄胜、周劲波：《制度环境、国际市场进入模式与国际创业绩效》，《科研管理》2014 年第 2 期。

[20] 蒋春燕、赵曙明：《社会资本和公司企业家精神与绩效的关系：组织学习的中介作用》，《管理世界》2006 年第 10 期。

[21] 蒋春燕、赵曙明：《公司企业家精神制度环境的地区差异——15 个国家高新技术产业开发区企业的实证研究》，《经济科学》2010 年第 6 期。

[22] 孔东民、代昀昊、李阳：《政策冲击、市场环境与国企生产效率：现状、趋势与发展》，《管理世界》2014 年第 8 期。

[23] 李宏彬、李杏、姚先国、张海峰、张俊森：《企业家的创业和创新精神对中国经济增长的影响》，《经济研究》2009 年第 10 期。

[24] 李卫宁、邹俐爱：《天生国际企业创业导向与国际绩效的关系研究》，《管理学报》2010 年第 6 期。

[25] 李新春、刘莉：《嵌入性—市场性关系网络与家族企业创业成长》，《中山大学学报》（社会科学版）2009 年第 3 期。

［26］ 李雪灵、姚一玮、王利军：《新企业创业导向与创新绩效关系研究：积极型市场导向的中介作用》，《中国工业经济》2010 年第 6 期。

［27］ 李作战、申萍：《新粤商创业自我效能感的维度结构研究——基于创业认知观的视角》，《广东商学院学报》2010 年第 1 期。

［28］ 林嵩、张帏、邱琼：《创业过程的研究评述及发展动向》，《南开管理评论》2004 年第 3 期。

［29］ 刘帮成、王重鸣：《国际创业模式与组织绩效关系：一个基于知识的概念模型》，《科研管理》2005 年第 7 期。

［30］ 刘晓敏、刘其智：《整合的资源能力观——资源的战略管理》，《科学学与科学技术管理》2006 年第 6 期。

［31］ 马昆姝、胡培、覃蓉芳：《创业自我效能研究述评》，《外国经济与管理》2008 年第 12 期。

［32］ 买忆媛、梅琳、周嵩安：《规制成本和资源禀赋对地区居民创业意愿的影响》，《管理科学》2009 年第 4 期。

［33］ 苗青：《企业家的认知特征对机会识别的影响方式研究》，《人类工效学》2007 年第 4 期。

［34］ 苗青：《汽车行业国际创业理论与实证研究》，博士学位论文，吉林大学，2008 年。

［35］ 潘镇、殷华方、鲁明泓：《制度距离对于外资企业绩效的影响——一项基于生存分析的实证研究》，《管理世界》2008 年第 7 期。

［36］ 彭学兵：《先前合作经验对技术外部获取方式选择的影响——环境动态性和技术能力的调节效应》，《南开管理评论》2013 年第 5 期。

［37］ 钱永红、王重鸣：《女企业家创业意向缓冲因素研究》，《技术经济》2007 年第 5 期。

［38］ 任声策、宣国良：《国外国际新创企业研究述评》，《外国经济与管理》2006 年第 5 期。

［39］ 茹璟、王欢、任颋：《资源能力与制度因素对民营中小企业外向国际化的影响研究》，《山西财经大学学报》2015 年第 2 期。

［40］ 沈超红、罗亮：《创业成功关键因素与创业绩效指标研究》，《中南大学学报》（社会科学版）2006 年第 2 期。

［41］孙早、刘庆岩：《市场环境、企业家能力与企业的绩效表现——转型期中国民营企业绩效表现影响因素的实证研究》，《南开经济研究》2006年第2期。

［42］汤明：《创业自我效能感研究综述》，《改革与开放》2009年第5期。

［43］唐靖、姜彦福：《初生型创业者职业选择研究：基于自我效能的观点》，《科学学与科学技术管理》2007年第10期。

［44］唐靖、张帏、高建：《不同创业环境下的机会认知和创业决策研究》，《科学学研究》2007年第2期。

［45］田毕飞：《创业者性格特质与中国中小企业国际创业策略研究》，人民出版社2014年版。

［46］田毕飞、陈紫若：《FDI对中国创业的空间外溢效应》，《中国工业经济》2016年第8期。

［47］田毕飞、陈紫若：《中国创业活动的区域差异性：基于PLS的分析》，《软科学》2016年第10期。

［48］田毕飞、陈紫若：《创业与全球价值链分工地位：效应与机理》，《中国工业经济》2017年第6期。

［49］田毕飞、陈紫若：《FDI、制度环境与创业活动：挤入效应与补偿机制》，《统计研究》2017年第8期。

［50］田毕飞、丁巧：《中国新创企业国际创业自我效能、模式与绩效》，《科学学研究》2017年第3期。

［51］田毕飞、吴小康：《创业者性格特质对机会识别的影响：基于PSED II的实证研究》，《商业经济与管理》2013年第6期。

［52］田毕飞、吴小康：《FDI对国际创业的溢出效应——基于GEM面板数据的实证研究》，《财经论丛》2014年第8期。

［53］田毕飞、吴小康、徐敏娴、冯培：《特质论与机会观的结合：基于创业研究的结构主义视角》，《经济研究导刊》2011年第28期。

［54］田毕飞、张斌斌：《创业者个人特质对机会识别的影响——中国数据的分析》，《中国人力资源开发》2014年第3期。

［55］田莉、薛红志：《新技术企业创业机会来源：基于技术属性与产业

技术环境匹配的视角》，《科学学与科学技术管理》2009 年第 3 期。

［56］王重鸣、梁立：《风险决策中动态框架效应研究》，《心理学报》1998 年第 4 期。

［57］王朝云：《创业过程与创业网络的共生演进关系研究》，《科学学与科学技术管理》2014 年第 8 期。

［58］王竹泉、孙莹、祝兵：《全球化企业营运资金管理模式探析——以海尔集团为例》，《中国科技论坛》2011 年第 8 期。

［59］文亮、李海珍：《中小企业创业环境与创业绩效关系的实证研究》，《系统工程》2010 年第 10 期。

［60］温兆麟、张雷、侯杰泰、刘红云：《中介效应检验程序及其应用》，《心理学报》2004 年第 5 期。

［61］吴昭、王彭、严建雯：《创业自我效能感研究的回顾与展望》，《创新与创业教育》2013 年第 3 期。

［62］夏海燕：《浅论大学生创业人格的培养与教育》，《淮海工学院学报》（人文社会科学版）2013 年第 22 期。

［63］谢军、徐青：《进入模式对组织能力与国际业务绩效关系的调节作用研究》，《商业经济与管理》2011 年第 5 期。

［64］徐伟、赵海山：《技术型企业核心竞争力的成长轨迹研究》，《科学学与科学技术管理》2005 年第 10 期。

［65］薛求知、周俊：《国际新创企业竞争优势形成机理研究》，《外国经济与管理》2007 年第 5 期。

［66］薛求知、朱吉庆：《国际创业研究述评》，《外国经济与管理》2006 年第 7 期。

［67］叶建国：《创业效能感及其对创业绩效的影响研究》，博士学位论文，浙江大学，2006 年。

［68］叶泽、喻苗：《资金约束条件下的垄断企业策略性退出模型研究》，《管理学报》2006 年第 6 期。

［69］尹忠明、袁泽波、付竹：《文化距离对跨国企业绩效的影响》，《当代经济研究》2013 年第 2 期。

［70］于渤、张涛、郝生宾：《重大技术装备制造企业技术能力演进过程

及机理研究》，《中国软科学》2011 年第 10 期。

［71］于晓宇：《网络能力、技术能力、制度环境与国际创业绩效》，《管理科学》2013 年第 2 期。

［72］张会清、王剑：《企业规模、市场能力与 FDI 地区聚集——来自企业层面的证据》，《管理世界》2011 年第 1 期。

［73］张琦：《创业自我效能与其影响因素模型研究》，《现代商贸工业》2011 年第 9 期。

［74］张秀娥、周荣鑫、王晔：《文化价值观、创业认知与创业决策的关系》，《经济问题探索》2012 年第 10 期。

［75］张玉利、薛红志、杨俊：《论创业研究的学科发展及其对管理理论的挑战》，《外国经济与管理》2007 年第 1 期。

［76］赵都敏、张玉利：《创业者自我效能对创业过程的影响》，《科技与经济》2010 年第 12 期。

［77］赵曙明、高素英、周建、刘建朝：《企业国际化的条件、路径、模式及其启示》，《科学学与科学技术管理》2010 年第 1 期。

［78］钟卫东、黄兆信：《创业者的关系强度、自我效能感与创业绩效关系的实证研究》，《中国科技论坛》2012 年第 1 期。

［79］钟卫东、孙大海、施立华：《创业自我效能感、外部环境支持与初创科技企业绩效的关系——基于孵化器在孵企业的实证研究》，《南开管理评论》2007 年第 10 期。

［80］周劲波、黄胜：《制度环境、创业能力对国际创业模式选择的影响》，《管理学报》2015 年第 3 期。

［81］周丽：《GEM 框架下珠三角欠发达城市创业环境研究——以广东省肇庆市为例》，《特区经济》2006 年第 11 期。

［82］朱吉庆：《中国国际新创企业成长研究》，复旦大学出版社 2010 年版。

［83］朱吉庆、薛求知：《西方国际创业理论及其发展动态评介》，《研究与发展管理》2008 年第 5 期。

［84］朱勤、郑小碧：《跨国创业导向与国际化绩效：国际市场势力的中介效应》，《国际贸易问题》2014 年第 2 期。

［85］ 朱晓红、杨俊：《国际创业研究的发展脉络及未来研究启示》，《现代管理科学》2014 年第 4 期。

［86］ 朱秀梅、陈琛、蔡莉：《网络能力、资源获取与新企业绩效关系实证研究》，《管理科学学报》2010 年第 4 期。

［87］ 朱秀梅、张妍、李明芳：《国际创业研究演进探析及未来展望》，《外国经济与管理》2011 年第 11 期。

［88］ 庄子银：《南方模仿、企业家精神和长期增长》，《经济研究》2003 年第 1 期。

［89］ Acedo, F. J. and J. Florin, "An entrepreneurial cognition perspective on the internationalization of SMEs", *Journal of International Entrepreneurship*, 2006, 4 (1).

［90］ Acs, Z., L. P. Dana, and M. V. Jones, "Toward new horizons: The internationalization of enterpreneurship", *Journal of International Enterpreneurship*, 2003, 1 (1).

［91］ Ajzen, I., "The theory of planned behavior", *Organizational Behavior and Human Decision Process*, 1991, 50.

［92］ Aldrich, H. E. and G. Wiedenmayer, "From traits to rates: An ecological perspective on organizational foundings. In J. A. Katz and R. H. Brockhaus (eds.)", *Advances in Entrepreneurship*, *Firm Emergence*, *and Growth*, Greenwich, CT: JAI Press, 1993.

［93］ Allinson, C. W., E. Chell, and J. Hayes, "Intuition and entrepreneurial behavior", *European Journal of Work and Organizational Psychology*, 2000, 9 (1).

［94］ Allport, G. W., *Pattern and growth in personality*, New York: Holt, Rinehart and Winston, 1961.

［95］ Amorós, J. E., N. Bosma, and J. Levie, "Ten years of Global Entrepreneurship Monitor: Accomplishments and prospects", *International Journal of Entrepreneurial Venturing*, 2013, 5 (2).

［96］ Anderson, E. W. and H. Gatignon, "Modes of foreign entry: A transaction cost analysis and propositions", *Journal of International Business*

Studies, 1986, 17 (3).

[97] Anderson, E. W. and M. W. Sullivan, "The Antecedents and consequences of customer satisfaction for firms", *Marketing Science*, 1993, 12 (2).

[98] Anderson, S. , "International entrepreneurship, born globals and the theory of effectuation", *Journal of Small Business and Enterprise Development*, 2011, 18 (3).

[99] Andersson, S. and I. Wictor, "Innovative internationalisation in new firms: Born Globals-the Swedish case", *Journal of International Entrepreneurship*, 2003, 1 (3).

[100] Angulo-Guerrero, M. J. , S. Pérez-Moreno, and L. M. Abad-Guerrero, "How economic freedom affects opportunity and necessity entrepreneurship in the OECD countries", *Journal of Business Research*, 2017, 73.

[101] Arora, P. , J. M. Haynie, and G. A. Laurence, "Counterfactual thinking and entrepreneurial self-efficacy: The moderating role of self-esteem and dispositional affect", *Entrepreneurship: Theory and Practice*, 2013, 37 (2).

[102] Attahir, Y. , "Environmental uncertainty: The entrepreneurial orientation of business ventures and performance", *International Journal of Commerce and Management*, 2002, 12 (3/4).

[103] Bandura, A. , "Self-efficacy: Toward a unifying theory of behavioral change", *Psychology Review*, 1977, 84 (3).

[104] Bandura, A. , *Social Foundation of Thought and Action: A Social Cognitive Theory*, Englewood Cliffs, NJ: Prentice Hall, Inc, 1986.

[105] Bandura, A. , "Human agency in social cognitive theory", *American Psychologist*, 1989, 44 (9).

[106] Barbosa, S. , M. Gerhardt, and J. Kickul, "The role of cognitive style and risk preference on entrepreneurial self-efficacy and entrepreneurial intentions", *Journal of Leadership and Organizational Studies*, 2007,

13 (4).

[107] Baron, R. A., "Cognitive mechanisms in entrepreneurship: Why and when entrepreneurs think differently than other people", *Journal of Business Venturing*, 1998, 13 (4).

[108] Baron, R. A., "The cognitive perspective: A valuable tool for answering entrepreneurship's basic "why" questions", *Journal of Business Venturing*, 2004, 2 (19).

[109] Baron, R. A., "Behavioral and cognitive factors in entrepreneurship: Entrepreneurs as the active element in new venture creation", *Strategic Entrepreneurship Journal*, 2007, 1 (1/2).

[110] Baron, R. A. and G. D. Markman, "Cognitive mechanisms potential differences between entrepreneurs and non-entrepreneurs, In P. D. Reynolds, et al. (eds.)", *Frontiers of Entrepreneurship Research*, Wellesley, MA: Babson College, 1999.

[111] Baum, J. R. and E. A. Locke, "The relationship of entrepreneurial traits, skill, and motivation to subsequent venture growth", *Journal of Applied Psychology*, 2004, 89 (4).

[112] Baumol, W. J., "Formal entrepreneurship theory in economics: Existence and bounds", *Journal of Business Venturing*, 1993, 8 (3).

[113] Betz, N. E. and G. Hackett, "The relationship of career-related self-efficacy expectations to perceived career options in college women and men", *Journal of Counseling Psychology*, 1981, 28 (5).

[114] Betz, N. E. and G. Hackett, "Applications of self-efficacy theory to understanding career choice behavior", *Journal of Social and Clinical Psychology*, 1986, 4 (3).

[115] Bird, B., "Implementing entrepreneurial ideas: The case for intention", *Academy of Management Review*, 1988, 13 (3).

[116] Bird, B., "The operation of intentions in time: The emergence of the new venture", *Entrepreneurship: Theory and Practice*, 1992, 17 (1).

[117] Boyd, N. G. and G. S. Vozikis, "The influence of self-efficacy on the

developments of entrepreneurial intentions and actions", *Entrepreneurship: Theory and Practice*, 1994, 18 (4).

[118] Brockhaus, R. H. , "Risk taking propensity of entrepreneurs", *Academy of Management Journal*, 1980, 23 (3).

[119] Brouthers, K. D. , "Institutional culture and transaction cost: Influences on entry mode choice and performance", *Journal of International Business Studies*, 2002, 33 (2).

[120] Brouthers, K. D. and G. Nakos, "SMEs entry mode choice and performance: A transaction cost perspective", *Entrepreneurship: Theory and Practice*, 2004, 28 (3).

[121] Brush, C. G. , "Research on women business owners: Past trends, a new perspective and future directions", *Entrepreneurship: Theory and Practice*, 1992, 16 (4).

[122] Bullough, A. , M. Renko, and T. Myatt, "Danger zone entrepreneurs: The importance of resilience and self-efficacy for entrepreneurial intentions", *Entrepreneurship: Theory and Practice*, 2014, 38 (5).

[123] Busenitz, L. W. , "Research on entrepreneurial alertness", *Journal of Small Business Management*, 1996, 34 (4).

[124] Busenitz, L. W, C. Gomez, and J. W. Spencer, "Country institutional profiles: Unlocking entrepreneurial phenomena", *Academy of Management Journal*, 2000, 43 (5).

[125] Busenitz, L. W. and C. M. Lau, "A cross-cultural cognitive model of new venture creation", *Entrepreneurship: Theory and Practice*, 1996, 20 (4).

[126] Busenitz, L. W. , G. P. West, D. Shepherd, et al. , "Entrepreneurship research in emergence: Past trends and future directions", *Journal of Management*, 2003, 29 (3).

[127] Busenitz, L. W. and J. B. Barney, "Biases and heuristics in strategic decision making: Differences between entrepreneurs and managers in large organizations ", *Academy of Management Best Papers*

Proceedings, 1994.

[128] Butler, J. E. , R. Doktor, and F. A. Lins, "Linking international entrepreneurship to uncertainty, opportunity discovery, and cognition", *Journal of International Entrepreneurship*, 2010, 8 (2).

[129] Buttner, H. E. and N. Gryskiewicz, "Entrepreneurs' problem-solving styles: An empirical study using the Kirton adaption/innovation theory", *Journal of Small Business Management*, 1993 (1).

[130] Calof, J. L. and P. Beamish, "The right attitude for international success", *Business Quarterly*, 1994, 59 (1).

[131] Carmona, P. , A. Momparler, and C. Gieure, "The performance of entrepreneurial small-and medium-sized enterprises", *The Service Industries Journal*, 2012, 32 (15).

[132] Casson, M. , "The Individual-opportunity nexus: A review of Scott Shane: A general theory of entrepreneurship", *Small Business Economics*, 2005, 24 (5).

[133] Chakravarthy, B. S. , "Measuring strategic performance", *Strategic Management Journal*, 1986, 7 (5).

[134] Chandler, G. N. and E. Jansen, "The founders self-assessed competence and venture performance", *Journal of Business Venturing*, 1992, 7 (3).

[135] Chandler, G. N. and S. H. Hanks, "Market attractiveness resource-based capabilities, venture strategies and venture performance", *Journal of Business Venturing*, 1994, 9 (4).

[136] Chatterji, A. , "Spawned with a silver spoon? Entrepreneurial performance and innovation in the medical device industry", *Strategic Management Journal*, 2009, 30 (2).

[137] Chen, C. C. , P. G. Greene, and A. Crick, "Does entrepreneurial self-efficacy distinguish entrepreneurs from manager?", *Journal of Business Venturing*, 1998, 13 (4).

[138] Christian, K. , H. Frank, M. Lueger, and J. Mugler, "The entrepre-

neurial personality in the context of resources, environment, and the st-artup process—A configurational approach", *Entrepreneurship*: *Theory and Practice*, 2003, 28 (1).

[139] Collins, C. J. , P. J. Hanges, and E. A. Locke, "The relationship of achievement motivation to entrepreneurial behavior: A meta-analysis", *Human Performance*, 2004, 17 (1).

[140] Coombes, S. M. , M. H. Morris, J. A. Allen, and J. W. Webb, "Behavioral orientations of non-profit boards as a factor in entrepreneur-ial performance: Does governance matter?", *Journal of Management Studies*, 2011, 48 (4).

[141] Corbett, A. C. , "Experiential learning within the process of opportuni-ty identification and exploitation", *Entrepreneurship*: *Theory and Prac-tiee*, 2005, 29 (4).

[142] Cornelius, B. , M. H. Landst, and O. Persson, "Enterpreneurial stud-ies: The dynamic research front of a developing social science", *Enter-preneuriship*: *Theory and Practice*, 2006, 30 (3).

[143] Coviello, N. E. , "The network dynamics of international new ven-tures", *Journal of International Business Studies*, 2006, 37 (5).

[144] Craighead, C. W. , D. J. Ketchen, Jr. , K. S. Dunn, and G. T. M. Hult, "Addressing common method variance: Guidelines for survey re-search on information technology, operations, and supply chain manage-ment", *IEEE Transactions on Engineering Management*, 2011, 58 (3).

[145] De Clercq, D. , H. J. Sapienza, and H. Crijns, "The internationaliza-tion of small and medium-sized firms", *Small Business Economics*, 2005, 24 (4).

[146] De Clercq, D. , W. M. Danis, and M. Dakhli, "The moderating effect of institutional context on the relationship between associational activity and new business activity in emerging economies", *International Busi-ness Review*, 2010, 19 (1).

［147］De Noble, A. , D. I. Jung, S. B. Ehrlich, et al. , "Initiation new ventures: The role of entrepreneurial self-efficacy", *Paper Presented at the Babson Research Conference*, Wellesley, MA: Babson College, 1999.

［148］Dean, J. W. and M. P. Sharfman, "Procedural rationality in the strategic decision making process", *Journal of Management Studies*, 1993, 30 (4).

［149］Djeflat, A. , "High-technology buying in low-technology environment: The issues in new market economies", *Industrial Marketing Management*, 1988, 27 (6).

［150］Delaney, J. T. and M. A. Huselid, "The impact of human resource management practices on perceptions of organizational performance", *Academy of Management Journal*, 1996, 39 (4).

［151］Deo Sharma, D. and A. Blomstermo, "The internationalization process of born globals: A network view", *International Business Review*, 2003, 12 (6).

［152］Dichtl, E. , H-G. Koeglmayr, and S. Mueller, "International orientation as a precondition for export success", *Journal of International Business Studies*, 1990, 21 (1).

［153］Dickson, P. H. and K. M. Weaver, "The role of the institutional environment in determining firm orientations towards entrepreneurial behavior", *International Entrepreneurship and Management Journal*, 2008, 4 (4).

［154］Diez-Martin, F. , A. Blanco-Gonzalez, and C. Prado-Roman, "Explaining nation-wide differences in entrepreneurial activity: A legitimacy perspective", *International Entrepreneurship and Management Journal*, 2016, 12 (4).

［155］Dimitratosa, P. and M. V. Jonesb, "Future directions for international entrepreneurship research (Guest Editorial)", *International Business Review*, 2005, 14 (2).

[156] Eisenhardt, K. M. and N. E. Graebnor, "Theory building from cases: Opportunities and challenges", *Academy of Management Journal*, 2007, 50 (1).

[157] Elfring, T. and W. Hulsink, "Networks in entrepreneurship: The case of high-technology firms", *Small Business Economics*, 2003, 21 (4).

[158] Etemad, H. and Y. Lee, "The knowledge network of international entrepreneurship: Theory and evidence", *Small Business Economics*, 2003, 20 (1).

[159] Fiske, S. T. and S. E. Taylor, *Social Cognition* (2nd edition), New York: McGraw-Hills, 1991.

[160] Forbes, D. P., "Cognitive approaches to new venture creation", *International Journal of Management Review*, 1999, 1 (4).

[161] Forbes, D. P., "The effects of strategic decision making on entrepreneurial self-efficacy", *Entrepreneurship: Theory and Practice*, 2005, 29 (5).

[162] Gaglio, C. M. and J. Katz, "The psychological basis on opportunity identification: Entrepreneurial alertness", *Small Business Economics*, 2001, 16 (2).

[163] Gartner, W. B., "A conceptual framework for describing the phenomenon of new venture creation", *Academy of Management Review*, 1985, 10 (4).

[164] Gatewood, E. J., K. G. Shaver, J. B. Powers, and W. B. Gartner, "Entrepreneurial expectancy, task effort and performance", *Entrepreneurship: Theory and Practice*, 2002, 27 (2).

[165] Gibbs, R. W., *Embodiment and Cognitive Science*, Cambridge, MA: Cambridge University Press, 2006.

[166] Giola, D. A. and C. C. Manz, "Linking cognition and behavior: A script processing interpretation of vicarious learning", *Academy of Management Review*, 1985, 10 (3).

[167] Gist, M. E., "Self-efficacy: Implications for organizational behavior

and resource management", *Academy of Management Review*, 1987, 12 (3).

[168] Gist, M. E. and T. R. Mitchell, "Self-efficacy: A theoretical analysis of its determinants and malleability", *Academy of Management Review*, 1992, 17 (2).

[169] Gjesme, T., and R. Nygard, *Achievment-related Motives: Theoretical Considerations and Construction of a Measuring Instrument*, Unpublished report, University of Oslo, Norway, 1970.

[170] Govindarajan, V. and A. K. Gupta, "Linking control systems to business unit strategy: Impact on performance", *Accounting, Organizations and Society*, 1985, 10 (1).

[171] Grichnik, D., "Risky choices in new venture decisions—experimental evidence from Germany and the United States", *Journal of International Entrepreneurship*, 2008, 6 (1).

[172] Grigorenko, E. L. and R. J. Sternberg, "Thinking styles, In D. H. Saklofske and M. Zeidner (eds.)", *International Handbook of Personality and Intelligence*, New York: Plenum Press, 1995.

[173] Guth, W. D., A. Kumaraswamy, and M. McErlean, "Cognition, enactment and learning in the entrepreneurial process, In N. C. Churchill, W. D. Bygrave, J. G. Covin, D. L. Sexton, D. P. Slevin, K. H. Vesper, and E. J. Wetzel (eds.)", *Frontiers of Entrepreneurship Research*. Wellesley, MA: Babson College, 1991.

[174] Hackett, G., N. E. Betz, J. M. Casas, and I. A. Rocha-Singh, "Gender, ethnicity and social cognitive factors predicting the academic achievement of students in engineering", *Journal of Counseling Psychology*, 1992, 39 (4).

[175] Hambrick, D. C. and P. A. Mason, "Upper echelons: The organization as a reflection of its top managers", *Academy of Management Review*, 1984, 9 (2).

[176] Hansen, E. L., "Entrepreneurial network and new organization

growth", *Entrepreneurship: Theory and Practice*, 1995, 19 (4).

[177] Hashai, N. and T. Almor, "Gradually internationalizing "Born Global" firms: An oxymoron?", *International Business Review*, 2004, 13 (4).

[178] Heath, C. and A. Tversky, "Performance and belief—ambiguity and competence in choice under uncertainty", *Journal of Risk and Uncertainty*, 1991, 4 (1).

[179] Hmieleski, K. M. and A. C. Corbett, "The contrasting interaction effects of improvisational behavior with entrepreneurial self-efficacy on new venture performance and entrepreneur work satisfaction", *Journal of Business Venturing*, 2008, 23 (4).

[180] Hunt, J. G. , K. B. Boal, and R. L. Sorenson, "Top management leadership: Inside the black box", *The Leadership Quarterly*, 1990, 1 (1).

[181] Jill, K. and S. D. Robert, "Measure for measure: Modeling entrepreneurial self-efficacy onto instrumental tasks within the new venture creation process", *New England Journal of Entrepreneurship*, 2005, 8 (2).

[182] Johanson, J. and J. E. Vahlne, "Commitment and opportunity development in the internationalization process: A note on the Uppsala internationalization process model", *Management International Review*, 2006, 46 (2).

[183] John, O. P. , E. M. Donahue, and R. L. Kentle, *The Big Five Inventory-Versions 4a and 54*, CA: University of California, Institute of Personality and Social Research, 1991.

[184] Jolly, V. K. , M. Alahuta, and J. Jeannet, "Challenging the incumbents: How high technology start-ups compete globally", *Journal of Strategic Change*, 1992, 1 (2).

[185] Jung, D. I. , S. B. Ehrlich, A. De Noble, et al. , "Entrepreneurial self-efficacy and its relationship to entrepreneurial action: A compara-

tive study between the US and Korea", *Management International Review*, 2001, 6 (1).

[186] Kahneman, D. , P. Slovic, and A. Tversky, *Judgment under Uncertainty: Heuristics and Biases*, New York: Cambridge University Press, 1982.

[187] Kaish, S. and B. Gilad, "Characteristics of opportunity searches of entrepreneurs versus executives: Sources, interests, and general alertness", *Journal of Business Venturing*, 1991, 6 (1).

[188] Kaplan, R. S. and D. P. Norton, "Using the balanced scorecard as a strategic management system", *Harvard Business Review*, 1996, 74 (1).

[189] Katz, J. A. , "A psychosocial cognitive model of employment status choice", *Entrepreneurship: Theory and Practice*, 1992, 17 (1).

[190] Kayhan, T. and M. Stephen, "Enterpreneurial characteristics in Switzerland and the UK: A comparative study of techno-entrepreneurs", *Journal of International Enterpreneurship*, 2009, 7 (1).

[191] Kickul. J. , K. G. Lisa, D. B. Saulo, and W. Laney, "Intuition versus analysis? Testing differential models of cognitive style on entrepreneurial self-efficacy and the new venture creation process", *Entrepreneurship: Theory and Practice*, 2009, 33 (3).

[192] Kirton, M. J. , "Adaptors and innovators: A description and measure", *Journal of Applied Psychology*, 1976, 61 (5).

[193] Kirzner, I. M. , *Competition and Entrepreneurship*, Chicago: University of Chicago Press, 1973.

[194] Kirzner, I. M. , *Perception, Opportunity and Profit: Studies in the Theory of Entrepreneurship*, Chicago: University of Chicago Press, 1979.

[195] Knight, F. , *Risk, Uncertainty and Profit*, New York: Houghton-Mifflin, 1921.

[196] Knight, G. A. and S. Cavusgil, "The born global firm: A challenge to traditional internationalization theory, In S. Cavusgil and T. Madsen

(eds.)", *Export Internationalizing Research-Enrichment and Challenges: Advances in International Marketing*, New York: JAI Press, 1996.

[197] Krueger, N. F., "The cognitive infrastructure of opportunity emergence", *Entrepreneurship: Theory and Practice*, 2000, 24 (3).

[198] Krueger, N. F., "What lies beneath? The experiential essence of entrepreneurial thinking", *Entrepreneurship: Theory and Practice*, 2007, 31 (1).

[199] Krueger, N. F. and D. V. Brazeal, "Entrepreneurial potential and potential entrepreneurs", *Entrepreneurship: Theory and Practice*, 1994, 18 (3).

[200] Krueger, N. F. and M. Day, "Looking forward, looking backward: From enterpreneurial cognition to euro-enterpreneurship, In Z. J. Acs and D. B. Audretsch (eds.)", *Handbook of Enterpreneurship Research*, New York: Springer, 2010.

[201] Krueger, N. F., M. D. Reilly, and A. L. Carsrud, "Competing modes of entrepreneurial intentions", *Journal of Business Venturing*, 2000, 15 (5/6).

[202] Krueger, N. F. and P. Dickson, "How believing in ourselves increases risk taking: Self-efficacy and perceptions of opportunity and threat", *Decision Science*, 1994, 25 (3).

[203] Kumar, V. and S. Velavan, "A contingency framework for the mode of entry decision", *Journal of World Business*, 1997, 32 (1).

[204] Leddo, J. and R. P. Abelson, "The nature of explanations, In J. Galambos, R. P. Abelson, and J. B. Black (eds.)", *Knowledge Structures*, Hillsdale, NJ: Erlbaum, 1986.

[205] Levenson, H., "Activism and powerful other: Distinctions within the concept of internal-external control", *Journal of Personality Assessment*, 1974, 38 (4).

[206] Levie, J. and E. Autio, "A theoretical grounding and test of the GEM model", *Small Business Economics*, 2008, 31 (3).

[207] Lindell, M. K. and D. J. Whitney, "Accounting for common method variance in cross-sectional research designs", *Journal of Applied Psychology*, 2001, 86 (1).

[208] Lu, J. W. and P. W. Beamish, "The internationalization and performance of SMEs", *Strategic Management Journal*, 2001, 22 (6/7).

[209] Lumpkin, G. T. and G. G. Dess, "Clarifying the entrepreneurial orientations construct and linking it to performance", *Academy of Management Review*, 1996, 21 (1).

[210] Luthans, F. and E. S. Ibrayeva, "Entrepreneurial self-efficacy in central Asian transition economies: Quantitative and qualitative analyses", *Journal of International Business Studies*, 2006, 37 (1).

[211] Ma, X., Z. Ding, and L. Yuan, "Subnational institutions, political capital, and the internationalization of entrepreneurial firms in emerging economies", *Journal of World Business*, 2016, 51 (5).

[212] Malach-Pines, A., A. Sadeh, D. Dvir, and O. Yafe-Yanai, "Entrepreneurs and managers: Similar yet different", *The International Journal of Organizational Analysis*, 2002, 10 (2).

[213] Manimala, M. J., "Entrepreneurial heuristics: A comparison between high PI (pioneering-innovative) and low PI ventures", *Journal of Business Venturing*, 1992, 7 (6).

[214] Manolova, T. S., C. G. Brush, L. F. Edelman, and P. G. Greene, "Internationalization of small firms: Personal factors revisited", *International Small Business Journal*, 2002, 20 (1).

[215] Manolova, T. S., R. V. Eunni, and B. S. Gyoshev, "Institutional environments for entrepreneurship: Evidence from emerging economies in eastern Europe", *Entrepreneurship: Theory and Practice*, 2008, 32 (1).

[216] Markman, G. D. and R. A. Baron, "Person-entrepreneurship fit: Why some people are more successful as entrepreneurs than others", *Human Resource Management Review*, 2003, 13 (2).

[217] Martin, M., M. Picazo, and J. Navarro, "Entrepreneurship, income distribution and economic growth", *International Entrepreneurship and Management Journal*, 2010, 6 (2).

[218] Mathews, J., "Enterpreneurial process: A personalistic-cognitive platform mdoel", *Journal for Decision Makers*, 2008, 33 (2).

[219] McClelland, D. C., "Characteristics of successful entrepreneurs", *Journal of Creative Behaviour*, 1987, 3.

[220] McDougall, P. P., "International versus domestic entrepreneurship: New venture strategic behavior and industry structure", *Journal of Business Venturing*, 1989, 4 (5).

[221] McDougall, P. P. and B. M. Oviatt, "New venture internationalization, strategic change and performance: A follow-up study", *Journal of Business Venturing*, 1996, 11 (1).

[222] McDougall, P. P. and B. M. Oviatt, "International entrepreneurship: The intersection of two research paths", *Academy of Management Journal*, 2000, 43 (5).

[223] McDougall, P. P. and B. M. Oviatt, "Some fundamental issues in international entrepreneurship", *Entrepreneurship: Theory and Practice*, 2003, 28.

[224] McDougall, P. P., S. Shane and B. M. Oviatt, "Explaining the formation of international new ventures: The limits of theories from international business research", *Journal of Business Venturing*, 1994, 9 (6).

[225] McGee, J. E., M. Peterson, S. L. Mueller, and J. M. Sequeira, "Entrepreneurial self-efficacy: Refining the measure", *Entrepreneurship: Theory and Practice*, 2009, 33 (4).

[226] McGrath, R. G., "Innovation, competitive advantage and rent: A model and test", *Management Science*, 1996, 42 (3).

[227] Miller, D., "A downside to the entrepreneurial personality", *Entrepreneurship: Theory and Practice*, 2014, 39 (1).

[228] Miller, D. and P. Friesen, "Innovation in conservative and entrepreneurial firms: Two models of strategic momentum", *Strategic Management Journal*, 1982, 3 (1).

[229] Mitchell, R. K., B. Smith, K. W. Seawright, et al., "Cross-cultural cognitions and the venture creation decision", *Academy of Management Journal*, 2000, 43 (5).

[230] Mitchell, R. K., L. W. Busenitz, B. Bird, et al., "The central question in entrepreneurial cognition research", *Entrepreneurship: Theory and Practice*, 2007, 31 (1).

[231] Mitchell, R. K., L. W. Busenitz, T. Lant, P. P. McDougall, E. A. Morse, and B. Smith, "Toward a theory of entrepreneurial cognition: Rethinking the people side of entrepreneurship research", *Entrepreneurship: Theory and Practice*, 2002, 26 (2).

[232] Moen, O. and P. Servais, "Born global or gradual global? Examining the export behavior of small and medium-size enterprises", *Journal of International Marketing*, 2002, 10 (3).

[233] Morrow, J. F., "International entrepreneurship: A new growth opportunity", *New Management*, 1988, 3.

[234] Mueller, S. L. and M. C. Dato-on, "Gender-role orientation as a determinant of entrepreneurial self-efficacy", *Journal of Developmental Entrepreneurship*, 2008, 13 (1).

[235] Muralidharan, E. and S. Pathak, "Informal institutions and international entrepreneurship", *International Business Review*, 2017, 26 (2).

[236] Murphy, G. B., J. W. Trailer, and R. C. Hill, "Measuring performance in entrepreneurship research", *Journal of Business Research*, 1996, 36 (1).

[237] Myers, D. G., *Social Psychology* (8th ed.), New York: McGraw-Hill, 2008.

[238] Myers, S. C., "The capital structure puzzle", *The Journal of Finance*,

1984, 39 (3).

[239] Naldi, L., M. Nordqvist, K. Sjberg, and J. Wiklund, "Entrepreneurial orientation, risk taking, and performance in family firms", *Family Business Review*, 2007, 20 (1).

[240] Olson, P. D., "Enterprenurship process and abilities", *American Journal of Small Business*, 1985, 10 (1).

[241] O'Sullivan, D. and A. V. Abela, "Marketing performance measurement ability and firm performanc" e, *Journal of Marketing*, 2007, 71 (2).

[242] Oviatt, B. M. and P. P. McDougall, "Toward a theory of international new ventures", *Journal of International Business Studies*, 1994, 25 (1).

[243] Oviatt, B. M. and P. P. McDougall, "Global start-ups: Entrepreneurs on a worldwide stage", *Academy of Management Executive*, 1995, 9 (2).

[244] Oviatt, B. M. and P. P. McDougall, "Defining international entrepreneurship and modeling the speed of internationalization", *Entrepreneurship: Theory and Practice*, 2005, 29 (5).

[245] Palich, L. and D. Bagby, "Using cognitive theory to explain entrepreneurial risk-taking: Challenging conventional wisdom", *Journal of Business Venturing*, 1995, 10 (6).

[246] Penrose, E. and C. Pitelis, *The Theory of the Growth of the Firm* (4th edition), New York: Oxford University Press, 2009.

[247] Podsakoff, P. M., S. B. MacKenzie, Jeong-Yeon Lee, and N. P. Podsakoff, "Common method biases in behavioral research: A critical review of the literature and recommended remedies", *Journal of Applied Psychology*, 2003, 88 (5).

[248] Prahalad, C. K. and G. Hamel, "The core competence of the corporation", *Harvard Business Review*, 1990, 68 (3).

[249] Preece, S. B., G. Miles, and M. C. Baetz, "Explaining the international intensity and global diversity of early-stage technology-based

firms", *Journal of Business Venturing*, 1999, 14 (3).

[250] Premaratne, S. , "Networks, resources, and small business growth: The experience in Sri Lanka", *Journal of Small Business Management*, 2001, 39 (4).

[251] Rasheed, H. S. , "Foreign entry mode and performance: The moderating effects of environment", *Journal of Small Business Management*, 2005, 43 (1).

[252] Rauch, A. and M. Frese, "Let's put the person back into entrepreneurship research: A meta-analysis on the relationship between business owners' personality traits, business creation, and success", *European Journal of Work and Organizational Psychology*, 2007, 16 (4).

[253] Read, S. J. , "Constructing causal scenarios: A knowledge structure approach to causal reasoning", *Journal of Personality and Social Psychology*, 1987, 52 (2).

[254] Rennie, M. W. , "Global competitiveness: Born global", *Mckinsey Quarterly*, 1993 (4).

[255] Rialp, A. , J. Rialp, and G. Knight, "The phenomenon of early internationalizing firms: What do we know after a decade (1993 – 2003) of scientific inquiry?", *International Business Review*, 2005, 14 (2).

[256] Riding, R. J. , "On the nature of cognitive style", *Educational Psychology*, 1997, 17 (1/2).

[257] Ripollés, M. and A. Blesa, "International new ventures as "Small Multinationals": The importance of marketing capabilities", *Journal of World Business*, 2012, 47 (2).

[258] Robinson, K. C. , "An examination of the influence of industry structure on eight alternative measures of new venture performance for high potential independent new ventures", *Journal of Business Venturing*, 1998, 14 (2).

[259] Ronald, K. M. , S. Brock, W. S. Kristie, et al. , "Cross-cultural cognitions and the venture creation decision", *Academy of Management*

Journal, 2000, 43 (5).

[260] Root, F. R. , *Foreign Market Entry Strategies*, New York: AMACOM, 1987.

[261] Rotter, J. B. , "Generalized expectancies for internal versus external control of reinforcement", *Psychological Monographs: General and Applied*, 1966, 80 (1).

[262] Ruigrok, W. and H. Wagner, "Internationalization and performance: An organizational learning perspective", *Management International Review*, 2003, 43 (1).

[263] Sarasvathy, S. D. , "Causation and effectuation: Toward a theoretical shift from economic inevitability to entrepreneurial contingency", *Academy of Management Review*, 2001, 26 (2).

[264] Schank, R. C. , R. P. Abelson, *Scripts, Plans, Goals and Understanding*, Hillsdale, NJ: Lawrence Erlbaum Associates, Inc. , 1977.

[265] Schenkel, M. T. , *New Enterprise Opportunity Recognition: Toward a Theory of Entrepreneurial Dynamism*, Ph. D Dissertation, University of Cincinnati, 2005.

[266] Scherer, R. F. , J. S. Adams, S. S. Carley, and F. A. Wiche, "Role model performance effects on development of entrepreneurial career preference", *Entrepreneurship: Theory and Practice*, 1989, 13 (2).

[267] Schumpeter, J. A. , "The theory of economic development: An inquiry into profits, capital, credit, interest, and the business cycle", *Social Science Electronic Publishing*, 1934, 25 (1).

[268] Schumpeter, J. A. , *Capitalism, Socialism and Democracy* (3rd edition), New York: Harper and Row, 1950.

[269] Shane, S. and S. Venkataraman, "The promise of entrepreneurship as a field of research", *Academy of Management Review*, 2000, 25 (1).

[270] Shane, S. and S. Venkataraman, "Guest editors' introduction to the special issue on technology entrepreneurship", *Research Policy*, 2003,

32 （2）.

［271］Shapero, A. , "Social dimensions of entrepreneurship, In C. Kent, D. Sexton, and K. Vesper （eds）", *The Encyclopedia of Entrepreneurship*, Englewood Cliffs, NJ: Prentice Hall, 1982.

［272］Shaver, K. and L. Scott, "Person, process, choice: The psychology of new venture creation", *Entrepreneurship: Theory and Practice*, 1992, 16 （2）.

［273］Simon, M. , S. M. Houghton, and K. Aquino, "Cognitive biases, risk perception, and venture formation: How individuals decide to start companies", *Journal of Business Venturing*, 2000, 14 （5）.

［274］Solso, R. L. , *Cognitive Psychology* （5th edition）, Boston: Allyn and Bacon, 1999.

［275］Sternberg, R. J. and E. L. Grigorenko, "Are cognitive styles still in style?" *American Psychologists*, 1997, 52 （7）.

［276］Stewart, W. H. and P. L. Roth, "Data-quality affects meta-analytic conclusions: A response to Miner and Raju （2004） concerning entrepreneurial risk propensity", *Journal of Applied Psychology*, 2004, 89 （1）.

［277］Teece, D. J. , G. Pisano, and A. Shuen, "Dynamic capabilities and strategic management", *Strategic Management Journal*, 1997, 18 （7）.

［278］Thomas, J. , S. Clark and D. Gioia, "Strategic sensemaking and organizational performance: Linkages among scanning, interpretation, action and outcomes", *Academy of Management Journal*, 1993, 36 （2）.

［279］Timmons, J. A. , *New Venture Creation: Entrepreneurship in the 21th centuries* （6th edition）, Homewood, IL: Irwin/McGraw-Hill, 1999.

［280］Venkatraman, N. and V. Ramanujam, "Measurement of business economic performance: An examination of method convergence", *Journal of Management*, 1987, 13 （1）.

［281］Walsh, J. P. , "Managerial and organizational cognition: Notes from a trip down memory lane", *Organization Science*, 1995, 6 (3).

[282] Watson, J., "Modeling the relationship between networking and firm performance", *Journal of Business Venturing*, 2007, 22 (6).

[283] Weber, E. U. and D. A. Shepherd, "Perceived risk attitudes: Relating risk perception to risky choice", *Management Science*, 2001, 43 (2).

[284] Westhead, P., M. Wright, and D. Ucbasaran, "The internationalization of new and small firms: A resource-based view", *Journal of Business Venturing*, 2001, 16 (4).

[285] Wickham, P. A., *Strategic Entrepreneurship* (4th edition). Englewood Cliffs, NJ: Prentice Hall, 2006.

[286] Wilson, F., J. Kickul, and D. Marlino, "Gender, entrepreneurial self-efficacy, and entrepreneurial career intentions: Implications for entrepreneurship education", *Entrepreneurship: Theory and Practice*, 2007, 31 (3).

[287] Witkin, H. A., "Role of field-dependent and field-independent cognitive styles in academic evolution: A longitudinal study", *Journal of Educational Psychology*, 1997, 69 (3).

[288] Wofford, J. C. and V. L. Goodwin, "A cognitive interpretation of transactional and transformational leadership theories", *Leadership Quarterly*, 1994, 5 (2).

[289] Wood, R. E. and A. Bandura, "Social cognitive theory of organizational management", *Academy of Management Review*, 1989, 14 (3).

[290] Wood, R. E., A. Bandura, and T. Bailey, "Mechanisms governing organizational performance in complex decision-making environments", *Organizational Behavior and Human Decision Processes*, 1990, 46 (2).

[291] Woodcock, C. P., P. W. Beamish, and S. Makino, "Ownership based entry mode strategies and international performance", *Journal of International Business Studies*, 1994, 25 (2).

［292］ Yin, R. K., *Case Study Research*, Thousand Oaks: Sage Publications, 2003.

［293］ Zacharakis, A. L., "Entrepreneurial entry into foreign markets: A transaction cost perspective", *Entrepreneurship: Theory and Practice*, 1997, 21 (3).

［294］ Zahra, S. A., D. M. Garvis, "International corporate entrepreneurship and firm performance: The moderating effect of international environmental hostility", *Journal of Business Venturing*, 2000, 15 (5/6).

［295］ Zahra, S. A., D. R. Ireland, and M. A. Hitt, "International expansion by new venture firms: International diversity, mode of market entry, technological learning and performance", *Academy of Management Journal*, 2000, 43 (5).

［296］ Zahra, S. A. and G. George, "International entrepreneurship: The current status of the field and future research agenda, In Hitt, M. A., R. D. Ireland, S. M. Camp, et al. (Eds)", *Strategic Entrepreneurship: Creating an Integrated Mindset*, Oxford, UK: Blackwell Publishers, 2002.

［297］ Zahra, S. A., J. Covin, "Contextual influences on the corporate entrepreneurship-company performance relationship in established firms: A longitudinal analysis", *Journal of Business Venturing*, 1995, 10 (1).

［298］ Zahra, S. A., J. S. Korri, and J. Yu, "Cognition and international entrepreneurship implications for research on international opportunity recognition and exploitation", *International Business Review*, 2005, 14 (2).

［299］ Zhao, H., S. E. Seibert, and G. E. Hills, "The mediating role of self-efficacy in the development of entrepreneurial intentions", *Journal of Applied Psychology*, 2005, 90 (6).

［300］ Zhao, H., S. E. Seibert, and G. T. Lumpkin, "The relationship of personality to entrepreneurial intentions and performance: A meta-analytic review", *Journal of Management*, 2010, 36 (2).

[301] Zorzie, M., *Individual Adaptability*: *Testing a Model of its Development and Outcomes*. Unpublished Doctoral Dissertation of Michigan State University, 2012.

国际创业调查问卷

（一）创业者特质问卷

	指导语：下列对创业者特质的描述，没有好坏之分，请您根据自己的实际情况，在相对准确的描述所对应的数字上打"√"，数字越大，表示与实际情况越符合。	完全不符合	不太符合	一般	基本符合	完全符合
A1	我喜欢对难题坚持不懈地努力	1	2	3	4	5
A2	面对难题，我会非常兴奋、快乐	1	2	3	4	5
A3	我很努力，所以常常得到我想要的	1	2	3	4	5
A4	该发生的总是会发生	1	2	3	4	5
A5	面对难题，我喜欢尝试大胆的方案	1	2	3	4	5
A6	我所从事的业务以高风险的居多	1	2	3	4	5
A7	当事情出错时，我常觉得沮丧，想要放弃	1	2	3	4	5
A8	我喜欢有很多朋友	1	2	3	4	5
A9	我是个精力充沛的人	1	2	3	4	5
A10	我是个非常主动的人	1	2	3	4	5
A11	我有很强的好奇心	1	2	3	4	5

（二）制度环境问卷

指导语：下列对国际创业制度环境的描述，没有好坏之分，请您根据自己感知到的实际情况，在相对准确的描述所对应的数字上打"√"，数字越大，表示与实际情况越符合。	完全不符合	不太符合	一般	较为符合	完全符合
B1	政府会为开发国外市场的企业提供特殊支持	1	2	3	4	5
B2	如果国际创业失败，政府会给予一些补偿	1	2	3	4	5
B3	公司知道如何应对和管理国际创业风险	1	2	3	4	5
B4	进行国际创业是一个受人尊敬的职业道路	1	2	3	4	5
B5	开拓国外市场被视为成功的关键	1	2	3	4	5
B6	当地人对国际创业失败的态度是宽容和鼓励的	1	2	3	4	5
B7	政府对国际创业者有特殊的鼓励政策	1	2	3	4	5
B8	创业者知道如何寻找有关产品国外市场的信息	1	2	3	4	5
B9	害怕失败会阻碍国际创业活动	1	2	3	4	5

（三）创业者认知问卷

指导语：下列对创业者认知的描述，没有对错之分，请您根据自己的实际情况，在相对准确的描述所对应的数字上打"√"，数字越大，表示与您的实际情况越符合。	完全不符合	不太符合	一般	较为符合	完全符合
C1	我拥有进行国际创业的专利或技术保护	1	2	3	4	5
C2	我拥有某种特殊产品或服务	1	2	3	4	5
C3	我能够轻松进入准备创业的领域	1	2	3	4	5
C4	我做事雷厉风行	1	2	3	4	5
C5	我能够很快适应新的环境	1	2	3	4	5
C6	我经常全身心投入做一件事情	1	2	3	4	5
C7	我具有较好的知识储备	1	2	3	4	5
C8	我能够迅速判断出问题所在	1	2	3	4	5

（四）国际创业自我效能问卷

	指导语：下列对公司创业能力与发展的描述，没有对错之分，请您根据自己和公司的实际情况，在相对准确的描述所对应的数字上打"√"，数字越大，表示与实际情况越符合。	完全不符合	不太符合	一般	较为符合	完全符合
D1	我会投入较多的时间思考如何经营	1	2	3	4	5
D2	我能够发现他人未能意识到的问题	1	2	3	4	5
D3	我会对一闪而过的念头做出心理模拟和行动设想	1	2	3	4	5
D4	我曾预见到某些蕴含商业潜质的事物	1	2	3	4	5
D5	我能够在较短时间里对经营做出判断	1	2	3	4	5
D6	我喜欢用不同的方法对某一事物进行思考和表达	1	2	3	4	5
D7	我曾经在变化的情境中识别出可供利用的选择机会	1	2	3	4	5
D8	我能够主动适应内外环境的要求	1	2	3	4	5
D9	我能够与不同类型的人建立良好关系	1	2	3	4	5
D10	我能够在陌生的环境中应对自如	1	2	3	4	5
D11	我相信公司能够为所做出的决策负责	1	2	3	4	5
D12	我相信公司能够在压力和冲突中正常运转	1	2	3	4	5
D13	我相信公司会不断发明新产品和新服务	1	2	3	4	5
D14	我相信公司会不断发现新市场	1	2	3	4	5
D15	我相信公司能够在生产、营销和管理方面不断获得新发展	1	2	3	4	5
D16	我相信公司能够完成今年设定的销售目标	1	2	3	4	5
D17	我相信公司能够在国际市场上建立自己的地位	1	2	3	4	5
D18	我相信公司能够进行准确的国际市场分析	1	2	3	4	5
D19	我相信公司能够进行准确的财务分析	1	2	3	4	5
D20	我相信公司能够改善跨越国界的财务系统和内部控制	1	2	3	4	5
D21	我相信公司能够控制成本	1	2	3	4	5

（五）国际创业绩效问卷

	指导语：与您的主要竞争对手相比，您对公司过去六年来（成立时间不足六年按成立时间记）的下列绩效指标满意程度如何？请在您认为相对准确的描述所对应的数字上打"√"，数字越大，表示您越满意。	较为不满意	略为不满意	一般	略为满意	较为满意
E1	海外市场利润增长率	1	2	3	4	5
E2	海外业务销售增长率	1	2	3	4	5
E3	海外市场份额增长率	1	2	3	4	5
E4	海外业务销售利润率（＝利润总额/营业收入）	1	2	3	4	5
E5	海外市场总资产报酬率〔＝（利润总额＋利息支出）/平均资产总额〕	1	2	3	4	5
E6	海外市场投资回报率（＝年利润或年均利润/投资总额）	1	2	3	4	5
E7	海外业务流动比率（＝流动资产合计/流动负债合计）	1	2	3	4	5
E8	海外市场资产负债率（＝负债总额/资产总额）	1	2	3	4	5
E9	海外经营人才增长率	1	2	3	4	5
E10	在海外市场引入了更多的新产品、新技术或新流程	1	2	3	4	5
E11	新业务销售额占销售总额的比重	1	2	3	4	5
E12	员工承诺度	1	2	3	4	5
E13	关键的海外市场知识和技术的获取	1	2	3	4	5

（六）背景资料

请您根据实际情况在相应项目前的数字上打"√"。

1. 您的性别：

①男　　　　　　　　②女

2. 开始此次国际创业时的年龄：

①25 岁及以下　　　　②26—35 岁

③36—45 岁　　　　　④46—55 岁

⑤56 岁及以上

3. 您的最高学历：

①研究生及以上　　　　　②本科

③大专　　　　　　　　　④高中或中专

⑤初中及以下

4. 创业前工作年限：

①3 年及以下　　　　　　②4—6 年

③7—9 年　　　　　　　　④10 年及以上

5. 以往创业经历（不论成败）：

①无　　　　　　　　　　②一次

③两次　　　　　　　　　④三次及以上

6. 贵公司成立的年份：＿＿＿＿＿＿

7. 贵公司开始此次国际创业的年份：＿＿＿＿＿＿

8. 贵公司此次国际创业时员工人数（包括老板）：

①1 人　　　　　　　　　②2—5 人

③6—9 人　　　　　　　　④10 人及以上

9. 贵公司国际创业的所属产业是：＿＿＿＿＿＿

①第一产业（农、林、牧、渔业）

②第二产业（采矿业、制造业、建筑业等）

③第三产业（批发零售业、服务业、教育、文化、体育和娱乐业、
　住宿和餐饮业、租赁和商务服务业等）

10. 贵公司所采用的国际创业模式是：＿＿＿＿＿＿

①出口型（如直接出口、间接出口）

②契约型（如特许经营、战略联盟）

③投资型（如兼并收购、合资、独资）